FOURTH EDITION

MANUAL DE LABORATORIO Y EJERCICIOS

¿HABLA ESPAÑOL?

ESSENTIALS

TERESA MÉNDEZ-FAITH
SAINT ANSELM COLLEGE

MARY MCVEY GILL

DEANA M. SMALLEY

Harcourt Brace Jovanovich College Publishers
Fort Worth   Philadelphia   San Diego
New York   Orlando   Austin   San Antonio
Toronto   Montreal   London   Sydney   Tokyo

ISBN: 0-03-030043-6

Printed in the United States of America

3 4 016 10 9 8 7 6 5 4

Harcourt Brace Jovanovich, Inc.
The Dryden Press
Saunders College Publishing

CONTENTS

EJERCICIOS DE LABORATORIO

PREFACE

This *Manual de ejercicios y laboratorio* accompanies the fourth edition of ¿**Habla español?**
Essentials. It is divided into two parts: *Ejercicios escritos,* the workbook, and *Ejercicios de*
laboratorio, the laboratory manual. Both components are coordinated chapter by chapter with the
main textbook and are designed to reinforce the vocabulary and grammatical structures taught in
each chapter. The answers to the exercises are included in the answer key at the end of the manual.

The *Ejercicios escritos* contain a variety of traditional and communicative activities. Each
chapter begins with a vocabulary section, which reviews the new words related to the chapter
theme. The grammar exercises are divided by section and correspond to the main text. For easy
reference, the same headings have been used. The *Funciones y actividades* section integrates all
aspects of the chapter and reinforces the language functions taught in the *Funciones y actividades*
section of the main text. Many *Funciones y actividades* sections include a composition topic in
order to develop writing skills.

The *Ejercicios de laboratorio* provide speaking, listening comprehension, and pronunciation
practice. This component is to be used in conjunction with the tape program. Each chapter begins
with a listening comprehension exercise based on vocabulary related to the chapter theme. The
Pronunciación section reinforces correct pronunciation in Spanish. The grammar sections correspond to the main text and include listening comprehension skills as well as grammar exercises.
The *Diálogo* and *Para escuchar y escribir* sections develop listening comprehension skills further.
The length and difficulty of the passages increase as the student acquires greater proficiency. Each
tape is approximately 40 minutes in length, and the voices on the tapes are of native speakers from
different countries. The complete tapescript is available upon request from the publisher.

The authors would like to thank Sharon Alexander of Holt, Rinehart and Winston for her
work editing this material and preparing the answer keys; we most appreciate her help and
insights.

EJERCICIOS ESCRITOS

LA FAMILIA

VOCABULARIO

La familia de Juan

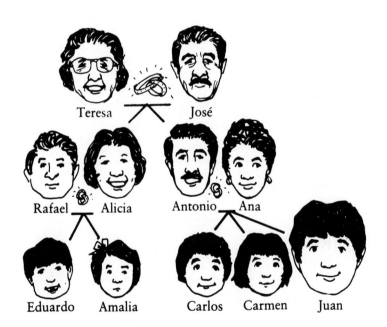

A. La familia de Juan. *Complete each sentence with a word that indicates the correct family relationship.*

1. Amalia es la _____ de Rafael.

2. José es el _____ de Amalia.

3. Carmen es la _____ de Eduardo.

4. Juan es el _____ de Ana.

5. Ana es la _____ de Antonio.

6. Rafael es el _____ de Carlos.

7. Teresa es la _____ de Juan.

8. Alicia es la _____ de Carlos.

B. Preguntas. *Using the illustration from Exercise A, answer the following questions.*

MODELO   ¿Cómo se llama la madre de Juan?
              Se llama Ana.

1. ¿Cómo se llama el abuelo de Carlos?

    _____

2. ¿Cómo se llama la tía de Juan?

    _____

3. ¿Quiénes (*Who*) son los padres de Carmen?

    _____

4. ¿Quién es la abuela de Eduardo?

    _____

5. ¿Cómo se llama la prima de Juan?

    _____

6. ¿Quién es el hermano de Alicia?

    _____

I. The present tense of regular -ar verbs

A. Sujetos posibles. *In each of the following sentences, the subject noun or pronoun is missing. Circle **all** of the possible answers for each item.*

1. _____ miran la pizarra.

   (Uds., Ellos, El pasaporte, Juan y yo, Los estudiantes)

2. _____ viajas a Ecuador.

   (Ella, Tú, Ud., El esposo, La niña)

3. _____ necesito estar en Los Ángeles.

   (La tía, Eduardo, Yo, Los hijos, Pablo)

4. _____ lleva los libros.

   (Marta, Nosotros, Tú, El esposo de Graciela, Uds.)

5. _____ buscamos los regalos mañana.

   (Yo, Ella y yo, Nosotras, Tú y yo, Felipe, La profesora)

B. Fotos de España. *You and Ana have just returned from Madrid. Put captions under the snapshots of your trip; the following groups of words may help.*

Ana y yo / buscar / un hotel

Teresa, Paco y Juan Manuel / visitar / la Universidad de Madrid

En la Plaza de España / Ana / mirar / la estatua (*statue*) de Don Quijote y Sancho Panza

Los amigos de Ana y yo / hablar / en el restaurante Botín

Los turistas / necesitar / un taxi

Nosotros / llegar / a la ciudad de Ávila

MODELO **Los amigos de Ana y yo hablamos en el restaurante.**

1. _____

2. _____

3. _____

4. _____

5. _____

Capítulo 1

II. Articles and nouns: gender and number

A. Sustitución. *Rewrite each sentence using the cue given.*

MODELO   Busca la pluma. (lápiz)
          No, busca el lápiz.

1. Miramos el avión. (ciudad)

   _____

2. El tío de Carlos está aquí. (tía)

   _____

3. Buscan la farmacia. (hoteles)

   _____

4. Las hijas de Isabel desean hablar con usted. (hijos)

   _____

5. Necesito los regalos. (cámaras)

   _____

B. Completar las frases. *Complete each sentence with the correct form of the indefinite article.*

1. Yo llevo _____ cuaderno, _____ papeles y_____ pluma a clase.

2. Los señores Martín necesitan _____ mesa y _____ sillas para la casa.

3. Juan necesita _____ cámara.

4. Los turistas buscan _____ restaurante español.

5. Rosa busca _____ regalos.

C. La palabra correcta. *Circle the word that best completes each sentence.*

MODELO   Ellos miran el (farmacia, ~~avión~~ pared).

1. Deseo pasar una (semana, ciudad, hotel) aquí.

2. Busco el (ciudad, cámara, lápiz).

3. ¿Necesitas la (dirección, amigo, pasaporte)?

4. ¿Cómo está el (ciudad, niños, tío de Juan)?

5. Necesitamos unas (amiga, sillas, números de teléfono).

6. El señor Gómez llega con unos (lecciones, amigos, mujeres).

7. ¿Necesitas un (pasaporte, aeropuerto, cámara) para viajar a México?

III. Cardinal numbers 0-99; *hay*

A. Precios. **(Prices.)** *Write out the prices for each item. (dollars = **dólares**; cents = **centavos**)*

MODELO   libro $23,95
            veintitrés dólares y noventa y cinco centavos

1. cuaderno $0,87 _____

2. pluma $2,37 _____

3. lápices $1,56 _____

4. mesa $74,12 _____

5. silla $25,15 _____

6. pasaporte $14,00 _____

7. cámara $61,18 _____

8. regalos $99,11 _____

B. Preguntas. *Answer little Amalia's questions.*

MODELO   ¿Hay seis días en una semana?
                     No, no hay seis días en una semana.

                     ¿Hay once personas en la familia de Juan?
                     Sí, hay once personas en la familia de Juan.

1. ¿Hay un hombre en la luna (*moon*)?

    _____

2. ¿Hay treinta días en noviembre (*November*)?

    _____

3. ¿Hay tres días en un fin de semana?

    _____

4. ¿Hay hoteles en los aeropuertos?

    _____

5. ¿Hay doctores en las farmacias?

    _____

IV. Interrogative words and word order in questions

¿Qué, quién, cómo…? *Write questions that would elicit the following responses. The cues for the answers are underlined.*

MODELO   <u>Juan</u> estudia español.
                     ¿Quién estudia español?

1. <u>Pepito y Carlos</u> hablan mucho.

    _____

2. Nosotros viajamos <u>a Caracas</u>.

    _____

3. Viajamos <u>por avión</u>.

_____

4. Viajamos <u>el jueves</u>.

_____

5. Pepito lleva <u>el regalo</u>.

_____

6. La mujer se llama <u>Teresa</u>.

_____

7. Yo estoy <u>con Ana</u>.

_____

8. <u>Antonio</u> pasa una semana aquí.

_____

9. El avión llega <u>en cuarenta minutos</u>.

_____

10. Juan y José están <u>en casa</u>.

_____

FUNCIONES Y ACTIVIDADES

A. Crucigrama. *Complete the following crossword puzzle.*

1. padre y madre
2. abuelo y abuela
3. Buenos Aires es la _____ de Argentina.
4. plural de avión
5. los Sheraton, los Hilton, etcétera
6. tío y tía
7. hombres
8. No son plumas; son _____.
9. Barcelona es una _____.

B. Preguntas personales. *Answer the following personal questions.*

1. ¿Cómo está usted hoy?

   _____

2. ¿Cómo se llama usted?

   _____

3. ¿Qué lleva usted a la clase de español?

   _____

4. ¿Escucha usted la radio?

   _____

5. ¿Adónde desea usted viajar?

   _____

C. Traducción. *Translate the following conversation into Spanish.*

A: Hi, Silvia. How's the family?

   _____

B: We're fine. And you?

   _____

A: Fine, thanks. Martín is arriving by plane today, right?

   _____

B: No, he is arriving tomorrow. Today he's in the capital.

   _____

   _____

A: Where is he spending the weekend?

   _____

B: He is spending the weekend at home with the family. Monday he's traveling to Bogotá.

_____

_____

A: My goodness! He travels a lot.

_____

B: Yes, it's true.

_____

A: Well, we'll see each other tomorrow, right (agreed)?

_____

B: Yes, see you tomorrow.

_____

DESCRIPCIONES

CAPÍTULO 2

VOCABULARIO

A. Antónimos. *Give the opposite of each of the following words.*

1. cortés _____

2. grande _____

3. malo _____

4. responsable _____

5. realista _____

6. pesimista _____

7. interesante _____

8. altruista _____

9. sensible _____

10. nuevo _____

B. ¿Cómo son? *Describe the personalities of the following people.*

1. Yo _____

2. Mi mejor amigo(-a) (*My best friend*) _____

   _____

3. Mi profesor(-a) _____

4. Mi hermano(-a) _____

I. The verb *ser*

A. Completar las frases. *Complete each sentence with the appropriate form of the verb* **ser**.

MODELO   El libro _____**es**_____ pequeño.

1. Nosotros _____ altruistas.

2. Eduardo y Alberto _____ pesimistas.

3. Yo _____ de México.

4. Usted _____ agente de viajes, ¿verdad?

5. Luis y yo _____ realistas.

6. Tú _____ responsable.

7. Bogotá _____ la capital de Colombia.

8. Ella y tú _____ idealistas.

9. Cristina _____ la hermana de Pedro.

10. Yo _____ estudiante.

B. Preguntas. *Answer each question in a complete sentence in Spanish.*

1. ¿De dónde es usted?

    _____

2. ¿Cómo es usted?

    _____

3. ¿De dónde son Julio Iglesias y Plácido Domingo?

    _____

4. ¿Cuál es la capital de España?

    _____

5. ¿Cómo es Madonna?

_____

II. Adjectives

A. La palabra correcta. *Circle the word that correctly completes each sentence.*

MODELO   Doña Juana es una profesora muy (simpática, bonito, trabajador).

1. Los Ángeles es una ciudad (bueno, grande, contaminado).

2. La Estancia es un (grande, buen, bueno) restaurante.

3. El señor Gómez habla ahora con unas personas (norteamericanas, inteligente, famosos).

4. ¿Un (mal, malo, argentino) amigo? No, Vicente es un amigo muy bueno.

5. ¿Comida italiana? No, yo busco un restaurante (gran, pequeña, mexicano).

6. Es una persona muy (famoso, inteligentes, trabajadora).

7. Visitamos una ciudad muy (viejo, linda, corteses).

B. Buenos Aires. *Describe Buenos Aires using the adjectives in parentheses. Make the necessary agreements.*

MODELO   (grande / famoso) Buenos Aires es una ciudad **grande** y muy **famosa**.

1. (mucho / bueno)   Allí hay _____ restaurantes

    _____.

2. (horrible / amable)   El tráfico es _____ pero las

    personas son muy _____.

3. (viejo / lindo)   Hay muchas casas _____

    pero muy _____.

4. (excelente / moderno)

Hay universidades _____ y

_____ .

5. (inteligente / trabajador)

Los estudiantes son _____

y _____ .

6. (principal / internacional)

En la avenida _____ hay

hoteles _____ .

7. (mucho / interesante / elegante)

Allí está el Hotel Claridge, donde hay _____

personas _____ . Es un

hotel _____ .

8. (grande / importante)

También hay una _____ plaza

muy _____ : la Plaza de Mayo.

Y ahora, ¿no deseas visitar Buenos Aires…?

III. *Ser* versus *estar*

A. *¿Ser o estar?* *Complete each sentence with the correct form of* **ser** *or* **estar.**

MODELO   Elisa _____**está**_____ bonita hoy.

1. Los chicos _____ perdidos.

2. Nosotros _____ en la agencia de viajes.

3. Yo _____ norteamericano.

4. El hotel _____ enfrente de la universidad.

5. Los tíos _____ simpáticos y muy altruistas.

6. Rafael _____ amable.

7. Tú _____ aburrida, ¿verdad?

8. Elena y yo _____ de vacaciones.

B. Imaginación y lógica. *Write original sentences using items from each of the three columns.*

Agustín y yo		en el restaurante
Tú		grandes
El libro	ser	en el aeropuerto
El avión	estar	perdida, ¿verdad?
Las lecciones de español		de papel
Las casas		difíciles

1. _____

2. _____

3. _____

4. _____

5. _____

6. _____

C. Traducción. *Translate these sentences into Spanish.*

1. We are in the theater.

   _____

2. Alberto is courteous and friendly.

   _____

3. Isabel is bored because the lesson is easy.

   _____

4. The hotel is on the left.

   _____

5. It's a big international hotel and it's near a good Argentinean restaurant.

_____

_____

6. Argentinean food is delicious!

_____

IV. The contractions *al* and *del*

V. The personal *a*

A. ¿Personal o impersonal? *Complete each sentence with the personal **a** if it is needed.*

1. Tomás busca _____ el hotel y también busca _____ Felipe.

2. Usted se llama _____ Teresa, ¿verdad?

3. Visitamos _____ los abuelos de Raúl.

4. Llamo _____ un taxi.

5. Alicia necesita _____ dos semanas de vacaciones. ¿Y tú?

6. Necesito llamar _____ la doctora.

B. Confusiones. *Your roommate doesn't know what's happening. Respond to each of his or her questions using the cue given.*

MODELO   ¿Visitas <u>a la hermana</u> de Laura mañana? (el hermano)
              No, visito al hermano de Laura mañana.

1. ¿Necesitas el número de teléfono <u>del profesor de español</u>? (la profesora de francés)

_____

2. ¿Buscas la dirección <u>de la doctora</u>? (el profesor de inglés)

_____

3. ¿Llevas los libros <u>al laboratorio</u>? (la clase)

_____

4. ¿Comemos en el restaurante <u>de la universidad</u>? (el museo de arte)

_____

5. ¿Llamamos <u>a la prima</u> de Laura? (las primas)

_____

C. La imaginación creadora. Complete the sentences using the cues given for (a) and (b) and adding words as necessary. Give an original response for (c).

MODELO   Ella visita…
(a) la agencia

(b) Tomás

(c) _____

(a) Ella visita la agencia de viajes.
(b) Ella visita a Tomás Gómez, el tío de Juan.
(c) Ella visita un museo muy interesante.

1. Busco…

(a)   una exposición

_____

(b)   señor Aguirre

_____

(c)   _____

2. La farmacia está…

   (a) lejos / hotel

   _____

   (b) cerca / Avenida Caracas

   _____

   (c) _____

3. El turista mira…

   (a) chicas

   _____

   (b) museos

   _____

   (c) _____

4. Los pasajeros llegan…

   (a) aeropuerto

   _____

   (b) Estados Unidos

   _____

   (c) _____

5. El restaurante está…

   (a) lado / hotel

   _____

   (b) enfrente / universidad

   _____

   (c) _____

FUNCIONES Y ACTIVIDADES

A. Reacciones. *React to each of the following statements by choosing an appropriate phrase from the list below.*

¡Qué suerte!	¡Qué bueno!	¿Verdad?
¡Qué horrible!	¡Qué malo!	¡Qué egoísta!
¡Qué aburrido!	¡Qué descortés!	¡Qué interesante!

1. Luis está muy mal. Ahora está en el hospital. _____

2. Fernando no escucha a la profesora. _____

3. El chico no desea visitar a la abuela. _____

4. Estamos en clase ahora. _____

5. Visitamos el Museo de Historia Natural. _____

6. ¡Allí la comida es deliciosa! _____

7. Escuchamos una ópera de Wagner. _____

B. En la ciudad. Look at the drawing and then complete each sentence with an appropriate prepositional phrase, choosing from the list that follows. Don't use the same prepositional phrase twice.

a la derecha de   detrás de
a la izquierda de   enfrente de
al lado de   lejos de
cerca de

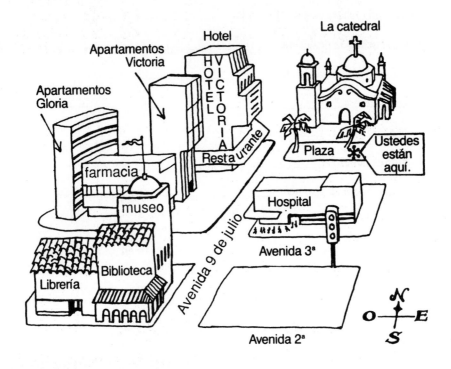

1. La plaza está _____ la catedral (*cathedral*).

2. La librería (*bookstore*) está _____ la biblioteca.

3. La farmacia está _____ los apartamentos Gloria.

4. El Hotel Victoria está _____ los apartamentos Victoria.

5. La librería está _____ la catedral.

6. El museo está _____ la biblioteca.

ESTUDIOS Y PROFESIONES

CAPÍTULO 3

VOCABULARIO

Estudios universitarios. *In each of the following passages people are describing their activities or preferences. Try to guess what they are studying.*

MODELO   Necesito unos libros sobre John Locke y Thomas Jefferson.
   a. ciencias políticas   b. biología   c. literatura

1. Necesito dos libros sobre Aristóteles y uno sobre Platón. También busco uno de Jean-Paul Sartre.

    a. matemáticas   b. filosofía   c. música

2. Deseo visitar el museo para ver una exposición sobre la civilización azteca.

    a. antropología   b. biología   c. música

3. Necesito información sobre Jonas Salk y Luis Pasteur.

    a. química   b. medicina   c. sociología

4. Hoy estudiamos la Revolución Mexicana.

    a. historia   b. física   c. ciencias de computación

5. Llevo un libro de Cervantes y dos de Carlos Fuentes.

    a. ciencias naturales   b. literatura   c. antropología

I. Telling time

A. ¿A qué hora? *Form complete sentences with the following words.*

MODELO   yo / salir / 9:00 A.M.
              Yo salgo a las nueve de la mañana.

1. tú / llegar / 4:50 P.M.

   _____

2. el doctor Jaramillo y yo / visitar / clase / 10:40 A.M.

   _____

3. tú / llamar / agencia / 2:05 P.M.

   _____

4. ahora / ser / 8:00 A.M. / en París

   _____

5. nosotros / desear / llegar / 11:30 A.M.

   _____

B. Una tarde en la vida (life) de Juana. *Looking at the clocks and the words given, tell what time Juana is doing each activity. Add words as needed.*

MODELO   Juana / estudiar / biología
              A la una y diez Juana estudia biología.

1. Juana / llevar / libros / casa / amiga

   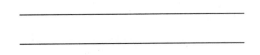

2. Juana / hablar / profesora / física

   _____

   _____

3. Juana / visitar / familia / Miguel

   _____

   _____

4. Juana / preguntar / la hora

   _____

   _____

5. Juana / mirar / televisión

   _____

   _____

II. The present tense of regular *-er* and *-ir* verbs

A. En la cafetería. *You overhear a group of students talking about the first week of classes. Complete their sentences with the correct forms of the verbs in parentheses.*

1. El profesor de filosofía _____ (creer) que nosotros _____ (deber) hablar más en clase.

2. ¿Qué _____ (leer) ustedes en la clase de inglés ahora?

3. Patricia y yo no _____ (vivir) en la universidad. ¿Y tú, Sandy?

4. Irene no _____ (escribir) muchas cartas pero _____ (recibir) muchas.

5. ¿_____ (aprender) mucho ustedes en la clase de español?

6. ¿Dónde _____ (comer) tú y Fred mañana?

7. Yo no _____ (comprender) el Capítulo 1. ¿Y ustedes?

B. Lógica verbal. *Complete each sentence; choose the most appropriate verb in parentheses and supply the correct form.*

1. Busco el libro sobre la civilización azteca, pero _____ que no está aquí. (creer, vender, vivir)

2. Ellos _____ muchos libros interesantes en la biblioteca. (leer, escribir, vender)

3. Doña María siempre _____ regalos de la familia Rodríguez. (comprender, recibir, leer)

4. Nosotras _____ mucha comida italiana. (comer, abrir, leer)

5. Jorge, ¿por qué no _____ el libro de Juan Rulfo? (vivir, leer, aprender)

6. Muchos comerciantes _____ en casas elegantes. (descubrir, vivir, comprender)

7. Tú _____ hablar con un abogado. (leer, descubrir, deber)

8. Mamá, ¿por qué no _____ (nosotros) los regalos ahora? (abrir, vivir, creer)

III. Demonstrative adjectives and pronouns

A. Cambios. *Make a new sentence using the cue given.*

MODELO   Esa señorita es una buena arquitecta. (hombre)
                       Ese hombre es un buen arquitecto.

1. Ese señor es un profesor de biología muy famoso. (señorita)

_____

2. ¿Desean comer en esta mesa o en aquélla? (restaurante)

_____

3. ¿Qué libro lees? ¿Éste? (carta)

_____

4. ¿Cuál de estas universidades es buena para Víctor? (libros)

_____

5. Busco la Biblioteca Panamericana. ¿Es aquélla? (Museo Nacional)

_____

6. Esos niños que están allí leen mucho. (aquí)

_____

7. Tú debes decidir: ¿esta cámara o ésa? (calendarios)

_____

B. ¿Dónde comemos? *Complete the conversation with the appropriate demonstrative adjectives or pronouns.*

ANA: Es hora de comer, Pablo. ¿En qué restaurante comemos?

PABLO: ¿En _____ (1) restaurante francés, aquí al lado de la Facultad de

Ciencias Sociales?

ANA: No, no deseo comida francesa esta noche.

PABLO: Bueno. ¿Y en _____ (2) restaurante italiano que está allí donde

preparan ravioles?

ANA: Creo que _____ (3) (that one) no es bueno.

PABLO: De acuerdo. ¿Y en _____ (4) (that . . . far away) restaurante alemán

que está detrás de la Facultad de Medicina?

ANA: Pero en _____ (5) la comida es horrible.

PABLO: Pues… ¿y en _____ (6) (that . . . far away) cafetería que está en

la Avenida Juárez?

ANA: ¿Cómo? ¿Qué cafetería?

PABLO: La cafetería de la Avenida Juárez, al lado de la librería.

ANA: ¡Oh!, pero _____ (7) (that . . . far away) está lejos, ¿no?

PABLO: ¡Ay, ay, ay! ¿Por qué no comemos en casa?

IV. The present indicative of *tener*

A. ¿Qué tienen? Complete each sentence by supplying the noun shown in the picture
and the correct form of *tener*.

MODELO   Roberto _____
en este momento.
**Roberto tiene cincuenta
dólares en este momento.**

1. Yo _____ nuevo.

2. Los padres de Ana _____
   en Veracruz.

3. María Pilar y yo _____
   de muchos escritores mexicanos.

4. El presidente _____
   grande.

5. Los señores Espinosa _____
   en la Avenida Juárez.

B. Conversaciones. *Complete the following conversations with the appropriate forms of* **tener, tener ganas de,** *or* **tener que.**

1. —Raúl, ¿comes con nosotros?

   —No, mamá, hoy no _____ tiempo.

2. —Mamá, yo _____ estudiar música.

   —Bueno, la señora López da (*gives*) lecciones de piano.

3. —Papá, creo que la química y la ingeniería son importantes, pero…

   —Comprendo, hijo. Simplemente no _____ estudiar.

4. —¿Qué hora es?

   —Son las tres. Nosotros _____ estar allí en veinte
   minutos.

5. —Debemos hablar con un doctor.

   —Yo _____ una idea. ¿Por qué no llamamos al
   doctor Torres?

C. Posesiones. *Write two sentences telling some things that you or your friends have, using the verb* **tener**.

_____

_____

V. The verbs *hacer, poner, salir,* and *venir*

A. Completar las frases. *Complete each sentence with the appropriate form of* **hacer, poner, salir,** *or* **venir.**

1. ¿Qué _____ tú? Yo _____ la maleta.

2. Jaime _____ los libros en la mesa.

3. Nosotras _____ ejercicios.

4. Arturo y ella _____ a la fiesta mañana.

5. Tú _____ a la fiesta también, ¿no?

6. Yo _____ de la casa a las nueve de la mañana todos los días.

B. Preguntas personales. *Answer the following questions in Spanish.*

1. ¿Vienes a la universidad por la mañana? ¿A qué hora?

_____

2. ¿Sales los fines de semana? ¿Con quién(es)?

_____

3. ¿A qué hora vienen ustedes a la clase de español?

_____

4. ¿Haces la comida todas las noches? ¿Sales a comer?

_____

FUNCIONES Y ACTIVIDADES

A. ¿Cómo? No comprendo. *Eduardo is looking for a restaurant on his first trip to the university. Play his role and interrupt the speaker to ask for clarification. Use a variety of expressions of incomprehension.*

MODELO   Usted debe comer en el restaurante universitario.
                    ¿Cómo? ¿Dónde debo comer?

1. El restaurante universitario está cerca de la biblioteca.

   _____

2. Usted no necesita un mapa, ¿verdad?

   _____

3. Muchos estudiantes y profesores comen en aquel restaurante que está en la Avenida Moctezuma.

   _____

4. Hoy tienen huachinango veracruzano y mole poblano de guajolote.

   _____

5. Usted es turista, ¿no?

   _____

B. La imaginación creadora. *Complete each sentence in an original manner.*

1. Tengo que _____

2. Creo que esta universidad _____

3. ¿Eres de Nueva York? Todos los neoyorquinos son _____

   _____

4. ¿Son buenos los restaurantes franceses? —Sí, pero _____

   _____

5. No comprendo _____

6. ¿Pero cuándo _____?

LAS ESTACIONES Y EL TIEMPO

CAPÍTULO 4

VOCABULARIO

A. Estaciones y meses. *Complete each sentence with the appropriate word or words from the list below.*

frío	sol	primavera	enero	nieva
calor	otoño	estación	meses	llueve

1. En las montañas _____ en el invierno.

2. En el verano hace _____ y _____.

3. Abril y mayo son _____ de la _____, no del otoño.

4. La _____ favorita de Alberto es el _____; para él, septiembre y octubre son meses estupendos.

5. En Chicago hace mucho viento y mucho _____ en diciembre y _____.

6. En abril _____ mucho aquí.

B. El tiempo. *The word* **tiempo** *can refer either to "time" or "weather." Which is the case in each of the following examples?*

1. ¿Ir al cine con ustedes? No, no tengo tiempo. _____

2. Hoy hace un tiempo fabuloso. _____

3. ¡Rápido! El tiempo es oro. _____

4. ¡Qué lluvia! Aquí siempre hace mal tiempo. _____

I. The irregular verb *ir*

A. Actividades. *Circle the verb that correctly completes each sentence.*

MODELO   Nosotros _____ de vacaciones en agosto. (voy, (vamos), van)

1. Aquí hace calor en julio. Por eso María Elena y Marcelo siempre _____ a la playa. (voy, vamos, van)

2. Rogelio, ¿_____ a esquiar con nosotros este invierno? (voy, vas, vamos)

3. Creo que no _____ a hacer calor cerca del mar. (van, vamos, va)

4. Hija, ¿por qué _____ a salir con Fernando Cuevas? Ese muchacho es muy descortés. (vamos, vas, voy)

5. El sábado yo _____ a ir de compras. (vamos, va, voy)

B. Las clases. *Refer to the class schedules below and complete each sentence with the appropriate form of* **ir** *and other information.*

	Yo	**Félix**	**Magdalena**
9:00	ANTROPOLOGÍA	ANTROPOLOGÍA	FRANCÉS
10:00	ESPAÑOL	FÍSICA	FÍSICA
11:00	QUÍMICA	INGENIERÍA	QUÍMICA
1:00	INGLÉS	INGLÉS	PSICOLOGÍA

MODELO   A las diez yo _____voy_____ a la clase de español.

1. Félix y Magdalena _____ a la clase de _____ a las diez.

2. Magdalena _____ a la clase de _____ a la una.

3. Félix y yo _____ a la clase de antropología.

4. Magdalena y yo _____ a la clase de _____.

5. A las once Félix _____ a la clase de _____.

6. A la una Félix y yo _____ a la clase de _____.

II. Dates

A. Preguntas. *Answer each question in a complete sentence.*

1. ¿Qué día es hoy?

   _____

2. ¿Qué hace usted los sábados? ¿Va a fiestas?

   _____

3. ¿Cuándo van a tener ustedes un examen en esta clase?

   _____

4. ¿Cuál es el día favorito de usted? ¿Por qué?

   _____

5. ¿Qué meses tienen treinta días?

   _____

6. ¿Cuál es la fecha de su (*your*) cumpleaños?

   _____

7. ¿Es usted supersticioso(-a)? En muchas partes del mundo hispano, el día de mala suerte es el martes (especialmente el martes 13). ¿Cuál es el día de mala suerte en este país?

   _____

B. Fechas importantes. *Complete the following chart with birthdays of four people you don't want to forget.*

	Persona	Fecha
MODELO	**mamá**	**el nueve de julio**
1.	_____	_____
2.	_____	_____
3.	_____	_____
4.	_____	_____

III. Cardinal numbers 100 and above

A. De pobres y ricos. (Of rich and poor.) *Write out the numbers in parentheses.*

Hay (3.000.000) _____ de personas en este país.

(14) _____ familias reciben (500.000) _____ pesos o más al

año (*each year*) y (400.000) _____ familias reciben entre (200)

_____ y (700) _____ pesos al año. Hay unas (300)

_____ familias que reciben (900) _____ pesos al año. ¿Cómo es posible

vivir con 200 pesos al año?

B. Dos más dos son cuatro. *Write the answer to each mathematical problem. Place the numeral in the first blank and the words in the second.*

1. 1.000 - 250 = _____ _____

2.   700 + 500 = _____ _____

3.   600 - 120 = _____ _____

4. 1.200 - 640 = _____ _____

5.   400 + 175 = _____ _____

C. La inflación. *Inflation is a big problem in Latin America. Sometimes currency is devalued by a factor of as much as 10,000. Convert the following amounts from **pesos viejos** to **pesos nuevos**. (Hint: just drop four zeros from the number of old pesos to get the number of new pesos.)*

MODELO   100.000 pesos viejos =
               Cien mil pesos viejos son diez pesos nuevos.

1. 5.000.000 de pesos viejos =

_____

2. 30.000 pesos viejos =

_____

3. 2.000.000 de pesos viejos =

_____

4. 800.000 pesos viejos =

_____

5. 80.000 pesos viejos =

_____

6. 550.000 pesos viejos =

_____

7. 10.990.000 pesos viejos =

_____

8. 4.440.000 pesos viejos =

_____

IV. Idiomatic expressions with *tener; hay que*

A. Frases lógicas. *Form complete sentences with the following words, adding words where needed.*

MODELO   Rosa / tener / trabajar mucho / porque / tener ganas / viajar / España / pronto
Rosa tiene que trabajar mucho porque tiene ganas de viajar a España pronto.

1. El amigo / Carmen / hacer ejercicios / y / tener sed

_____

2. Jorge y Roberto / tener / estudiar / matemáticas

_____

3. Armando y yo / tener ganas / comer / comida mexicana

_____

4. Alfredo / tener dolor de cabeza / y / yo / tener dolor de estómago

    _____

5. Tú / tener / muchos dólares. ¡También / tener / mucha suerte!

    _____

B. Otro mundo. *Gustavo has just arrived from Chile to enroll in a large university in New York. Things are very different for him so he is asking you for information. Answer each of his questions using the cue given.*

MODELO   ¿A qué hora tengo que llegar a clase? (8:30 A.M.)
               Tienes que llegar a las ocho y media de la mañana.

1. ¿Cuándo hay que empezar a estudiar? (en dos semanas)

    _____

2. ¿Adónde tengo que ir para buscar las oficinas de los profesores? (a Smith Hall)

    _____

3. ¿Cuándo tienen que abrir la biblioteca? (7:30 A.M.)

    _____

4. ¿Hay que contestar en inglés en clase? (sí)

    _____

5. ¿Cuántos libros tengo que tener para las clases? (un total de veinte)

    _____

FUNCIONES Y ACTIVIDADES

A. Conformistas y anticonformistas. *It is your job to eliminate applicants whose answers to the following questions indicate that they are nonconformists or unusual in any way. For each question, mark the answer that is not ordinary.*

MODELO   ¿Qué hace usted cuando desea nadar?

_____ a. Voy al mar.

_____ b. Voy a un lago que está cerca.

__x__ c. Yo soy el mar y el sol también.

_____ d. Llamo a una amiga y vamos a la playa.

1. ¿Adónde va cuando hace calor?

_____ a. Voy a la playa.

_____ b. Voy al Bar Inglés, del Hotel Internacional.

_____ c. Cuando hace calor, voy a las montañas.

_____ d. Cuando hace calor, siempre tengo frío.

2. ¿Cuál es su (*your*) estación favorita y por qué?

_____ a. La primavera, porque es muy romántica.

_____ b. El invierno. Voy a las montañas a esquiar.

_____ c. El verano. Nado todos los días.

_____ d. El otoño. Como mucha madera en el otoño.

3. ¿Qué hace usted en su cumpleaños?

_____ a. Busco oro detrás de los autobuses.

_____ b. Salgo con amigos.

_____ c. Voy a un restaurante español.

_____ d. Hago una fiesta.

4. Cuando usted tiene fiebre, ¿a quién llama?

_____ a. Al doctor Vargas.

_____ b. A una persona de la farmacia.

_____ c. A todos los pasajeros del aeropuerto.

_____ d. A la librería donde trabajo.

B. Obligaciones. *Complete each sentence in a logical manner.*

1. Debo _____

2. Mi (*My*) amigo tiene que _____

3. Es necesario _____

4. Los estudiantes necesitan _____

5. Hay que _____

C. Dos minidiálogos. *Write a brief dialogue for each of the following drawings. Use your imagination and try to use at least two of the following expressions.*

¡Qué tiempo más horrible!   ¡Qué lluvia!
¿Qué estudias tú?   ¡Qué coincidencia!
¿Usted (Tú) también...?   ¡Cuidado!
Gracias.   Usted (Tú) es (eres) muy amable.

_____

_____

_____

_____

_____

_____

_____

_____

_____

_____

_____

_____

_____

_____

_____

LA CIUDAD Y SUS PROBLEMAS

CAPÍTULO 5

VOCABULARIO

A. ¿Cuál es la palabra…? *For each category, circle the word that does not belong.*

MODELO   **El crimen**: el robo, (la inflación,) la mujer policía, el criminal

1. **Problemas de trabajo:** el desempleo, el tráfico, la discriminación, la huelga

2. **Otros problemas de la ciudad:** la basura, la contaminación, el parque, el tráfico

3. **Edificios de la ciudad:** el banco, la tienda, el teatro, el autobús

4. **Transporte público:** la pobreza, el avión, el autobús, el taxi

B. En mi ciudad. *Write six sentences describing the advantages or disadvantages of living in your city or town; you might want to use some of the words below.*

MODELO   **En mi ciudad las escuelas son muy buenas.**

calles	discriminación	casa	escuelas
plazas	apartamentos	tráfico	parques
bancos	desempleo	basura	avenidas
crimen	restaurantes	barrios	huelgas
teatros	contaminación	hoteles	empleos
pobreza	universidades	robos	hospitales

1. _____

2. _____

3. _____

4. _____

5. _____

6. _____

I. Possessive adjectives

A. Cambios. *Make a new sentence by replacing the underlined word(-s) with the word(-s) in parentheses. Make all necessary changes.*

MODELO   Mi amigo <u>Raúl</u> tiene problemas. (Raúl y Carmen)
                 Mis amigos Raúl y Carmen tienen problemas.

1. Tu <u>composición</u> está en la mesa. (composiciones)

    _____

2. La ciudad y <u>sus avenidas principales</u> son modernas. (avenida principal)

    _____

3. Nuestra prima <u>Berta</u> vive aquí. (Alberto)

    _____

4. Tengo tus libros, <u>Justina</u>. (doctora Carretón)

    _____

5. Nuestras <u>escuelas y universidades</u> son bonitas. (parques y plazas)

    _____

6. Bienvenido, <u>Tomás</u>, estás en tu casa. (profesor Álvarez)

    _____

7. Voy a esperar a mi <u>hija</u>. (hijas)

    _____

B. La familia de Silvia. *Silvia is talking about her family. Complete the description using the cues given.*

_____ (1. *My*) familia es muy simpática. Yo vivo con _____ (2. *my*)

hermanas Elena y Sofía y con _____ (3. *my*) padres. _____ (4.

Our) apartamento no es grande, pero es bonito. Elena va a la escuela con _____ (5.

her) amigas. Sofía trabaja; _____ (6. *her*) oficina está cerca del apartamento.

_____ (7. *Our*) padre habla inglés y español; _____ (8. *his*) madre es

puertorriqueña. _____ (9. *Our*) madre viene de Cuba. _____ (10. *Her*)

padre todavía está allí. ¿Y tú? ¿De dónde vienen _____ (11. *your*) padres?

II. Stem-changing verbs: *e* to *ie*

A. Problemas económicos. *Complete the conversation with the correct forms of the verbs indicated.*

JORGE: Raúl, ¿qué _____ (1. pensar) tú del problema de la inflación?

RAÚL: ¡Ay! Yo no _____ (2. entender) eso muy bien. La inflación

_____ (3. empezar) cuando los precios suben (*rise*), ¿no?

JORGE: Sí, y muchos bancos _____ (4. cerrar) después de unos años. No

hay dinero y la gente _____ (5. perder) su trabajo. ¿Y qué

_____ (6. pensar) tú del problema del desempleo?

RAÚL: Yo _____ (7. entender) muy bien ese problema. ¡No tengo

trabajo!

B. Reunión política. *While waiting for a town council meeting to begin, some people are conversing. Complete their sentences, choosing from these verbs:* **empezar, entender, perder, pensar, preferir, querer.** *There may be more than one possible answer.*

1. Ellos no _____ muy bien el problema de la inflación. ¿Y tú?

2. Nosotros _____ a entender el problema de las drogas.

3. Yo _____ hablar de la discriminación contra las víctimas del SIDA.

4. Ellos _____ hablar del crimen en el barrio.

5. Yo _____ que (nosotros) _____ el tiempo aquí.

C. Preguntas personales. *Answer each question in a complete sentence.*

1. ¿Prefieres estudiar en tu casa o en la biblioteca?

   _____

2. ¿Cierras la puerta cuando estudias en tu casa?

   _____

3. ¿Qué quieres hacer esta tarde?

   _____

4. ¿Qué piensas hacer este fin de semana?

   _____

5. ¿Cuándo empiezan las vacaciones de verano?

   _____

III. Direct object pronouns

A. Turistas. Mr. and Mrs. Gil are talking to some visitors from out of town. Answer each question in the affirmative using the appropriate direct object pronoun.

1. Silvia, ¿te va a ayudar Jorge con las maletas?

    _____

2. ¿Nos esperan ustedes en el hotel?

    _____

3. ¿Jorge va a llamarlos a ustedes mañana?

    _____

4. ¿Van a visitar a sus amigos el sábado?

    _____

5. ¿Ven el Banco Central, allí cerca del restaurante?

    _____

6. ¿Tienen los pasaportes?

    _____

B. En la calle. Look at the drawing and answer each question using a direct object pronoun.

MODELO   ¿Conoce Teresa a la señora?
                No, no la conoce.

1. ¿Piensa Teresa ayudar a la señora?

   _____

2. ¿La señora necesita el dinero?

   _____

3. Y el señor, ¿la va a ayudar también?

   _____

4. ¿El señor mira a la señora y a Teresa?

   _____

5. Y usted, ¿ayuda a veces a las personas que no tienen dónde vivir?

   _____

IV. The present tense of *saber* and *conocer*

A. Las ciudades grandes. *Complete the passage with the correct forms of* **saber** *or* **conocer.**

Yo _____ (1) a un hombre que prefiere vivir en una ciudad grande, como

(*like*) ésta. Yo _____ (2) que él _____ (3) que toda ciudad grande

tiene problemas terribles. Él no _____ (4) los problemas urbanos como los

_____ (5) yo, porque soy de un barrio pobre. Creo que hay muchos problemas en la

ciudad. Bueno, él va a vivir aquí y pronto va a _____ (6) que yo tengo razón.

B. En San Francisco. *You have just met a Mexican woman who works for an international bank in San Francisco. Ask her the following questions in Spanish.*

MODELO   Do you know the city well?
              ¿Conoce usted bien la ciudad?

1. Do you know where the Banco Central de México is?

_____

2. Do you know the president of that bank?

_____

3. Do you know the buildings in the city?

_____

4. Do you know how to speak and write French?

_____

5. Do you know many people here?

_____

FUNCIONES Y ACTIVIDADES

A. Reacciones. *React to each of the following situations, choosing an appropriate expression from the list below.*

¡Qué lástima!	¡Qué mala suerte!	Es de esperar.
¡Pobrecito(-a)!	¡Buena lección!	¿Qué espera(-s)?

MODELO   Raúl va a llegar tarde al aeropuerto porque no tiene su reloj.
              ¡Qué mala suerte! or **Es de esperar.**

1. Marta va al casino de Monte Carlo y pierde 5.000 dólares.

_____

2. Enrique y Ana compran un auto por cien dólares y lo tienen que llevar al mecánico muchas veces.

_____

3. La hermana de Jorge está en el hospital.

_____

4. Los primos de Elena hacen un viaje a San Juan y allí llueve todos los días.

_____

5. Usted y dos amigos van a un restaurante elegante y reciben una cuenta (*bill*) de 250 dólares.

_____

B. Situaciones. *Answer the questions about the situations that follow or react to the news.*

1. You have just graduated and have gotten a job. You were given an office. Describe it.

   a. ¿Tiene ventanas? ¿Ve el tráfico de la ciudad?

   _____

   b. ¿Va a estar solo(-a) (*alone*) allí o con otra gente?

   _____

   c. ¿Está en un edificio grande o pequeño? ¿cerca o lejos del centro?

   _____

2. At a meeting with people from your apartment building, you learn some news about your neighborhood. What are your reactions?

   a. Federico, del apartamento 3-C, vende drogas.

   _____

   b. En el parque hay basura por todas partes.

   _____

   c. Don Antonio, el señor que tiene cinco hijos, va a perder su empleo.

   _____

DIVERSIONES Y PASATIEMPOS

CAPÍTULO 6

VOCABULARIO

Tell what sorts of activities come to mind for each of the times indicated. Use the list below and add other ideas of your own.

visitar a los amigos
sacar fotos
hacer ejercicios
hacer una fiesta
ir al teatro
jugar a los naipes
ir al cine a ver una película
bailar
escuchar discos
esquiar

hablar por teléfono
escuchar un concierto
tocar la guitarra (el piano, el violín)
nadar
escuchar música
programar la computadora
viajar
escuchar la radio
cantar

1. El sábado por la noche: _____

   _____

   _____

2. El domingo: _____

   _____

   _____

3. Las vacaciones de verano: _____

_____

_____

4. Las vacaciones de invierno: _____

_____

_____

I. Indirect object pronouns

A. Completar las frases. *Complete each sentence with the indirect object pronoun corresponding to the indirect object phrase in parentheses.*

MODELOS   __Le__ hablan por teléfono (a ella).
Mi tío va a leer**les** ese libro (a ellos).

1. _____ preparamos el almuerzo (a ustedes).

2. Jacobo _____ presta el dinero (a nosotros) hoy.

3. Marta _____ hace la comida (al señor).

4. Van a vender_____ esa cámara (a Miguel).

5. _____ deseo un feliz viaje (a ti).

6. Mi amigo Enrique _____ escribe (a Juanita y a Dora).

B. Ana y sus amigos. *Ana is always doing things for other people. Make a sentence for each drawing using an indirect object pronoun and the cue given.*

MODELO   comprar / a nosotros
Ana nos compra entradas para el Ballet Folklórico de México.

1. prestar / a ti

   _____

2. mostrar / a mí

   _____

3. tocar / a usted

   _____

4. sacar / a los turistas

   _____

5. hacer una fiesta de cumpleaños / a Federico

   _____

6. preparar el almuerzo / a sus abuelos

   _____

II. Stem-changing verbs: *e* to *i;* the verb *dar*

A. Completar las frases. *Complete each sentence with the appropriate form of one of the following verbs.*

dar	decir	pedir	preguntar	seguir	servir

MODELO   Yo no sé por qué tú siempre _____**pides**_____ café y después no lo tomas.

1. ¿Ves esa calle que está al lado del parque? Bueno, tú la_____ hasta llegar al

   cine.

2. Yo conozco muy bien a Gregorio. Si usted le _____ que va a esperarlo a las

   cinco, él va a llegar a las seis.

3. Quiero comprar un radio pero primero tengo que _____les dinero a mis

   padres.

4. Paquito, no le _____ el regalo ahora—tienes que esperar un poco.

5. ¿Por qué me _____ eso ustedes? Yo no lo sé.

6. ¿Cuántos cursos _____ ustedes este semestre?… ¡Siete! Son muchos. ¿Y

   tienen tiempo para _____ un paseo o ir al cine los fines de semana?

7. Ellos siempre nos _____ muchos favores.

8. En aquel restaurante _____ buena comida argentina.

B. Un poco de imaginación. *Complete each sentence in an original way, using the verb indicated.*

MODELO   (servir) El camarero **nos sirve la cena**.

1. (seguir) A veces yo _____

2. (decir) Mi amigo(-a) _____

3. (repetir) Tú siempre _____

4. (pedir) Mi familia _____

5. (servir) En la cafetería de la universidad _____

   _____

6. (pedir) Cuando estamos de vacaciones, (nosotros) _____

   _____

7. (dar) Yo _____

8. (seguir) Mis amigos y yo _____

   _____

C. Fin de semana. On Thursday night, everyone is thinking about what to do in the city on the weekend. Complete each sentence with the correct form of **pedir** or **preguntar**.

1. —Sergio, ¿crees que Juana quiere ir a comer con nosotros?

   —No sé. ¿Por qué no le _____?

2. —¿Quieres ver una lista de restaurantes mexicanos en San Antonio?

   —Sí, la voy a _____ en la oficina del hotel ahora.

3. —¿Por qué (tú) me _____ si quiero ir al museo? ¡Siempre quiero

   visitar museos!

4. —Si (tú) le _____ diez dólares a tu papá, podemos ir al cine mañana.

5. —Le voy a _____ a la chica que trabaja en ese restaurante si allí

   podemos _____ comida mexicana.

III. Stem-changing verbs: *o* to *ue, u* to *ue*

A. Formación de frases. Make a new sentence with the following words, changing and adding words as necessary.

MODELO yo / siempre / jugar / los niños / cuando / poder
       Yo siempre juego con los niños cuando puedo.

1. ella / soñar / la comida / que / le / preparar / su mamá

   _____

2. mi papá / dormir / muy poco, pero / siempre / poder / trabajar bien

   _____

3. Catalina y yo / siempre / volver / temprano / y / te / encontrar /enfrente del televisor; / ¿no / recordar / que / deber / estudiar?

    _____

    _____

    _____

4. la educación / costar / mucho / ahora;/ mi hermano y yo / no / poder / ir / la universidad

    _____

    _____

B. El sueño de Regina. *Complete the story of Regina's dream using the following verbs.*

| dormir | jugar | recordar | volver |
| encontrar | poder | soñar | |

Una noche Regina _____ (1) y _____ (2) con un indio

misterioso. Lo _____ (3) en casa de un amigo y los dos _____ (4) a

los naipes. El indio tiene el naipe de la reina de diamantes (*queen of diamonds*) en la mano y le

dice: «La reina _____ (5) al teatro a cantar.» «¿Qué quiere decir eso?» le

pregunta ella. Él le responde: «Si piensas en tu nombre y en tu vida, _____ (6)

resolver el problema. Te llamas Regina, que es ‹reina› en latín. Tú debes volver a tomar clases de

canto (*singing*).»

A la mañana siguiente (*following*), Regina _____ (7) los consejos del indio

y busca un profesor de canto. Ahora da conciertos por todas partes.

C. Preguntas personales. *Answer each question in a complete sentence.*

1. ¿Vuelves siempre al mismo restaurante para comer?

    _____

2. ¿Almuerzas en la cafetería de la universidad? ¿Encuentras allí a tus amigos?

    _____

    _____

3. ¿Cuánto cuesta una cena completa en tu restaurante favorito?

    _____

4. ¿Juegas al tenis esta tarde? ¿mañana? ¿este fin de semana?

    _____

5. Cuando tienes que comprar regalos, ¿los encuentras en poco tiempo?

    _____

6. En general, ¿recuerdas tus sueños? ¿Con qué o con quién sueñas?

    _____

IV. Direct and indirect object pronouns in the same sentence

A. ¿Cuál es la palabra...? *Each of the following sentences has either the direct or indirect object underlined. Mark the word or phrase to which the pronoun might refer.*

MODELO   Yo <u>se</u> la voy a dar mañana.
              ____ la carta   _**x**_ a ellas   ____ a mí   ____ la pluma

1. Ellos me <u>los</u> van a vender, pero a otro precio.

    ____a ustedes   ____a mí   ____la bicicleta   ____los libros

2. Si ustedes quieren esperar, yo <u>se</u> lo pregunto.

    ___a ti   ____a la señorita   ____la información   ____el número

3. Creo que lo vas a necesitar muy pronto. ¿Por qué no se lo pides?

____la comida ____al señor Vargas ____el dinero ____a ustedes

4. Bueno, te las compro si prometes no decírselo a ellos.

____a ella ____la silla ____a nosotros ____las entradas

5. ¿Cuándo nos lo van a servir?

____a Felipe ____la comida ____tú ____el almuerzo

6. Voy a ponérselas cerca de la puerta.

____a mí ____a ustedes ____el gato ____las cosas

7. Podemos mostrársela en cinco minutos.

____a ellas ____la casa ____el pasatiempo ____a Elena

8. No se lo puedo hacer; es muy difícil.

____a nosotros ____a Juan y a Carmen ____la cena ____el consejo

9. ¿Nos la tocas ahora, Berta?

____a ustedes ____el cine ____la canción ____a Susana y a mí

B. Preguntas. *Answer each question using combined object pronouns.*

MODELO   No conocemos esa canción. ¿Nos la pueden cantar ustedes?
           Sí, podemos cantársela.

1. Queremos una foto de los hijos. ¿Nos la puedes sacar?

_____

2. Necesito el auto para visitar a la familia. ¿Me lo puedes prestar?

_____

3. Ana me dice que usted tiene un piano nuevo. ¿Me lo quiere mostrar?

_____

4. ¡Qué bonita guitarra! Papá, ¿me la vas a comprar?

_____

5. Felipe quiere leer este libro. ¿Se lo podemos llevar?

_____

C. Formación de frases. *Combine the elements given, first to form a sentence with only an indirect object pronoun and then a sentence with two object pronouns.*

MODELO   Ernesto / dar / libro / a mí
         a. **Ernesto me da el libro.**
         b. **Ernesto me lo da.**

1. el policía / preguntar / nombre / a la mujer

   a. _____

   b. _____

2. tú / dar / el disco / a mí

   a. _____

   b. _____

3. yo / llevar / la maleta / a ti

   a. _____

   b. _____

4. ellos / pedir / consejos / a usted

   a. _____

   b. _____

5. ¿usted / prestar / la computadora / a los niños?

   a. _____

   b. _____

6. Josefina y yo / repetir / la información / a las otras personas

   a. _____

   b. _____

7. Lorenzo y usted / servir / la cena / a nosotras

   a. _____

   b. _____

FUNCIONES Y ACTIVIDADES

A. Diversiones y problemas. *Answer the following questions about the drawings in complete sentences; replace object nouns with pronouns when possible.*

MODELO   La gente que está cerca de Luis, ¿quiere escuchar su música?
               No, no quiere escucharla.

1. ¿Qué no sabe hacer Jorge?

   _____

2. ¿Qué prefiere hacer Marta?

_____

3. ¿Sueña Marta con Jorge?

_____

4. Marta quiere mucho a Jorge, ¿verdad?

_____

5. ¿Luis les toca una canción bonita a todos?

_____

6. En su opinión, ¿puede Luis ganar mucho dinero si sigue con su música?

_____

7. ¿Cuánto le cuestan las entradas a la gente para ver a Julio Iglesias?

_____

8. ¿Ramón puede comprarles entradas a sus hijos para el concierto?

_____

9. ¿Qué piensa Carolina de *La culpa de María*?

_____

10. ¿Va a volver Carolina al Cine París a ver *La culpa de María* otra vez?

_____

B. En la agencia de viajes. *You have just won $2,000 for a summer vacation. You go to a travel agent for assistance. The agent asks how she can help. She asks about your preferences and how much money you can spend. Then she makes a recommendation. Complete the conversation and supply some expressions for making requests and offering assistance.*

USTED: Buenos días, señorita.

LA AGENTE: Buenos días. ¿_____?

USTED: Pues, _____ hacer un viaje.

¿_____ recomendar un lugar agradable?

LA AGENTE: ¡Claro!, pero… tengo que hacerle unas preguntas. ¿Qué prefiere hacer durante

sus vacaciones? ¿Cuáles son sus pasatiempos favoritos?

USTED: _____

_____

_____

LA AGENTE: Y, ¿cuánto dinero tiene para el viaje?

USTED: _____

LA AGENTE: _____

_____

_____

_____

LA ROPA, LOS COLORES Y LA RUTINA DIARIA

CAPÍTULO **7**

VOCABULARIO

A. ¿Qué llevamos? *Each member of the Márquez family has plans to go somewhere over the holidays except for Mr. Márquez, who is staying home in Bogotá. Mrs. Márquez is going to visit friends in the high mountains, where it will be very cold. Marisa is going with her boyfriend's family to the beach, to swim and enjoy the sun. José María is going to the plains, where cool weather can be expected. What clothing should each pack? Begin with the list below, but add to it and say how many of each item should be taken for a week's trip.*

jeans	pijama	suéter
abrigo	camisa	camiseta
blusa	falda	corbata
traje de baño	combinación	botas
guantes	calcetines	

1. La Sra. Márquez: **el abrigo,** _____

   _____

   _____

2. Marisa: _____

   _____

   _____

3. José María: _____

_____

_____

B. Decisiones. *Roberto is buying clothing for his wife, Adela. For each item, make a question as he would, following the model. Then help him make a decision about colors by making a suggestion.*

MODELO   una falda roja / una blusa blanca o anaranjada
          —Tiene una falda roja. ¿Debo comprarle una blusa blanca o anaranjada?
          —¿Por qué no le compras una blusa blanca?

1. un traje de baño verde / un sombrero azul o rojo

_____

_____

2. un vestido violeta / un bolso violeta o anaranjado

_____

_____

3. jeans azules / un suéter blanco o verde

_____

_____

4. un impermeable marrón / un paraguas amarillo o marrón

_____

_____

5. una blusa amarilla / una falda anaranjada o negra

_____

_____

6. un abrigo azul oscuro / guantes rojos o violetas

_____

_____

I. The reflexive

A. ¿Cuál es la frase...? *Circle the letter of the reflexive sentence.*

1. a. Nos acostamos a las diez.

    b. Acostamos a los niños a las diez.

2. a. Me voy a lavar ahora.

    b. Voy a lavar las ventanas ahora.

3. a. ¿Le pones el vestido nuevo a ella?

    b. ¿Te pones el vestido nuevo?

4. a. La compañía me muda a Barranquilla.

    b. La compañía se muda a Barranquilla.

5. a. Los niños se divierten mucho.

    b. Los niños nos divierten mucho.

B. Traducción. *Translate each of the sentences in Exercise A.*

1. a. _____

    b. _____

2. a. _____

    b. _____

3. a. _____

    b. _____

4. a. _____

    b. _____

5. a. _____

    b. _____

C. La rutina diaria de los Balboa. *Complete each sentence about the Balboas with the appropriate form of one of the verbs below.*

acostarse   ponerse
despertarse   quedarse
divertirse   quitarse
irse   sentarse
lavarse   vestirse

1. A las siete y media de la mañana Alberto y Alicia _____.

2. Después de levantarse, Alicia _____ y _____.

3. Después del desayuno Alicia y Alberto _____ al trabajo.

4. Cuando Alberto llega al trabajo, _____ el abrigo y _____ a trabajar.

5. Por la noche ellos _____ en casa para mirar televisión.

6. Alicia y Alberto ven un programa cómico y _____ mucho.

7. A las once y media ellos _____ el pijama y _____.

D. En mi familia. *Choosing from among the verbs below, write five sentences describing the relationships among members of your family. Use the reciprocal reflexive.*

MODELO   **Mis primos y yo no nos vemos mucho porque ellos viven en Chile.**

ayudar   escribir
hablar   visitar
comprender   llamar
querer   ver

1. _____

2. _____

3. _____

4. _____

5. _____

II. Adjectives used as nouns

A. ¿De qué hablan? *Read each description and mark the noun that the adjective most likely refers to.*

MODELO   La blanca es muy bonita, pero no va muy bien con las faldas que tengo.

_____un libro   _____un suéter   __x__una blusa

1. ¿Crees que voy a comprar aquel azul? ¡Imposible! Necesito uno mucho más grande para llevar a toda la familia.

   _____una casa   _____un automóvil   _____un paraguas

2. Creo que las alemanas son superiores. ¿Por qué no compran ésta? Es muy fácil usarla.

   _____una falda   _____un auto   _____una cámara

3. Javier dice que van a presentar una francesa en el Orfeo. ¿Entiendes francés? ¿Sí? Entonces, podemos divertirnos mucho.

   _____una película   _____un concierto   _____una huelga

4. Las primeras van a estar muy contentas, pero las otras no, porque si llegan después de las dos de la tarde van a encontrar muy pocas blusas y vestidos muy pequeños o muy grandes.

   _____los comerciantes   _____las vendedoras   _____las mujeres

5. Aquí hay uno, pero no encuentro el otro. ¡Qué problema! ¿Dónde puede estar? Tengo que vestirme y el autobús no me va a esperar.

   _____las sandalias   _____los zapatos   _____los pantalones

B. ¿Cuál? *Write a follow-up question asking for clarification, as in the model.*

MODELO   ¿Sabes dónde está mi falda? (verde)
             ¿Cuál? ¿La verde?

1. ¿Qué piensas de los zapatos de Elena? (azul)

   _____

2. ¿Ustedes siguen la moda moderna aquí? (europeo)

   _____

3. Tengo tu suéter. (negro)

   _____

4. Esa bicicleta es bonita. ¿Me la compras, papá? (rojo)

_____

5. Aquella profesora es muy famosa. (francés)

_____

6. Si vas a llevar esa camisa a la oficina, debes ponerte otros pantalones. (gris)

_____

III. Affirmative and negative words

A. ¿Cuál es la palabra...? *Circle the word that best completes each sentence.*

1. _____ de los vestidos es bonito. (Ninguno, Nadie, Algo)

2. Un momento... quiero decirle _____. (alguien, algo, nada)

3. No quiero _____, gracias. (nada, nadie, ningún)

4. Señorita, ¿hay _____ problema con los zapatos? (algo, algún, nada)

5. ¿Por qué no hay _____ abrigo en esta tienda? (ninguno, ningún, algo)

6. Patricia no va a la fiesta _____. (nadie, tampoco, ninguna)

7. Ellas no se ponen pantalones _____. (nunca, nada, siempre)

8. _____ estupendo me va a pasar, estoy segura. (Algún, Algo, Tampoco)

9. Ella no puso ni la blusa _____ la combinación en la maleta. ¿Las pongo yo? (jamás, ninguna, ni)

B. Construcciones sinónimas. *Rewrite each sentence by eliminating **no** and changing the word order.*

MODELO   No voy nunca a la ópera.
           Nunca voy a la ópera.

1. No viene nadie por aquí hoy.

_____

2. No van a la fiesta ni Lorenzo ni Elena.

   _____

3. No tiene la dirección ninguno de los Balboa.

   _____

4. Marisa no la tiene tampoco.

   _____

5. No hace nada para ayudarme.

   _____

6. No me pongo el suéter marrón nunca.

   _____

C. Preguntas. *Answer each question in the negative.*

MODELO   ¿Compras algo?
No, no compro nada.

1. ¿Siempre lleva usted corbata?

   _____

2. ¿Cuál te pones: el traje gris o el azul?

   _____

3. ¿Conoces a alguien en Bogotá?

   _____

4. ¿Necesitas algo?

   _____

5. ¿Hay alguien en la oficina?

   _____

6. ¿Siempre toman Uds. café por la noche?

_____

7. ¿Conoce Ud. algunos restaurantes mexicanos?

_____

IV. Common uses of *por* and *para*

A. *Un viaje a Bogotá.* *For each sentence, mark an **x** in the box that explains why **por** or **para** is used.*

MODELO   Salimos para Bogotá el sábado.
You mark an **x** by destination.

	Modelo							
Cause or motive								
Duration of time								
Means, by way of								
Purpose (in order to)								
Intended recipient								
Destination: place	**X**							
Along, through								

1. Viajamos por avión.

2. Vamos a estar allí por una semana.

3. Por razones económicas, nos vamos a quedar en un hotel pequeño.

4. Queremos ir al Museo del Oro para ver el arte de los indios.

5. También pensamos pasar por las calles principales del centro.

6. Esperamos comprar un bolso para mamá.

7. Para divertirnos, vamos a ir al teatro.

B. Traducción. *Give the Spanish equivalent.*

1. I can't see through the window.

   _____

2. She ought to call us on the phone.

   _____

3. This blouse is for your sister.

   _____

4. I need to stop (pass) by the store to buy an umbrella for my mother.

   _____

5. We're going to Spain for two weeks.

   _____

C. Un poco de imaginación. *Complete each sentence in a logical manner.*

1. ¿Por qué _____?

2. Por suerte, _____

3. Por ejemplo, _____

4. Por supuesto, _____

5. Por eso, _____

6. Por fin, _____

FUNCIONES Y ACTIVIDADES

A. ¿Y la ropa? *Describe the type of clothing you might wear for each occasion.*

1. una cena formal en casa de su profesor(-a)

   _____

   _____

2. un partido de fútbol americano (*football game*)

   _____

   _____

3. una fiesta en la playa

   _____

   _____

B. ¡No recuerdo cómo se llama! *You are shopping in a department store when you forget the Spanish word for the item you need. The clerk is very helpful. Complete the conversation.*

LA SEÑORITA: En general, ¿ _____ (*what color is it*)?

USTED:　　　　Pues, _____ (*it depends*). Podría ser negro o...

LA SEÑORITA: ¿_____ (*What's it*

　　　　　　　[*made*] *of*)?

USTED:　　　　Es de nilón.

LA SEÑORITA: ¿_____ (*When or*

　　　　　　　where do you need it)?

USTED: _____ (*I need it when it*

rains.)

LA SEÑORITA: Ah!… ¡Usted necesita un paraguas!

C. En mi universidad… *Describe the daily routine of a typical student at your college or university.*

Juan Típico (Juana Típica) _____

_____

_____

_____

_____

_____

_____

_____

_____

DEPORTES Y DEPORTISTAS

CAPÍTULO 8

VOCABULARIO

A. *Deportes para todos.* *There's some sort of sport for everyone, either as spectator or participant. List several sports for each of the numbered items below. Use the following plus ideas of your own.*

el básquetbol	el fútbol	nadar
el béisbol	el golf	el tenis
correr	el jai alai	el vólibol
esquiar	andar (*riding*) en bicicleta	

1. Deportes de verano: _____

   _____

   _____

2. Deportes de invierno: _____

   _____

   _____

3. Deportes de playa: _____

   _____

   _____

4. Deportes de equipo: _____

_____

_____

5. Deportes individuales: _____

_____

_____

B. Deportes para usted. *Answer each question in a complete sentence.*

1. ¿Qué deportes mira usted por televisión? ¿Por qué?

_____

2. ¿Por qué practica deportes la gente?

_____

3. ¿Cuál es el deporte más violento?

_____

4. ¿Cuál es el mejor (*best*) deporte para la salud (*health*)? ¿Lo practica usted?

_____

5. ¿Qué piensa usted de la corrida de toros?

_____

I. The preterit of regular and stem-changing verbs

A. ¿Presente o pretérito? *For each sentence, write **presente** or **pretérito** in the space provided, according to the verb tense.*

1. Anoche asistimos a un partido de jai alai.   _____

2. Ella nos visitó después de volver de Lima.   _____

3. Jugamos a los naipes todas las tardes.   _____

4. Ayer jugamos un partido de béisbol.   _____

5. Volvimos al parque otra vez.   _____

6. Anoche dormimos ocho horas.   _____

7. Compro un vestido nuevo cada semana.   _____

8. Ella compró unas sandalias muy bonitas.   _____

9. Te acostumbraste pronto a la comida española, ¿no?   _____

10. Te levantas temprano todos los días.   _____

B. Completar las frases. *Complete each sentence with the appropriate form of the preterit tense.*

MODELO   Yo compré una cámara y Ana _____**compró**_____ esquíes.

1. Volvimos temprano pero Pedro _____ tarde.

2. Primero llamó Carlos y después nos _____ tú.

3. Mucha gente dice que Cristóbal Colón descubrió América, pero los indios la _____ primero.

4. ¿Vosotros vivisteis cerca de la plaza de toros? Juanita y yo también _____ allí.

5. Mis padres nacieron en Sevilla, pero yo _____ en Santander.

6. Perdí ochenta pesetas en el partido de anoche. ¿Cuánto _____ vosotros?

7. ¿Ustedes salieron con María Victoria? Jorge y yo no _____ con ella ayer.

8. Me _____ con los jugadores por dos horas. ¿Por qué no te quedaste tú también?

C. Un partido de fútbol. *Complete the following conversation.*

EDUARDO: ¡Hola, José! ¿Qué hay de nuevo?

JOSÉ: Pues, asistimos a un partido de fútbol ayer.

EDUARDO: ¿Ah, sí? ¿_____?

JOSÉ: El Athletic y el Real Madrid. Los dos equipos jugaron muy bien.

EDUARDO: ¿_____?

JOSÉ: Sí, me divertí mucho. Pero perdimos los primeros diez minutos del partido.

EDUARDO: ¡Qué lástima! ¿_____

               _____?

JOSÉ: Los perdimos porque no llegó el autobús.

EDUARDO: ¡Hombre! ¿_____?

JOSÉ: Pues, llegamos en taxi.

EDUARDO: ¡Ah! Eso debió ser muy caro. ¿Y _____?

JOSÉ: El Real Madrid, por cinco puntos.

D. Cuando su equipo pierde... *Complete the passage with the appropriate forms of the following verbs. Some verbs may be used more than once.*

empezar	llamar	preferir
escuchar	llegar	salir
ganar	llevar	sentarse
jugar	perder	

     Ayer yo _____ (1) al estadio a la una y el partido _____ (2) veinte

minutos después. Nuestro equipo _____ (3) muy bien y _____ (4) el

primer partido, 4-0. Pero _____ (5) el segundo partido, 1-7. Yo _____

(6) del estadio muy triste (*sad*) y cuando _____ (7) a mi casa, _____ (8)

a mi amiga Dolores y la invité a cenar. Nosotros _____ (9) a una mesa en un lugar agradable del restaurante. Durante la cena yo _____ (10) a hablarle del partido, pero

ella no me _____ (11). _____ (12) hablar de sus problemas. ¡Qué

egoísta! Después de cenar, la _____ (13) a su casa. Si en el futuro estoy deprimido

(*depressed*) otra vez, pues ¡me quedo en casa con mi gato! Él sí sabe escuchar.

II. Adverbs ending in *-mente*; comparisons of equality

A. *¿Cuál es la palabra...?* *Circle the word that best completes each sentence.*

MODELO ¡Mario es _____ fuerte como Bernardo y puede correr muy bien! (tan, tanto)

1. Si vas a esa tienda, vas a pagar _____ como en ésta. (tan, tanto) Y otra cosa,

    no vas a encontrarla _____. (completamente, fácilmente)

2. Yo te digo _____ que tu hijo no sabe jugar al básquetbol. (sinceramente, re-

    cientemente) Pero él sabe jugar otros deportes tan _____ como los otros

    chicos. (alto, bien)

3. ¿Puedes hablar más _____? (lentamente, realmente) El problema es que no sé

    _____ palabras en francés como ustedes. (tantas, tanto)

4. Practicamos _____ como tú. (tan, tanto) ¿Por qué juegas _____

    y ellos no? (claramente, diariamente)

5. ¡Felipe siempre tiene _____ que hacer! (tan, tanto)

B. Preguntas personales. *Answer each question in a complete sentence.*

1. ¿Es usted tan alto(-a) como un típico jugador de básquetbol?

   _____

2. ¿Estudia usted tanto como sus amigos?

   _____

3. ¿Habla usted español tan rápidamente como su profesor(-a)?

   _____

4. ¿Da usted tantos consejos como Ann Landers?

   _____

5. ¿Tiene usted tanta ropa como la princesa Diana (el príncipe Carlos)?

   _____

6. ¿Gana usted tanto dinero como Clint Eastwood?

   _____

III. Comparisons of inequality and the superlative

A. Comparaciones. *Decide whether each statement is true or false. If the statement is true, place an x next to the V (verdadero); if the statement is false, place an x next to the F (falso).*

MODELO	El esquí es más popular en Chile que en Irán.	_x_ V	___F
1.	Los hermanos mayores siempre son más altos que los menores.	___V	___F
2.	Los peores jugadores de básquetbol son los más altos.	___V	___F
3.	El ciclismo (*biking*) es el deporte más popular de los Estados Unidos.	___V	___F
4.	Si usted practica poco, va a ser un gran atleta.	___V	___F
5.	Un hombre fuertísimo también puede ser inteligentísimo.	___V	___F
6.	Brasil es el país más grande de Latinoamérica.	___V	___F
7.	Enero es el peor mes para esquiar en Colorado.	___V	___F

B. En acción. *Write six sentences comparing the people in the drawings.*

1. _____
2. _____
3. _____
4. _____
5. _____
6. _____

C. En conclusión… *Read the following statements and write a logical conclusion, using either a comparison of equality or inequality.*

MODELO   Octavio ganó ocho veces y Ramiro ganó ocho veces también.
              Octavio ganó tantas veces como Ramiro.

1. En el Hotel Granada pueden quedarse 550 personas; en el Hotel Hilton, 980.

_____

2. En el restaurante «La Cazuela» sirven comida deliciosa. En el restaurante «La Mugrosa» sirven comida horrible.

_____

3. El año pasado los bolivianos perdieron cinco partidos. Los chilenos también perdieron cinco.

_____

4. Luis toca la canción cubana «Guantanamera» y la gente dice que es un músico brillante. Reinaldo toca la misma canción y la gente sale del cuarto.

_____

5. Lidia Montalvo invitó a dieciocho personas a su fiesta. Patricia Galván invitó a doce.

_____

IV. Omission of the indefinite article after *ser*

¿Falta algo? (Is anything missing?) *Complete each sentence with the appropriate indefinite article if needed; otherwise, write* **x**.

MODELO   Soy _____**x**_____ abogado; mi hermana es _____**una**_____ política muy conocida.

1. Juan dice que es _____ atleta estupendo, pero siempre pierde cuando juega con mi hermano mayor.

2. ¿Comunista? No, señorita, aquí todos somos _____ socialistas.

3. Gabriel García Márquez es _____ famoso escritor colombiano.

4. Aquí todos somos _____ peruanos, excepto Guillermo.

5. Marta vive en Colombia, pero es _____ chilena.

6. Colombia es un país católico, pero mis hermanos y yo somos _____ protestantes.

FUNCIONES Y ACTIVIDADES

A. «Supertónico.» *The following drawings show Benito before and after drinking* «*Supertónico.*» *Circle the words in the* **Hoy** *description that best complete the sentences.*

AYER

HOY

1. Benito jugó muy mal al tenis. Un niño de seis años le ganó.

2. Miró televisión todo el día.

3. No participó en el partido de béisbol con sus amigos.

1. Jugó mucho $\begin{array}{c}\text{peor}\\ \text{mejor}\end{array}$. Todo el mundo sabe

   que $\begin{array}{c}\text{no}\\ \text{siempre}\end{array}$ va a perder tan fácilmente.

2. $\begin{array}{c}\text{Asistió}\\ \text{Nadó}\end{array}$ en el mar por una hora y después

   $\begin{array}{c}\text{corrió}\\ \text{tomó}\end{array}$ cinco kilómetros en la playa.

3. Participó y gracias a él su equipo $\begin{array}{c}\text{perdió}\\ \text{ganó}\end{array}$

   el partido.

4. Comió muchísimo y no se acostó hasta las dos de la mañana.

4. No comió **tanto** y se acostó a las diez de **bueno** la noche.

5. Se despertó—todavía cansadísimo—a las once de la mañana.

5. Se **acostó** a las siete de la mañana con **levantó** **poca** energía. **muchísima**

B. Reacciones. *Give a reaction to each of the following statements.*

1. El jai alai no es un deporte peligroso.

   _____

2. Hay doce personas en un equipo de béisbol.

   _____

3. Wilt Chamberlain ganó 100 puntos en un partido de básquetbol.

   _____

4. Los Estados Unidos no va a participar en los Juegos Olímpicos.

   _____

5. Jimmy Connors es más popular que Joe Montana.

   _____

C. Galería de la fama. *Write one or two sentences explaining how each of these lesser-known members of the Hall of Fame got there. Be creative!*

MODELO Jaime «Suerte» Trevira **perdió veinte pelotas la primera vez que jugó.**

1. Pepe Piernaslargas

   _____

   _____

2. Fernando Falla

   _____

   _____

3. Margarita Malhumor

   _____

   _____

4. Amadeo Gardil

   _____

   _____

5. Alicia Airosa

   _____

   _____

D. El domingo en el parque. *Write a paragraph telling what the people in the drawing did Sunday afternoon in the park.*

_____

_____

_____

_____

_____

_____

COMIDAS Y BEBIDAS

CAPÍTULO **9**

W COMPAÑIA INTERNACIONAL
DE COCHES - CAMAS

VOCABULARIO

En el tren. *While traveling by train in Spain, you have to read the menu at the right, but there are some things you do not understand. Circle the letter of the choice that would best complete each sentence.*

1. Los pasteles generalmente son de frutas y tienen azúcar. Son

   a. postres.

   b. ensaladas.

   c. mariscos.

2. Un zumo típico es

   a. chocolate con queso.

   b. jugo de naranja.

   c. agua y pimienta.

DESAYUNO

Zumo de frutas
Café o té o chocolate con leche
Bollería o galletas
Pan tostado o biscotel
Mantequilla y mermelada

140 PESETAS

ALMUERZO O CENA

Huevos o pasta o legumbres
Carne o ave con guarnición
Queso
Pastel
Fruta

575 PESETAS

PLATO DEL DIA

Con guarnición y postre

290 PESETAS

3. Mucha gente le pone mantequilla y mermelada al pan. La mantequilla es un producto derivado de

   a. la sopa.

   b. la leche.

   c. el pescado.

4. Tres legumbres típicas son el bróculi, la coliflor y la lechuga. Las legumbres son

   a. postres.

   b. gazpachos.

   c. verduras.

5. Si usted no quiere carne para la cena, puede pedir ave, como por ejemplo

   a. la sangría.

   b. el pollo.

   c. el plátano.

I. The present tense of *encantar, faltar, gustar, importar, interesar*; the verbs *oír* and *traer*

A. ¿Qué comemos? *Two roommates can't seem to agree on the evening meal. Complete their conversation with the correct forms of the verbs indicated.*

CARMEN: ¡Hola! (Yo) _____ (1. traer) los huevos para hacer una tortilla.

CLARA: ¿Una tortilla? Pero Fernando viene a cenar, Carmen. No le _____

           (2. gustar) mucho los huevos. Vamos a preparar arroz con pollo, ¿de acuerdo?

CARMEN: Pero el pollo es caro, y ahora nos _____ (3. faltar) arroz.

CLARA: No me _____ (4. importar). Voy a la tienda a comprar las

cosas que nos _____ (5. faltar). ¿No te

_____ (6. gustar) mi idea, Carmen? Carmen… Carmen, ¿me

_____ (7. oír)?

CARMEN: Sí, te _____ (8. oír)… Está bien. Si vas de compras, ¿por qué no

compras leche y azúcar para hacer flan? ¡A mí me _____

(9. encantar) el flan!

CLARA: ¡Qué buena idea! Y a Fernando también le _____

(10. gustar) el flan, estoy segura.

CARMEN: ¿Y por qué te _____ (11. interesar) tanto la opinión de

Fernando, Clara?

CLARA: Pues, ¿no lo puedes imaginar…?

B. Traducción. *Give the Spanish equivalent.*

1. I love rice and beans.

    _____

2. My family likes soup.

    _____

3. We need salt and sugar.

    _____

4. To me, friends are important.

    _____

5. My Spanish teacher likes to read.

   _____

6. Do you hear the children?

   _____

7. Are you bringing the wine?

   _____

8. Do you (**tú**) need potatoes?

   _____

9. He loves hamburgers.

   _____

10. They're interested in philosophy.

    _____

C. Gustos. *Make three statements about things you like, three about things you don't like, three about things you like to do, and three about things you don't like to do.*

MODELOS   **Me gusta el helado.**
                          No me gustan las verduras.
                          Me encanta cocinar.
                          No me gusta tomar exámenes.

Cosas que me gustan:

1. _____
2. _____
3. _____

Cosas que no me gustan:

1. _____
2. _____
3. _____

Cosas que me gusta hacer:

1. _____

2. _____

3. _____

Cosas que no me gusta hacer:

1. _____

2. _____

3. _____

II. The preterit of irregular verbs

A. ¿Ser o ir? *Decide whether the preterit form in each sentence refers to **ser** or **ir** and mark your choice.*

1. La película fue buena, pero después no pudimos encontrar un taxi.　　____ ser ____ ir

2. Ayer fue jueves, ¿no?　　____ ser ____ ir

3. Beatriz fue a la casa de la doctora Arce para cuidar a su hijo.　　____ ser ____ ir

4. Fueron a buscar más papas para la cena.　　____ ser ____ ir

5. ¿Ves a ese chico? Fue novio de Elisa pero ahora sale con Mercedes.　　____ ser ____ ir

B. ¿Cuál es el verbo? *Circle the verb that best completes each sentence.*

1. Ustedes _____ una fiesta en casa anoche, ¿verdad? (estuvieron / hicieron / supieron)

2. Óscar, me _____ que el partido de tenis es esta tarde, ¿verdad? (dijiste / hiciste / trajiste)

3. Ayer Luisa nos _____ más manzanas. ¿Por qué no hacemos una deliciosa torta de manzanas? (hizo / tuvo / trajo)

4. _____ una cena en casa de los Ochoa el sábado. Estuvimos allí hasta las dos de la mañana. (Fue / Puso / Hubo)

5. Cuando Reinaldo y yo _____ la verdad, casi nos morimos. (fuimos / supimos / estuvimos)

6. Señora Reyes, la paella que usted _____ anoche estuvo muy sabrosa. ¿Me puede decir qué ingredientes le puso? (hizo / quiso / vino)

7. A mí me gustó el pollo con piña, pero mi esposo no _____ comerlo. (puso / dio / pudo)

8. Miguelito necesita comer. Yo le _____ un sandwich pero todavía tiene hambre. (di / fui / estuve)

C. El «picnic». *Consuelo is describing a picnic she and several of her friends had last Sunday. Complete each sentence with the appropriate preterit form of the verb in parentheses.*

1. (ir) Nosotros _____ a un parque lindísimo para comer.

2. (hacer) Las hermanas de Ramón _____ una ensalada muy rica.

3. (traer) José y Ramón _____ vino y queso.

4. (venir) Mamá _____ con nosotros y preparó el postre.

5. (poner) José _____ los sandwiches en los platos.

6. (poder) Yo no _____ comer toda mi porción de pollo.

7. (tener) (Nosotros) _____ que descansar (*to rest*) un poco después de comer tanto.

8. (dar) (Nosotros) _____ un paseo antes de regresar a casa.

D. Un poco de imaginación. *Complete each sentence in a logical manner using the preterit tense.*

MODELO   El camarero / traer / ...
                    El camarero trajo la cerveza.

1. Los mariscos / estar / ...

_____

2. El jefe / dar /...

_____

3. Nosotros / saber /...

_____

4. Yo / no querer /...

_____

5. La invitada / venir /...

_____

III. The relative pronouns *que* and *quien*

A. Combinaciones lógicas. *Combine each pair of short sentences into one, using either* **que** *or* **quien(es)** *and the appropriate preposition.*

MODELO Juan es un amigo italiano. Siempre te hablo de él.
Juan es el amigo italiano de quien siempre te hablo.

1. Espero el autobús. Siempre llega a las nueve.

_____

2. Esa señora cuida a mis hijas. Cocina bien.

_____

3. Ese presidente visitó España. Él es un buen político.

_____

4. Maribel y Joaquín son amigos. Vamos a almorzar con ellos.

_____

5. Pedro es estudiante de biología. Tengo que pedirle un favor.

_____

6. Conocemos a una estudiante chilena. Ella canta canciones de protesta social.

   _____

7. Córdoba es una ciudad muy interesante. Quiero visitarla en diciembre.

   _____

8. ¿Éste es el amigo de Silvia? ¿Va a quedarse con nosotros?

   _____

B. ¡Vamos a jugar «Trivia»! *Circle the correct relative pronoun (or preposition plus relative pronoun) for each sentence. Then choose the best answer from the following list to complete each sentence and write it in the blank.*

Cristóbal Colón	Fernando III
Vasco Núñez de Balboa	Juan Carlos de Borbón
Ernesto Cardenal	

1. El explorador _____ (a quien / de quien) Isabel y Fernando le dieron el

   dinero para un viaje famoso a América fue _____.

2. El rey (*king*) español _____ (a quien / con quien) llamaron «el Santo»

   fue _____.

3. El explorador _____ (que / quien) descubrió el Océano Pacífico

   fue _____.

4. El rey _____ (que / quien) vive en Madrid ahora se llama

   _____.

5. El poeta de Nicaragua _____ (a quien / de quien) los sandinistas le

   dieron el puesto de Ministro de Cultura se llama _____.

FUNCIONES Y ACTIVIDADES

A. Pero, ¿adónde vas? *In the following dialogue Leticia tries to discourage Eugenio from staying for dinner by mentioning foods in extremely unappetizing combinations. Complete each sentence with any appropriate word from the following list.*

queso	maíz	tuvo	hice
pepino	helado	hicimos	que
flan	chocolate	comió	quienes
piña	plátanos	encantan	
azúcar	frijoles	dijo	
sal	lechuga	se fue	

EUGENIO: ¡Qué hambre tengo! Alguien me _____ (1) que tú eres una cocinera (*cook*)

excepcional.

LETICIA: Sí, cocino con imaginación. Por ejemplo, me _____ (2) las papas

con _____ (3). Y a todo el mundo le gusta mi pollo con

_____ (4). Eugenio, quisiera saber algo. ¿Te gustan las tortas?

EUGENIO: Pues, no estoy seguro. ¿Qué tipo de tortas?

LETICIA: Esta mañana hice una con _____ (5) y _____ (6).

A Pepe le encantó cuando se la hice la semana pasada. Pero después él

_____ (7) que pasar unos días en el hospital.

EUGENIO: ¡En el hospital!

LETICIA: Sí, pero tal vez prefieres mi sopa de _____ (8). La preparé para la

fiesta _____ (9) mi hermana y yo _____ (10) aquí en

octubre. No sé por qué, pero no la _____ (11) nadie. ¿Y sabes qué?

Uno de los chicos con _____ (12) cenamos _____ (13)

con dolor de estómago por esa sopa…

EUGENIO: Leticia,… ¿qué hora es?

LETICIA: Muy temprano. Tienes que quedarte, porque anoche _____ (14) una

combinación mediterránea, _____ (15) frito con crema.

EUGENIO: …

LETICIA: Eugenio, ¿qué te pasa? ¿Adónde vas?

B. En el restaurante «Sol Azteca». *You and your friends are leaving for a special
evening at the **Sol Azteca**, a Mexican restaurant near the university. You have called
ahead to arrange a menu with three choices for the group. You all arrive, discuss the
platos principales, and then order. Write a conversation among yourselves and the
waiter that begins when you and your friends arrive.*

_____

_____

_____

_____

_____

_____

_____

C. Su opinión, por favor. *After your meal at the* **Sol Azteca,** *you are asked to respond to a questionnaire on the food and service. Answer each question in a complete sentence.*

1. ¿Cuál de nuestros platos le gusta más?

   _____

2. ¿Podría usted recomendar otros platos que debemos servir?

   _____

3. ¿Le gustó nuestro servicio?

   _____

4. ¿Le servimos la comida pronto o tuvo que esperar mucho tiempo?

   _____

5. ¿Qué bebida prefiere tomar usted con la cena?

   _____

6. Cuando va a un restaurante, ¿cuántas personas van con usted?

   _____

7. ¿Piensa usted que nuestra comida cuesta demasiado (*too much*)?

   _____

8. ¿Qué otros comentarios y sugerencias (*suggestions*) tiene?

   _____

   _____

NOVIOS Y AMIGOS

VOCABULARIO

A. Manolo y Pilar. *Circle the words that best complete the following passage.*

Manolo conoció a Pilar en una fiesta. Él (1. se llevó / se enamoró) de ella inmediatamente, pero ella no le prestó mucha atención. Durante la fiesta él le pidió una (2. cita / moda) para el sábado siguiente. Cuando llegó el día, decidieron ir al cine. Allí Pilar vio a su ex-novio Miguel con otra chica. Miguel saludó (*greeted*) a Pilar y le dio un (3. beso / mano). Esto no le gustó a Manolo. —¿Tuviste (4. rojo / celos)? —le preguntó Pilar después. Manolo contestó que sí y se (5. abrazaron / cuidaron). Después de ver la película, Manolo la llevó a un restaurante donde cenaron con un grupo de amigos. Luego (6. sacaron / pasearon) un poco por el centro y finalmente él la (7. vino / acompañó) a su casa. Los dos salieron juntos muchas veces hasta el 21 de octubre, día de su (8. boda / amistad). (9. Se casaron / Se trataron) en una iglesia muy linda. Hubo más de doscientos invitados y entre ellos muchos amigos y (10. enemigos / compañeros) de los dos. Unos meses después, Manolo le preguntó a su esposa: —Mi amor, ¿siempre nos vamos a (11. llevar / tener) bien…? —Y ella le respondió que sí, pero por un instante pensó en Miguel…

B. El matrimonio perfecto. *Name five characteristics of the perfect marriage.*

1. _____

2. _____

3. _____

4. _____

5. _____

C. Me caso pronto... *Imagine that you are getting married in two months. Make a list of the things you and your future bride (groom) need to do to prepare for your wedding.*

1. _____

2 _____

3. _____

4. _____

5. _____

6. _____

I. The imperfect of regular and irregular verbs (*ir, ser, ver*)

A. Recuerdos de la abuela. *Leticia's grandmother is recalling her honeymoon in southern Spain in the early 1930s. Supply the correct imperfect-tense forms of the verbs given in parentheses.*

Pepe y yo (1. ser) _____ muy jóvenes. Él (2. tener) _____

veinte años y yo sólo diecisiete. Nos casamos en julio y decidimos pasar nuestra luna de miel

(*honeymoon*) lejos de Madrid. Fuimos al sur, a un pequeño pueblo que (3. estar)

_____ cerca de Málaga. Recuerdo que (4. ser) _____ un lugar muy tranquilo y

que (5. hacer) _____ mucho calor. Tu abuelo y yo (6. estar) _____ en una pensión (*boardinghouse*) y allí nosotros también (7. desayunar) _____ __,

(8. almorzar) _____ y (9. cenar) _____ . Todas las mañanas, Pepe y

yo (10. despertarse) _____ cuando la cocinera (*cook*), doña Antonia, (11. volver)

_____ del mercado. Ella (12. ir) _____ allí muy temprano y (13.

traer) _____ frutas y verduras frescas para las comidas del día. Recuerdo que doña

Antonia nos (14. querer) _____ mucho y siempre nos (15. preparar)

_____ algo especial para el desayuno. En realidad, creo que la vida era más simple

entonces, ¿no…?

B. Mi amiga Eulalia. *Rewrite the following paragraph, using the imperfect tense.*

Eulalia estudia ingeniería en la Universidad de Valencia. Ella no es muy responsable y no saca muy buenas notas, pero es muy popular y tiene muchos amigos que la quieren mucho. Vive con sus padres y sus dos hermanos menores que la admiran mucho. Nosotros la conocemos desde hace muchos años. Nos gusta su compañía y nos vemos frecuentemente: vamos a la playa, al cine, a algún baile, o simplemente nos quedamos en casa a conversar. Siempre nos divertimos cuando estamos juntos.

_____

_____

_____

_____

_____

_____

_____

_____

_____

_____

II. The imperfect versus the preterit

A. Selecciones lógicas. *Complete the sentences in each pair with one of the verbs in parentheses.*

1. (Estuve / Estaba)

   a. _____ en España por dos semanas.

   b. _____ cansado cuando llegué.

2. (Vi / Veía)

   a. _____ a Dolores todos los días.

   b. _____ a Dolores la semana pasada.

3. (Fuimos / Íbamos)

   a. _____ al cine el sábado.

   b. _____ al cine los sábados.

4. (Estudiaste / Estudiabas)

   a. ¿_____ mucho cuando estabas en la escuela secundaria?

   b. ¿_____ mucho anoche?

5. (se llevaron / se llevaban)

   a. Antes ellos siempre _____ bien.

   b. Pero anoche no _____ muy bien, ¿verdad?

B. ¿Lo sabías? *Complete the following dialogue with the appropriate imperfect or preterit forms of* **saber** *or* **conocer**.

LAURA: Tu amigo Jorge es muy simpático.

SORAYA: ¡Yo no (1) _____ que tú lo (2) _____!

LAURA: Yo lo (3) _____ ayer en la biblioteca. Descubrí que a él le gusta la

ciencia ficción tanto como a mí.

SORAYA: ¿Y cómo lo (4) _____? ¡Jorge no me dijo eso!

LAURA: Buscaba los mismos libros que siempre leo yo.

SORAYA: Y cuando le dijiste tu nombre, ¿ (5) _____ él que eras mi compañera

de cuarto?

LAURA: No, es un misterio… Parece que tú no le hablas de mí. Yo no (6) _____

eso, Soraya. Bueno, con permiso, voy a la biblio… a la cafetería.

C. Un sábado aburrido. *Carlos is describing his weekend. Help him by completing this paragraph with the appropriate preterit or imperfect forms of the verbs given in parentheses.*

El sábado pasado yo (1. querer) _____ ir a esquiar. (2. Llamar) _____

a mi amigo José para saber si él (3. querer) _____ ir conmigo. Él me (4. decir)

_____ que (5. tener) _____ que estudiar y que no podía ir. Entonces

(6. llamar) _____ a Juan, otro amigo. Él me dijo que (7. ir) _____ a jugar

al básquetbol y me (8. preguntar) _____ si yo (9. querer) _____

acompañarlo. (Yo) le (10. decir) _____ «gracias, pero hoy no…» Como (yo) no

(11. tener ganas) _____ de ir a esquiar solo, (12. quedarse) _____

en casa a mirar televisión…

D. Una carta de Marisa. *This paragraph is part of a letter from an American college student in Spain to a friend in the U.S. Circle the verb in parentheses that correctly completes each sentence.*

El domingo pasado (1. fui / iba) a ver una corrida de toros. El espectáculo (2. fue / era) muy emocionante. Mientras (3. hablé / hablaba) con mis amigos, (4. llegó / llegaba) otro estudiante universitario y (5. se sentó / se sentaba) a mi lado. Se (6. llamó / llamaba) Pedro y los dos (7. hablamos / hablábamos) de muchas cosas durante la corrida. Al salir, nos (8. abrazamos / abrazábamos). Después yo (9. fui / iba) a casa. Durante la noche, mientras yo (10. estudié / estudiaba), Pedro me (11. llamó / llamaba) por teléfono y me (12. pidió / pedía) una cita. Yo le (13. dije / decía) que sí porque él realmente me (14. gustó / gustaba) ¡y también (15. fue / era) muy guapo...!

E. La cita de Marisa y Pedro... *Write a paragraph describing what happened during the date mentioned at the end of Exercise D.*

_____

_____

_____

_____

_____

_____

_____

_____

_____

III. *Hacer* with expressions of time

A. *Historia de un amor triste.* *Complete the following sad story with appropriate expressions containing* **hace, hacía, hace... que,** *and so on. Then answer the questions.*

Conocí a Martín (1) _____ doce años. Estábamos en Barcelona. Él me dijo que

(2) _____ dos años _____ esperaba conocer a una mujer tan inteligente como yo.

Pero yo no le creí... ¿Por qué...? Pues, porque (3) _____ mucho tiempo _____

oía piropos (*compliments*) similares de un hombre que hablaba como Martín. Se llamaba César

Toro. Era un verdadero idiota.

Pero tengo que confesar que también (4) _____ mucho tiempo _____ quería

salir con un hombre interesante, y como estaba aburrida, decidí darle la oportunidad a Martín. Por

eso salí con él.

Bueno, para decirlo en pocas palabras, dos meses más tarde me casé con Martín y tres años

después el casamiento (*marriage*) terminó en un divorcio. Pasaron los años y no pensé más en él

hasta que lo vi en un restaurante francés en Madrid (5) _____ tres años. No nos

hablamos. Ahora otra vez (6) _____ mucho tiempo _____ no pienso más en

Martín. Así es la vida, ¿verdad...?

Now answer the following questions.

1. ¿Cuánto tiempo hacía que la mujer conocía a Martín cuando se casaron?

   _____

2. ¿Y cuánto tiempo hacía que estaban casados cuando el casamiento terminó en un divorcio?

   _____

3. ¿Cuánto tiempo hace que la mujer vio a Martín en Madrid?

_____

4. ¿Y cuánto tiempo hacía que ella no pensaba más en él cuando lo vio allí en Madrid?

_____

B. Explicaciones. *Add an explanatory sentence to each of the following statements, according to the model, using the appropriate form of **hacer** + time expression. Other changes may be required. Be sure your sentences follow logically.*

MODELOS   a. Ayer le hablé a Marina.
                          Hacía mucho tiempo que { **no le hablaba a ella.**
                                                      no hablábamos.

               b. Hoy voy al cine con Alberto.
                          Hace tiempo que { **no voy al cine con él.**
                                               no vamos al cine juntos.

1. Anoche dormí bien.

_____

2. Marta trabaja en un banco, cerca del centro.

_____

3. El año pasado fui de vacaciones a Italia.

_____

4. El sábado me compré zapatos nuevos.

_____

5. Hoy llamo a casa.

_____

6. Esta tarde voy al médico.

_____

7. Cambiaron el horario (*schedule*) de los vuelos a la Unión Soviética.

_____

8. Tomás y Martín vienen a clase hoy.

    _____

IV. Prepositions

A. Preposiciones y pronombres. *Circle the word or word segment that most appropriately completes each sentence.*

MODELO   Mi novio no quiere ir sin _____ . (mí / me / yo)

1. Fue a la boda con _____ .   (él / lo / ti)

2. Señor Samaniego, quiero almorzar con _____ y su esposa. (-tigo / usted / mí)

3. Ella siempre era muy cariñosa con_____ .   (-migo / ti / tú)

4. Él es cortés _____tigo, pero no con otras personas. (sin / con- / por)

5. ¿Por qué compraste el anillo _____ mí?   (con / sin / antes)

B. ¿Infinitivo o verbo conjugado? *Circle the word that most appropriately completes each sentence.*

MODELO   Decidimos irnos sin _____ más. (esperar / esperó / esperábamos)

1. Creía que Pablo _____ argentino.   (ser / era / eras)

2. Yo la vi después de _____ del teatro.   (salir / salió / tomar)

3. Antes de _____, yo estaba triste, cansado y aburrido... (iba / conocerla / conozco)

4. Para _____ buenas notas, hay que estudiar. (sacas / sacaste / sacar)

5. Yo _____ mucho antes, pero ahora no me gusta hacer nada. (trabajaba / trabajar / comer)

6. Antes de _____ a este país, no sabía nada de la cultura española. (vengo / venía / venir)

FUNCIONES Y ACTIVIDADES

A. Comentarios absurdos. *Sr. Ortega is a terrible storyteller because he gets confused and mentions things that have nothing to do with what happened. Mark the sentence that is not connected to the events suggested by the other sentences in each series.*

MODELO   Ella dijo que le parecía ridículo seguir. ____
Era evidente que ya no se querían. ____
La comida era más deliciosa antes. _**x**_
Él le pidió el anillo, pero ella no quiso dárselo. ____

1. Todos respetaban los deseos del padre. ____

   Un día iba a volver con las entradas. ____

   Su hija tenía que casarse con un hombre rico y famoso. ____

   Pero ella estaba enamorada de otro hombre. ____

2. Gloria era la única mujer en una fiesta de solteros (*bachelor's party*). ____

   Todos querían bailar con ella. ____

   —¡No puedes dejarnos! —le dijeron. ____

   Alguien sacó una nota muy mala. ____

3. Parecía un día horrible. ____

   Era la una de la tarde y la playa estaba llena de gente. ____

   Hacía tanto calor que nadie quería salir del agua. ____

   Yo tenía sed y decidí buscar algo de tomar. ____

4. José Salinas estaba enamorado de mi hermana mayor. ____

   Descubrieron algo muy misterioso dentro del libro. ____

   Iban a casarse y a vivir en una casa en las montañas. ____

   Pero ella se enamoró de otro hombre. ____

B. La expresión apropiada. *FIl in the balloons in the drawings with the expression that best fits each situation. Use expressions from the list below.*

¡Gracias!	Mucho gusto.	Con permiso
¡Qué suerte!	¿Qué espera?	¿Qué hay de nuevo?
¡Felicitaciones!	¡Bienvenido!	Perdón.
¡Salud!	No hay de qué.	¡Qué va!
¡Buen provecho!	¡Por fin!	No lo puedo creer.
Me llamo Luis Durán	De nada.	¡Adiós! Hasta mañana.

MODELO

Doña Carmen: _____**¡Gracias!**_____

Roberto: _____**De nada.**_____

1.

2.

Señor Duran: _____

Don Carlos: _____

Camarero: _____

Señores Díaz: _____

3.

4.

Pedro: _____

Señor Bonilla: _____

Alicia: _____

5.

Los López: _____

6.

Pepito: _____

7.

Ramón: _____

8.

Señor Cabrera: _____

C. Mi mejor (peor) cita... *Write a paragraph describing the best (worst) date you have ever had.*

_____

_____

_____

_____

_____

_____

_____

_____

_____

_____

_____

_____

_____

VIAJES Y PASEOS

CAPÍTULO

11

VOCABULARIO

A. ¡A México! *You are planning a trip to Mexico. Use the words provided to prepare two lists: one of places you want to visit and one of things you will want to take along. Add places or items of your own.*

el boleto	la estación de trenes	la agencia de viajes
las ruinas	el pasaporte	el monumento
el dinero	la aduana	las pirámides
el mapa	las maletas	el estadio
el puerto	el Museo Nacional de Antropología	el correo
el parque zoológico		

LUGARES   **COSAS**

_____   _____

_____   _____

_____   _____

_____   _____

_____   _____

_____   _____

_____   _____

_____   _____

_____   _____

B. Histeria de viaje. *A friend is traveling with you and knows little Spanish. Help him by selecting the correct word or phrase to complete his sentences. Write the answers in the blanks.*

1. Para tomar un tren tenemos que ir a _____. (la estación de trenes / la agencia de viajes / el negocio)

2. La señorita perdió el pasaporte en el aeropuerto y va a informar _____. (a la aduana / al estadio / al puerto)

3. Ya es de noche y tenemos que buscar un lugar donde _____. (calmarnos / tomar sol / quedarnos)

4. Antes de entrar a México, hay que pasar por _____. (la juguetería / la aduana / el correo)

5. Salíamos de México y cuando subimos al avión todos nos dijeron _____. («¡Bienvenidos!» / «¡Buen viaje!» / «¡Arriba las manos!» [*Hands up!*])

6. Cuando el profesor estuvo en Guadalajara, se quedó en un _____ muy pequeño. (estación / hotel / cuadra)

7. Según la información que tengo en mi _____ , el vuelo sale a las diez y veinte. (pasaje / mapa / equipaje)

8. Las ruinas de Palenque son muy _____. (agradecidas / puntuales / hermosas)

I. Formal *usted* and *ustedes* commands

A. Decisiones. *Determine which of the following sentences are formal commands and mark the corresponding space.*

MODELO Visita ese museo. ___   Visite ese museo. _x_

1. Busca el libro. ___   Busque el libro. ___

2. Van con ella. ___   Vayan con ella. ___

3. Espere cinco minutos. ___   Espera cinco minutos. ___

4. Sale de la catedral. ___   Salga de la catedral. ___

5. Empiezan a las ocho. ___   Empiecen a las ocho. ___

6. Llegue temprano. ___   Llega temprano. ___

7. Escriben pronto. ___   Escriban pronto. ___

8. No digan eso. ___   No dicen eso. ___

B. Práctica. *For each of the verbs listed, provide first the* **yo** *form and then the command forms for both* **usted** *and* **ustedes**. *Follow the example given for* **comer**.

Verb	Yo form	Command forms usted	ustedes
1. comer	como	coma	coman
2. escribir			
3. contar			
4. salir			
5. buscar			
6. llegar			
7. empezar			
8. traer			
9. poner			
10. pedir			
11. ir			
12. venir			

C. Mandatos y más mandatos. *Rewrite the following statements as direct commands.*

MODELO   Deben llevar el equipaje.
                Lleven el equipaje.

1. Deben volver al avión ahora.

_____

2. Si tiene una cita, debe ser puntual.

_____

3. Tienen que llamar al agente de viajes.

_____

4. No necesitan sacar más fotos de esas ruinas.

_____

5. Deben traer sus pasaportes.

_____

6. Necesitan caminar más.

_____

D. Respuestas lógicas. *Respond to the following situations with an* **usted** *or* **ustedes** *command form, as appropriate. Follow the models.*

MODELOS   Tengo que viajar mañana.
Pues, haga sus maletas esta noche.

Queremos visitar algún museo.
Pues, visiten el Museo Nacional de Antropología.

1. Tengo ganas de ir al cine.

_____

2. Quiero divertirme este fin de semana.

_____

3. Tenemos malas notas en español.

_____

4. Estoy cansada.

_____

5. Quiero comprar algunos regalos interesantes.

_____

6. Estamos un poco aburridos.

_____

II. *Tú* commands

A. Decisiones. *Determine which of the following verbal forms are informal commands and which are formal. Write* **tú** *next to the informal command and* **Ud.** *next to the formal command.*

MODELO   vuelves _____   vuelva __Ud.__   vuelve __tú__

1. venga ____   vienes ____   ven _____

2. haz ____   haga ____   hace _____

3. no dices ____   no diga ____   no digas ____

4. tenga ____   ten ____   tiene ____

5. no pongas ____   no ponga ____   no pones ____

6. no salga ____   no sales ____   no salgas ____

7. no vaya ____   no vayas ____   no va _____

8. oyes ____   oiga ____   oye ____

B. Solo (a) en casa. *Imagine that your parents are going on vacation and leaving you at home alone. What do they tell you before they leave? Write six affirmative or negative* **tú** *commands they might give you.*

MODELO   No hagas fiestas.

1. _____

2. _____

3. _____

4. _____

5. _____

6. _____

C. Ahora, mandatos para todos. *Using familiar or formal commands as required by the situation, combine the following elements to make sentences. Add any other necessary words.*

MODELO   Doctora Castroviejo, / por favor, / ir / el banco / hoy
          Doctora Castroviejo, por favor, vaya al banco hoy.

1. Mateo, / no / llevar / esos pantalones blancos

    _____

2. Señores García, / no / ir / el parque / ahora

    _____

3. Profesor, / repetir / ese nombre, / por favor

    _____

4. Muchachos, / doblar / a la izquierda / en esa esquina

    _____

5. Juanito, / no / subir / el autobús / con ese paraguas

    _____

6. Teresa, / no / comprar / esa blusa violeta

    _____

7. Señores, / hacer / las maletas / y / poner / ropa de verano

    _____

8. Muchachos, / no / caminar / por esa calle

    _____

9. Pablo, / ir / el centro / esta tarde

    _____

10. Por favor, / Marta, / no / leer / esa carta / ahora

    _____

III. Position of object pronouns with commands

A. Decisiones. *Mark the choice that correctly identifies what the object pronouns refer to and whether the command is formal or informal.*

MODELO   Déjelas aquí.

       ____ libros; tú   ____ cheques; Ud.

       _x_ maletas; Ud.   ____ maletas; tú

1. No lo hagas ahora.
     ____ trabajo; tú   ____ canción; tú

     ____ trabajo; Ud.   ____ canción; Ud.

2. Démelos.
     ____ boletos; tú   ____ mapas; Ud.

     ____ parques; tú   ____ fotos; Ud.

3. No la cierres.
     ____ puerta; Ud.   ____ puerta; tú

     ____ banco; tú   ____ banco; Ud.

4. No la busque.
     ____ catedral; Ud.   ____ zapato negro; Ud.

     ____ estación; tú   ____ zapato negro; tú

5. Cómpreselos.
     ____ chaquetas; Ud.   ____ chaquetas; tú

     ____ calcetines grises; Ud.   ____ calcetines grises; tú

6. Dáselo.
     ____ camisa; tú   ____ vestido; Ud.

     ____ sombrero; tú   ____ maleta; Ud.

7. Explíquelo.
     ____ programa; Ud.   ____ foto; Ud.

     ____ problema; tú   ____ rutina diaria; tú

B. Contradicciones. *Change the following commands to the negative form. Make all other necessary changes.*

MODELO   Cuéntamelo.   **No me lo cuentes.**

1. Siéntese allí. _____

2. Dínoslo. _____

3. Tráiganmelas. _____

4. Déjeselos. _____

5. Míralos. _____

6. Perdónenlas. _____

7. Pídesela. _____

8. Váyanse. _____

C. Hasta mañana. *In each of the following sentences, someone tells you about an intention to perform an action. Tell the person not to do it until tomorrow, substituting object nouns with pronouns. If you are addressed as **Ud.**, answer with the **Ud.** form; use the **tú** form in the same way.*

MODELO   Quiero darte <u>consejos</u>.
           No me <u>los</u> des hasta mañana.

1. Pienso comprarte <u>otra maleta</u>.

   _____

2. Les voy a llevar <u>los pasajes</u> a tus amigos.

   _____

3. Tengo que buscarle <u>otro regalo</u> (a usted).

   _____

4. Debo decirles <u>la verdad</u> pronto (a usted y a su esposa).

   _____

5. Quiero darle <u>los libros</u> (a usted).

   _____

6. Necesito escribirle <u>una carta</u> a José.

   _____

7. Le tengo que traer <u>el equipaje</u> (a usted).

   _____

8. Te quiero hacer <u>una fiesta</u>.

   _____

FUNCIONES Y ACTIVIDADES

A. En el Zócalo. *Continue exploring Mexico City using the following map. Answer the tourists' questions by circling the correct phrase in parentheses. Remember that you are at the Zócalo.*

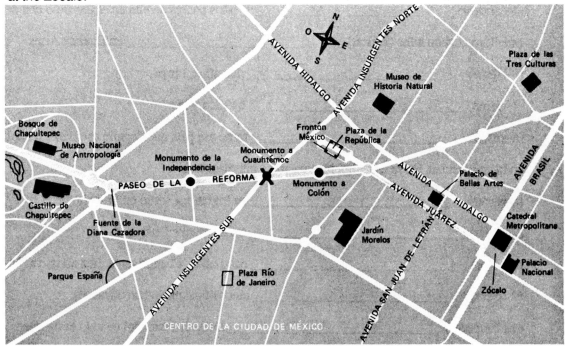

MODELO   —Perdón. ¿Me puede decir cómo llegar al Palacio de Bellas Artes?
—Vaya (derecho, a la derecha) por la Avenida Juárez hasta llegar a la Avenida San Juan de Letrán. Doble a la derecha y camine media cuadra. Va a ver el Palacio a su (derecha, izquierda).

1. —Por favor, señor(-a), busco la Plaza de las Tres Culturas.

   —Vaya por la Avenida Brasil hasta llegar a la esquina. Doble a la (derecha, izquierda) en la Avenida Hidalgo. Camine una cuadra. Doble a la (derecha, izquierda) en la Avenida San Juan de Letrán. Siga por esa avenida hasta llegar a la Plaza; va a estar a su (derecha, izquierda).

2. —Discúlpeme, ¿por dónde va uno a la Plaza de la República?

   —Vaya (derecho, a la derecha) por la Avenida Juárez. Cruce el Paseo de la Reforma y siga (derecho, a la izquierda). Va a ver la Plaza de la República enfrente de usted.

3. —Perdón. ¿Me puede decir cómo llegar al Monumento de la Independencia?

   —Tome la Avenida Juárez hasta llegar al Paseo de la Reforma. Doble a la (derecha, izquierda) y siga derecho hasta ver un monumento. Es el monumento a Cuauhtémoc. Siga en la misma dirección, (este, oeste), y el Monumento de la Independencia va a estar (enfrente, derecho) de usted.

4. —Perdóneme. ¿Dónde está el Jardín Morelos?

   —Vaya (derecho, al este) por la Avenida Juárez y tome la primera izquierda después de (la Avenida San Juan de Letrán, la Avenida Brasil). El jardín va a estar a su derecha.

5. —Por favor, ¿está cerca de aquí el Museo Nacional de Antropología?

   —No, está bastante lejos. Tome la Avenida Juárez hasta llegar al Paseo de la Reforma. Doble a la (izquierda, derecha). Vaya derecho hasta llegar (a la Fuente de la Diana Cazadora, al Parque España). Allí no doble. Siga por el Paseo de la Reforma hasta llegar a un gran edificio a su derecha. Es el museo.

B. Consejos a un amigo. *A friend of yours is going to Mexico for two weeks. Give him advice on how to act so that people will not think he is ill-mannered or impolite. Use affirmative or negative tú commands.*

MODELO   No hables en voz alta en los museos.

1. _____

2. _____

3. _____

4. _____

5. _____

6. _____

PREFERENCIAS Y OPINIONES

VOCABULARIO

A. Fuera de lugar (Out of place). Mark the one choice that could <u>not</u> appropriately complete each of the following sentences.

MODELO   Martín fue a la biblioteca a buscar una antología de _____ .

_____ a. cuentos   _____ c. obras de teatro

_____ b. poesía   <u> x </u> d. tazas

1. El _____ favorito de mi abuelo es Ernest Hemingway.

_____ a. autor   _____ c. escritor

_____ b. cuento   _____ d. novelista

2. Ese pintor es famoso por _____ .

_____ a. sus retratos   _____ c. su estilo realista

_____ b. sus cuadros   _____ d. su manifestación

3. En general, las revistas se publican más frecuentemente que _____ .

_____ a. los periódicos   _____ c. las antologías

_____ b. los libros   _____ d. las novelas

4. Debes estudiar la obra de _____ .

_____ a. ese pintor   _____ c. aquella novela

_____ b. aquella artista   _____ d. esta escritora

5. A veces los críticos no están de acuerdo en cómo interpretar _____ .

_____ a. un cuaderno   _____ c. una obra de teatro

_____ b. un poema   _____ d. un cuadro

B. ¿Qué hacen? *There are many artistic professions. Identify and describe the professions of the people shown below. Give some detail and if you can, mention the name of a famous person in that profession.*

MODELO

un(-a) pintor(-a):
Un(-a) pintor(-a) pinta cuadros y retratos. Picasso pintó muchos cuadros famosos.

1. un(-a) novelista:

_____

_____

2. un actor (una actriz):

    _____

    _____

3. un(-a) músico:

    _____

    _____

4. un(-a) cantante (*singer*):

_____

_____

5. un(-a) poeta:

_____

_____

6. un(-a) fotógrafo(-a):

_____

_____

7. un(-a) guitarrista:

_____

_____

8.   un(-a) escritor(-a):

_____

_____

C. Preguntas y respuestas. *Answer the following questions in Spanish.*

1.   ¿Participó usted alguna vez en una manifestación? ¿Por qué sí o no?

_____

_____

2.   ¿A usted le interesa la política? ¿Por qué sí o no?

_____

_____

3.   ¿Prefiere usted leer las noticias (*news*) en el periódico, escucharlas por radio o mirarlas por televisión? ¿Por qué?

_____

_____

4. Según su opinión, ¿es mejor leer una novela o ver la película inspirada en esa novela? ¿Por qué?

_____

_____

5. ¿Por qué son populares las novelas románticas? ¿Las lee usted?

_____

_____

I. The impersonal *se* and passive *se*

A. Decisiones. *Mark the word that best completes each of the following sentences.*

MODELO   No se _____ un cuadro de Picasso por veinte dólares.

  __x__ compra   ____ ven   ____ dice

1. En algunas ciudades latinoamericanas, ya no se _____ los negocios durante el almuerzo.

   ____ cierran   ____ abren   ____ cuidan

2. Señora, vaya usted al Banco Internacional. Allí se _____ cheques de viajero.

   ____ hacen   ____ cambian   ____ oyen

3. Para llegar a ese mercado se _____ tener auto porque está muy lejos.

   ____ pierde   ____ debe   ____ prohíbe

4. Se _____ «Gracias» cuando alguien nos da un regalo.

   ____ habla   ____ explica   ____ dice

5. Se _____ algunos cuadros muy buenos de Picasso en el Museo de Arte Moderno de Nueva York.

   ____ ven   ____ aprenden   ____ gastan

6. Mario me dijo que se _____ maestro(-a) bilingüe en la escuela secundaria de nuestro barrio.

_____ pensaba   _____ necesitaba   _____ resolvía

B. Correspondencias. *Choose a phrase from the second column to complete appropriately each phrase in the first column.*

_____ 1. Se presentan

_____ 2. Antes se leía

_____ 3. Se dice

_____ 4. En el mercado se puede encontrar

_____ 5. En su país se cree que

_____ 6. En el mundo hispano se practican

a. más poesía que ahora.

b. el arte y la literatura son tan importantes como la tecnología, ¿verdad?

c. muchas obras excelentes.

d. costumbres diferentes a las nuestras.

e. todo más barato.

f. «Hasta luego» cuando se va a ver a alguien más tarde.

II. The past participle used as an adjective

A. Tarjetas para la familia. *You want to send some postcards home written in Spanish, but you have to look up some words in the dictionary. Complete the sentences below with adjectives derived from the verbs given in the infinitive.*

1. (traer) Busco palabras en un diccionario _____ de los Estados Unidos.

2. (escribir) Aquí todos los libros están _____ en español.

3. (perder) En el avión encontramos un pasaporte _____.

4. (cerrar) En este momento, las maletas ya están _____.

5. (construir) En México hay muchos edificios _____ en el siglo XVII.

6. (hacer) Tengo un nuevo auto que fue _____ en México.

7. (abrir) Son las ocho de la noche y todas las tiendas están _____.

8. (resolver) El problema ya está _____.

B. Selecciones lógicas. *Complete the following sentences by selecting a verb from the list below and deriving an adjective of the appropriate gender and number from it. You may use some verbs more than once, others not at all.*

oír	escribir	resolver	hacer
hablar	cerrar	morir	describir
pintar	traer	romper	comprar
creer	construir	poner	abrir

MODELO   Las tazas están **rotas**.

1. Los bancos están _____.

2. La casa está _____ de blanco.

3. El libro está _____ en español.

4. Esas guitarras están _____ en México.

5. Las farmacias están _____ hasta las 11:00 P.M.

6. Estos recuerdos fueron _____ de Mérida.

7. Los boletos fueron _____ en el centro.

8. Ese problema no está _____.

9. Mi tienda ya está _____.

10. La Catedral está _____ de piedra (*stone*).

C. Últimos preparativos. *Professor Monsanto is going over a final checklist prior to the departure of the summer students for Puebla. Reassure him that everything has been taken care of.*

MODELO   Enrique, ¿pagaste todos los boletos?
          Sí, profesor; todos los boletos están pagados.

1. ¿Mandaron el telegrama a Puebla?

   _____

2. ¿Ya pusieron todas las maletas en el autobús?

   _____

3. Carlos, ¿compraste los periódicos para leer en el avión?

_____

4. ¿Cerraron las ventanas y las puertas?

_____

5. Rosa, ¿escribiste los números de los pasaportes en mi cuaderno?

_____

6. Enrique, ¿hiciste la lista de los números de teléfono de emergencia?

_____

Pues entonces, ¡en marcha!

III. The present and past perfect tenses

A. Variedad en el pasado. *Change each sentence from the preterit to the present perfect.*

MODELO   Yo comí en el restaurante del aeropuerto.
                Yo he comido en el restaurante del aeropuerto.

1. Ellos llegaron de Guanajuato.

_____

2. La profesora visitó ese museo.

_____

3. Tú y yo viajamos a México.

_____

4. Empezó el baile folklórico.

_____

5. Me quedé en el Hotel París.

_____

6. Antonio no hizo mucho.

   _____

7. Todos vimos su maleta en la aduana.

   _____

B. Preguntas y respuestas. *Answer each of the following questions in the affirmative. Make all necessary changes and use object pronouns when possible.*

1. ¿Ya han llegado ustedes al hotel?

   _____

2. ¿Ellos han comprado los boletos a Tikal, la antigua ciudad maya?

   _____

3. ¿Has oído esa canción en inglés?

   _____

4. ¿Han traído ustedes la cámara?

   _____

5. ¿Les he dado la información necesaria?

   _____

6. ¿Ya ha comido usted en ese restaurante que está cerca de la plaza?

   _____

7. Amigos, ¿nos han preparado ustedes la cena?

   _____

C. Déjà vu. *A friend is telling you about the things that have happened since her arrival in Guatemala City. Respond to her statements, indicating that the events had also happened in the past. Use* **antes, ya, ayer, el año pasado,** *or some other phrase in your response.*

MODELO He comido empanadas.
¡Antes habías comido empanadas también!

1. He visto unas montañas muy, muy altas.

   _____

2. Marta ha oído cosas interesantes sobre el Maximón.

   _____

3. El señor Olmedo ha resuelto el problema de los pasajes.

   _____

4. Le hemos pedido un gran favor al profesor García.

   _____

5. En la aduana han roto la maleta de Marta.

   _____

6. Han descubierto más ruinas en el centro de México.

   _____

FUNCIONES Y ACTIVIDADES

A. Reacciones lógicas. *React to the following statements with an expression of agreement or disagreement. Then state a reason for your reaction.*

MODELO ¡Nuestro equipo de béisbol es fantástico!
¡Qué va! Este año han perdido casi todos los partidos.

1. Todos los actores son ricos.

   _____

   _____

2. La pintura abstracta es realista.

   _____

   _____

3. El hambre es un gran problema en los Estados Unidos.

   _____

   _____

4. En los Estados Unidos no hay ningún tipo de censura.

   _____

   _____

5. Necesitamos controlar la producción de armas nucleares.

   _____

   _____

6. Los estudios universitarios no nos preparan bien para la vida práctica.

   _____

   _____

B. Crucigrama.

Horizontales

1. presente de **ver**
4. en inglés se dice *magazine*
9. _____ de televisión, por ejemplo
10. en inglés se dice *if*
12. adjetivo posesivo
14. infinitivo de **somos**
16. en inglés se dice *because*
20. opuesto a **no**
21. artículo indefinido
22. dos autores que escriben el mismo libro son _____-autores
23. pronombre reflexivo (**tú** *form*)
24. en inglés se dice *gold*
25. pronombre recíproco
26. presente de **aumentar**
30. en inglés se dice *meeting*
32. en inglés se dice *time, epoch*
36. el _____ Colón, por ejemplo
38. persona que se dedica al arte
39. ciudad del sur de España; allí está la Giralda
43. en inglés se dice *to fall*
44. presente de **saber**
45. nota musical
47. opuesto a **noche**
48. adjetivo demostrativo (pl.)
49. presente de **leer**

Verticales

1. presente de **ir**
2. preposición
3. artículo definido
5. presente de **ser**
6. pretérito de **ver**
7. (*afternoon*) *nap*, en español
8. se usa como *alas!, ouch!,* or *woe!* en inglés
11. opuesto a **mucho**
13. abreviación de **usted**
15. presente de **reír**
16. verbo cognado de *to protest*
17. pronombre relativo
18. abreviación de *United Nations*
19. forma masculina de **doña**
22. en inglés se dice *to celebrate*
25. plural de **santo**
27. abreviación de *United States*
28. hermano del padre o de la madre
29. pronombre sujeto
31. opuesto a **sí**
33. opuesto a **soltero**
34. imperfecto de **ver**
35. sinónimo de **ocurrir**
37. fruta usada para hacer vino (pl.)
38. contracción de preposición y artículo
40. adjetivo demostrativo
41. imperfecto de **ir**
42. pronombre de objeto indirecto
46. pronombre sujeto

*C. **Fiesta familiar.*** *You and your cousins, Paco and Rosaura, are making plans for a family reunion at your grandmother's house. You must first choose a holiday for the celebration, but not everyone agrees. Paco likes Christmas, Rosaura prefers Thanksgiving, and you favor Mother's Day. Each person gives a reason for choosing one day, another disagrees, and finally you all agree on one holiday for the celebration. Compose a dialogue around this situation using expressions of agreement and disagreement.*

PACO: _____

_____

_____

_____

ROSAURA: _____

_____

_____

USTED: _____

_____

_____

_____

_____

_____

FIESTAS Y ANIVERSARIOS

CAPÍTULO

13

VOCABULARIO

A. Fiestas y celebraciones. *In what month are the following holidays and special days celebrated?*

MODELO   Las Posadas   **en diciembre**

1. el Día de la Madre   _____

2. el Día de Acción de Gracias   _____

3. la Navidad   _____

4. la Independencia de los Estados Unidos   _____

5. el Año Nuevo   _____

6. el Día del Padre   _____

7. el Día de los Reyes Magos   _____

8. su cumpleaños (de usted)   _____

B. Ocasiones especiales. *Answer the following questions naming the occasions on which these activities are customary.*

MODELO   ¿Cuándo se dan regalos en el mundo hispánico?
                         el 6 de enero, Día de (los) Reyes

1. ¿Cuándo cocinan ustedes un pavo?

_____

2. ¿Cuándo hacen una torta?

_____

3. ¿Cuándo usan un candelabro especial?

_____

4. ¿Cuándo envían tarjetas a sus amigos?

_____

5. ¿Cuándo ponen adornos en un árbol?

_____

6. ¿Cuándo se dan regalos usted y sus parientes?

_____

I. The present subjunctive of regular verbs

A. Frases para completar. *Complete the following sentences with the most appropriate choice and mark the corresponding space.*

MODELO   ¿Qué piensas de mí? Bueno, prefiero que no…

_____ a.   lees más libros.

_x_ b.   contestes esa pregunta.

_____ c.   aprendes la canción.

1. No quiero que ustedes…

_____ a.   olviden el concierto de violín de Kathleen.

_____ b.   doblan en esa esquina.

_____ c.   toman todo este vino antes de la fiesta.

2. La doctora Méndez me pide que…

_____ a.   cuida a sus hijos esta noche.

_____ b.   le compra un boleto de ida y vuelta.

_____ c.   la ayude el próximo fin de semana.

3. Voy a prohibir que…

___ a. esos muchachos fumen en la clase.

___ b. comen todo el queso antes del baile.

___ c. celebran mi cumpleaños en la oficina.

4. ¿Mandas que Amparo y yo…

___ a. compremos el árbol de Navidad hoy?

___ b. hablamos con los vecinos?

___ c. caminamos al correo?

5. Queremos que ellos…

___ a. nos mandan tarjetas por nuestro aniversario.

___ b. pasen sus vacaciones con nosotros.

___ c. escriben la composición para mañana.

6. Gabriel, te pido que…

___ a. se lo preguntas al profesor.

___ b. no corres después de almorzar.

___ c. no hables durante el concierto.

7. Te prohíbo que…

___ a. preparas una torta de chocolate para Javier.

___ b. regreses allí después de ver esa película.

___ c. vendes la guitarra.

B. Más práctica. *Complete each of the following sentences with the correct subjunctive form of an appropriate verb listed below.*

enseñar / ayudar / reunirse / asistir / quejarse / mandar / fumar / celebrar

1. Ojalá que este profesor _____ mejor que el otro.

2. Tal vez Natalia y yo _____ de la comida de la cafetería. Es realmente muy mala.

3. Quizás ella no _____ tarjetas de Navidad este año.

4. Tal vez ellos _____ aquí después de ver la obra.

5. El doctor le prohíbe que _____ más de dos cigarrillos por día.

6. Ernesto prefiere que tú no _____ al desfile de Año Nuevo.

7. Mis padrinos quieren que yo _____ con ellos el día de mi santo.

8. Ana me pide que la _____ a poner los adornos en el árbol.

C. Los padres mandan. *Although Pepe is a freshman in college, his mother can't
believe he has grown up. Complete the responses that Pepe's mother makes to each of
her son's statements or questions, putting the verb in the subjunctive. Follow the model.*

MODELO —Mamá, no voy a <u>estudiar</u> más hoy.
—Pero hijo, quiero que <u>estudies</u> una o dos horas más.

1. —Creo que voy a <u>llamar</u> a Gabriel y a…

   —Tu padre y yo preferimos que no _____ a tus amigos cuando tienes mucho que
   estudiar.

2. —O tal vez debo <u>comprar</u>le un regalo a Graciela.

   —Eso es peor. No queremos que le _____ regalos a esa chica.

3. —Tengo otra idea. La voy a <u>invitar</u> a la fiesta de cumpleaños de Jorge, y Jorge puede
   <u>invitar</u> a la hermana de Graciela.

   —Sabes muy bien que no queremos que ustedes _____ a esas muchachas a la fiesta.

4. —Pero, mamá, no tengo ganas de <u>escribir</u> mis ejercicios ahora.

   —Hijo, te pido que los _____ antes de la cena.

5. —¿Está bien si <u>como</u> la torta que está en el refrigerador?

   —No, te prohíbo que la _____ antes de la cena.

6. —Pero... ¡esto es el colmo! Los padres no <u>comprenden</u> a sus hijos...

   —Pepe, si quieres que nosotros te _____, haz las cosas que mandamos.

II. The present subjunctive of irregular, orthographic-changing, and stem-changing verbs

A. Selecciones lógicas. *Complete the following sentences with the present subjunctive of the most appropriate verb.*

MODELO   (ver / valer / poder)
                Te prohíbo que <u>veas</u> esa película.

1. La directora no quiere que nosotros le _____ más favores. (saludar / pedir / acompañar)

2. Le voy a pedir que me _____ a bailar. (enseñar / morir / dormir)

3. Ella no permite que Rafael _____ más sillas en la sala. (presentar / conocer / poner)

4. Fabio te va a pedir que _____ más puntual. (ser / traer / entender)

5. Quiero que ustedes _____ en sus planes para el futuro. (pensar / salir / pagar)

6. Alfredo prefiere que yo _____ la fiesta el sábado. (almorzar / hacer / descansar)

7. Queremos que tú _____ al concierto con nosotros. (quejarse / ir / saber)

8. Prefiero que los miembros del club _____ en tu casa hoy. (fumar / reunirse / oír)

B. Infinitivos y formas irregulares. *Write the infinitive form of the verb in the first statement. Then complete the response with the present subjunctive of that same verb.*

MODELO   —No le traje el regalo de cumpleaños a tía Alicia. **<u>traer</u>**
                —Pues, quiero que le **<u>traigas</u>** el regalo ahora mismo.

1. —No tenemos entradas para el concierto. _____

    —Quiero que (ustedes) las _____. Se las voy a comprar esta tarde.

2. —Juan no viene más a nuestra casa. _____

    —¿Por qué no le pides que _____ mañana?

3. —No he conocido a tu novio. _____

    —Quiero que lo _____. Esta tarde te lo presento.

4. —Maribel e Inés van al desfile mañana. _____

   —No me gusta esa idea. Les voy a prohibir que _____

5. —Pues, yo las llevo en el auto, mamá… _____

   —¡Pero tú debes estar loco! Simplemente no te voy a permitir que las _____, hijo…

6. —Señor Campos, ¿asistió usted a la recepción antes de la exposición? _____

   —Sí. ¿Quiere que (yo) _____ a la recepción final también?

C. Exposición de arte. *You are attending an art exhibit at the Museo Rufino Tamayo in Mexico City and walk in as the director is introducing a guest artist. Complete the sentences with the correct subjunctive forms of the verbs in parentheses.*

«…y quiero que ustedes (1. saber) _____ quién es este joven pintor,

que (2. conocer) _____ la importancia de su obra, que (3. comprender)

_____ esto: quizás su obra no (4. poder) _____ ser descrita como

hermosa, pero es original, diferente y muy actual. La calidad (*quality*) de sus pinturas permite que

nosotros (5. ver) _____ en su autor al más importante de los artistas de hoy. Quiero

que todos ustedes (6. venir) _____ al museo otra vez en las próximas semanas para

ver cómo el público recibe a este joven artista.

Ahora, espero que a ustedes les (7. interesar) _____ ver esta exposición

tanto como a nosotros, que (8. sentirse) _____ cómodos en este museo y

que (9. pasar) _____ una tarde agradable entre estas pinturas tan magníficas.

Muchas gracias por su atención.» (*Aplauso*)

III. Additional command forms

A. *Después de la función.* *The cast is tired and generally uncooperative after the evening performance of a long-running play. Complete the responses by changing the* **vamos a** *form to a* **nosotros** *command, as in the model.*

MODELO Vamos a <u>ir</u> al centro ahora.
      Estoy cansado. No **vayamos** allí ahora.

1. Vamos a <u>tomar</u> un café ahora.

   Buena idea. _____ un café en esa cafetería.

2. Vamos a <u>sentarnos</u> aquí.

   Está bien. _____ aquí.

3. Vamos a <u>hacer</u> varios cambios.

   Bueno, sí, _____ los cambios necesarios.

4. Vamos a <u>explicarle</u> los cambios al autor.

   No, no _____ eso ahora.

5. Vamos a <u>ayudar</u> a mis amigos después del ballet, ¿de acuerdo?

   De acuerdo. _____ a tus amigos, pero después del ballet.

6. Vamos a <u>decirles</u> a los músicos que va a haber dos representaciones de la obra el sábado.

   No _____ eso ahora. Esperemos hasta mañana.

B. *Que lo haga otra persona.* *Complete the response to each of the following statements using the underlined verb in an indirect command. Use object pronouns when possible.*

MODELO —No <u>hiciste</u> el trabajo que te pedí.
      —No he tenido tiempo. Que **lo haga** Pablo.

1. —No <u>acostaste</u> a Ana María.

   —Ya sé, pero tengo que salir. Que _____ Carmen.

2. —No le <u>hemos escrito</u> a Pilar.

   —Yo no puedo. Que _____ Raúl.

3. —Juan quiere que <u>vayamos</u> a su fiesta de cumpleaños.

   —Arturo tiene más tiempo que nosotros. Que _____ él.

4. —La tía de Emilia quiere venir por unos días. ¿La <u>llamas</u>?

   —¿Por qué yo? Que _____ Emilia.

5. —Tú tienes que <u>recibir</u> a los padres de Adela.

   —Pero no voy a estar aquí. Que _____ José.

C. ¿Qué hacemos este fin de semana? *Express in Spanish Jorge and Conchita's comments as they decide what to do with their weekend.*

1. Let's go to the ballet. I hope there are still tickets.

   _____

   _____

2. No, let's go to the concert. The orchestra is playing music by Segovia. Perhaps Alicia and Raúl will come with us.

   _____

   _____

3. I hope we can go out for dinner next Saturday. Let's call your favorite restaurant and reserve a table for two, O.K.?

   _____

   _____

4. No, have your sister call. Afterwards, let's go visit the Garcías and watch "Saturday Night Live" with them.

   _____

   _____

5. Have you read about the new film by Carlos Saura? Let's see it tomorrow!

   _____

   _____

6. Let's have a party to celebrate Pepito's birthday. Have Jorge buy or make a piñata and I am going to make a chocolate cake. Pepito loves chocolate!

_____

_____

_____

FUNCIONES Y ACTIVIDADES

A. La fiesta de Javier. Describe what is happening at Javier's party with as many details as possible. Also include what some of them are or might be telling others to do.

MODELO   Javier toca el piano y le dice a su hermana Anita que vaya a dormir. Es obvio que ella todavía no tiene sueño.

_____

_____

_____

_____

_____

_____

_____

B. Con mucho gusto. *Respond to the following invitations from your friends. You may either accept or decline, but you should give a reason for your decision.*

MODELO   ¿Te interesa ir conmigo a ver una película de ciencia ficción?
                      Tengo mucho que hacer hoy. Mañana, tal vez.

1. ¿Quieres ir a «La casa de las hamburguesas» conmigo esta noche?

   _____

2. ¿Qué te parece si vamos a bailar el sábado por la noche?

   _____

3. Si hoy estás libre, podemos jugar al tenis. ¿Qué te parece la idea…?

   _____

4. ¿Quieres ayudarme a preparar la cena? Puedes preparar el pavo o…

   _____

5. ¿Me acompañas al museo de arte mañana?

   _____

6. ¿Te interesa ir a la playa este fin de semana?

   _____

C. Situación difícil. *Compose a dialogue around the following problematic situation. You and your friend Maribel are on the way to the symphony when you run into José Blanco, someone Maribel knows. Maribel introduces you to José who suggests that you change your plans and go to hear Gritoloco, the famous rock singer. You decline the invitation politely. Try to incorporate at least two of the following expressions in your dialogue:* **¿Qué les parece si…?; ¿Quieren ir a…?; Me gustaría (mucho), pero…; ¡Qué lástima! Ahora…; Es que tengo (tenemos)…; Otro día tal vez, hoy…**

_____

_____

_____

_____

_____

_____

_____

_____

_____

_____

_____

_____

_____

_____

_____

LA SALUD Y EL CUERPO

CAPÍTULO 14

VOCABULARIO

A. El cuerpo. Write in the blanks the name of each part of the body indicated by the lines.

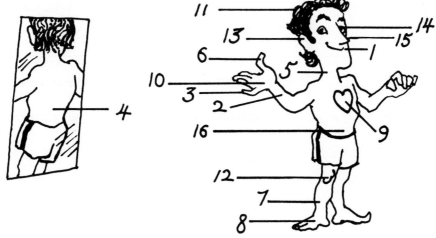

1. _____
2. _____
3. _____el dedo_____
4. _____
5. _____
6. ___el (dedo) pulgar___
7. _____
8. _____

9. _____
10. _____
11. _____
12. _____la rodilla_____
13. _____
14. _____
15. _____
16. _____

B. Doctora, me duele... *You are in Little Havana, Miami, and have gone to the office of Dra. Ofelia Castroviejo with a variety of aches and pains. Translate the following statements into Spanish so that the doctor can understand you. Add some other ailments.*

1. My head hurts. _____

2. My throat hurts. _____

3. My stomach hurts. _____

4. I have a fever. _____

5. My back hurts. _____

6. My eyes hurt. _____

7. _____

8. _____

9. _____

El diagnóstico. *What might Dra. Castroviejo say to you? Write a few sentences giving her diagnosis.*

1. _____

2. _____

3. _____

I. Other uses of the definite article

Un poco de todo... *Some of the following sentences contain a misuse or absence of the definite article, or a possessive adjective where an article is called for. Mark each incorrect sentence and write it correctly in the space provided.*

MODELO   No me gusta aspirina. __x__ **No me gusta la aspirina.**

1. Salud es muy importante. ___

_____

2. Me duele mi cabeza. ___

_____

3. Quiero que te pongas los zapatos. ___

_____

4. —¿Cómo se dice *cheers* en el español? ___

_____

5. Ahora la gasolina está a más de un dólar el galón. ___

_____

6. A Marta no le gusta la Coca-Cola. ___

_____

7. Lávate tu cara, Pepito. ___

_____

8. Ellos creen que español es más fácil que francés. ___

_____

9. Prefiero que estudies italiano este semestre. ___

_____

10. Póngase algo en la cabeza; hace mucho frío. ___

_____

11. Dame tu mano, hija. ___

_____

12. Le encantaban personas sofisticadas. ___

_____

13. Miguel enseñaba inglés en el barrio chicano. ___

_____

14. Quítate tu camisa y ponte este suéter. ___

_____

15. Doctora, ¿cuándo voy a poder abrir los ojos? ___

_____

II. The subjunctive with certain verbs expressing emotion, necessity, will, and uncertainty

A. ¿Cómo empezar...? Mark the phrase that most appropriately begins each of the following sentences.

MODELO _____ llames a la enfermera; necesito levantarme de la cama.

_____ a. Dudo que

_x_ b. Te pido que

_____ c. Creo que

1. _____ usted está muy bien. Mañana puede salir del hospital.

_____ a. Sé que

_____ b. Ojalá que

_____ c. Deseo que

2. _____ Carmela se ponga un vestido elegante para la fiesta.

_____ a. Veo que

_____ b. Estamos seguros que

_____ c. Preferimos que

3. _____ ustedes no se sientan bien. ¿Llamamos a un médico?

_____ a. Ojalá que

_____ b. Siento que

_____ c. Espero que

4. _____ nos quedemos en este hotel.

____ a. Alicia recomienda que

____ b. Alicia tiene que

____ c. Alicia cree que

5. _____ vengan con nosotros.

____ a. Sé que

____ b. Ojalá que

____ c. Oigo que

6. _____ a ti te parezca interesante esta ciudad.

____ a. Estamos seguros que

____ b. Pienso que

____ c. Me sorprende que

7. _____ se pongan de acuerdo tan fácilmente.

____ a. Sabemos que

____ b. Dudamos que

____ c. Piensan que

8. _____ nos olviden y que no nos escriban más.

____ a. Tenemos miedo que

____ b. Veo que

____ c. Creemos que

9. _____ David llegue esta noche. ¡Mira cómo llueve…!

____ a. No creo que

____ b. Pienso que

____ c. Sabes que

10. _____ Laura esté embarazada. ¡Hace tanto que quiere un bebé!

    _____ a.   Veo que

    _____ b.   Me alegro que

    _____ c.   El médico dice que

B. Una fiesta para doña Jacinta. *The Márquez family is busy with preparations for great-grandmother's 99th birthday party. Complete the following statements in a way that would be appropriate for a festive occasion.*

MODELO   Enrique, mamá quiere que tú <u>**vayas con Elena a comprar más bebidas.**</u>

1. Niños, insisto en que (ustedes) _____

    _____

2. Mamá, prefiero que tú _____

    _____

3. Los García nos piden que (nosotros) _____

    _____

4. Nos alegramos tanto que los abuelos _____

    _____

5. Tengo miedo que la cena _____

    _____

6. Te aconsejamos que (tú) _____

    _____

7. Recomiendan que yo _____

    _____

8. Dudas que ella _____

    _____

9. Queremos que usted. _____

    _____

10. No permito que ellos _____

    _____

C. Traducción. *Translate the following pairs of sentences into Spanish.*

1. a. I want to study Spanish. _____

    b. I want you to study Spanish. _____

        _____

2. a. I hope to go to the party. _____

    b. I hope she goes to the party. _____

        _____

3. a. I am happy to be here. _____

    b. I am happy that you (**ustedes**) are here. _____

        _____

4. a. I am sorry I cannot accompany them. _____

        _____

    b. I am sorry that she cannot accompany them. _____

        _____

5. a. I like to fish with them. _____

    b. I like them to fish with me. _____

        _____

6. a. He tells me he is leaving tonight. _____

    _____

    b. He tells me to leave tonight. _____

    _____

7. a. I prefer not to eat any more, thank you. _____

    _____

    b. I prefer that he not eat any more, thank you. _____

    _____

8. a. I'm glad I'm not sick. _____

    _____

    b. I'm glad they are not sick. _____

    _____

D. Una carta. *Write a letter telling your friends Pablo and María that you are going to spend a few days in the hospital and that you want them to call you, but not to come if they do not want to. You do not want them to bring you anything. Also mention that your doctor prefers that you not talk too much, and she thinks that you are going to be perfectly well next Tuesday or Wednesday. Tell them that you hope they both feel fine and that you do not want them to worry.*

Queridos Pablo y María:

_____

_____

_____

_____

_____

_____

_____

_____

_____

_____

Besos y abrazos de

III. The subjunctive with impersonal expressions

A. Decisiones. Mark the most appropriate choice to complete each of the following sentences.

MODELO   Es cierto que…

_____ a.   ya no celebro mis cumpleaños.

_x_ b.   tengas una fiesta mañana.

_____ c.   ellos pesquen allí.

1. Es importante que…

_____ a.   el médico me vea inmediatamente.

_____ b.   encontramos la medicina que necesitamos.

_____ c.   fumamos menos cigarrillos.

2. Es mejor que ustedes…

_____ a.   no pierdan más tiempo.

_____ b.   se alegran de su buena suerte.

_____ c.   se interesan por sus pacientes.

3. Es obvio que…

_____ a.   sus padres le permitan tomar cerveza.

_____ b.   comas demasiado.

_____ c.   a ella le encanta andar en bicicleta.

4. Elena dice que es mejor que…

_____ a. se quedan en el hospital dos días más.

_____ b. busquen otra farmacia.

_____ c. arreglan el auto.

5. Creo que es preferible que ellos…

_____ a. se sienten felices.

_____ b. no se enfermen.

_____ c. descansan unos días.

6. Es posible que usted…

_____ a. tiene una boca muy pequeña.

_____ b. sufre de «examenitis», una enfermedad que ataca periódicamente a muchos estudiantes.

_____ c. esté pálido porque no toma vitaminas.

7. Es cierto que...

_____ a. el amigo de Arturo tenga SIDA.

_____ b. todo se arregle pronto.

_____ c. Lorraine está embarazada.

B. Pobre doña Isabel. _Doña Olga and Doña Sofía are discussing Doña Isabel's sad situation. Complete the dialogue with the correct forms of the verbs given in parentheses._

OLGA: Oiga, doña Sofía, ¿es verdad que Roberto, el hijo mayor de doña Isabel, no le

(1. escribir) _____ ni la llamó ayer, por el Día de la Madre…?

SOFÍA: Ay, no sé. Quizás (2. ser) _____ cierto, quizás no. Prefiero

no (3. hablar) _____ de eso, pero dudo que ella (4. alegrarse)

_____ de que su hijo «el doctor» no la (5. recordar)

_____ .

OLGA: Pues, creo que es mejor no (6. tener) _____ hijos. Siempre es

          posible que (ellos) (7. irse) _____ de casa cuando uno más los

          necesita…

SOFÍA: Doña Olga, ¡es terrible que usted (8. decir) _____ esas cosas…!

OLGA: ¿Por qué? ¡Es la verdad…!

SOFÍA: No, no siempre es así.

(*En ese momento llega doña Isabel.*)

ISABEL: ¡Doña Olga! ¡Doña Sofía! ¡Qué contenta estoy! Quiero que (9. leer)

          _____ la carta que recibí hoy de mi hijo Roberto y también

          quiero que (10. ver) _____ el regalo que me mandó por el Día de

          la Madre: ¡un cheque por mil dólares! ¿Sabían ustedes que Roberto está tra-

          bajando en Estados Unidos, en una clínica de Miami? La carta debió llegar

          ayer, pero como era domingo…

C. Cambio de opinión. *Change the following sentences to the negative.*

MODELO   Es seguro que Felipe viene.
               No es seguro que Felipe venga.

1. Es verdad que los enfermeros ganan mucho dinero.

_____

2. Es seguro que se casan en junio.

_____

3. Es obvio que tú estás enferma.

_____

4. Es cierto que lo van a operar del corazón.

_____

5. Creo que la tensión es una de las causas del dolor de cabeza.

_____

6. Piensan que usted tiene cáncer.

_____

7. Dudamos que tu abuelo muera pronto.

_____

FUNCIONES Y ACTIVIDADES

A. Yo, el detective infalible... *Imagine you are a detective trying to track down the notorious Luis Delgado de la Rocha, whom you believe is using the name Fernando López. Fill in the blanks in the dialogue from the list below.*

cabeza	pelo	es
difícil	pedir	salud
dudo	pequeña	camina
sea	pie	

AGENTE: Doctora, usted me dice que está segura que la persona de esta foto no

(1) _____ Fernando López, su paciente.

DOCTORA: Sí, estoy casi segura… Creo que el hombre de esa foto no es él porque Fernando

tiene una nariz mucho más (2) _____, digamos, más normal. Y

además, Fernando tiene el (3) _____ negro, no rubio.

AGENTE: Y…¿qué problemas de (4) _____ ha tenido su paciente? ¿Alguna

enfermedad seria…?

DOCTORA: No, nada muy serio: resfríos, dolores de (5) _____, algunos

problemas no muy serios de la garganta… Nada extraordinario. Pero hay algo

que siempre me ha parecido interesante: Fernando tiene un (6) _____

mucho más grande que el otro.   Por eso, probablemente, he observado que

(7) _____ muy despacio. Claro que tiene zapatos especiales y,

cuando los tiene puestos, es (8) _____ que uno pueda notar el

problema.

AGENTE: ¡Gracias, doctora! Ahora yo no (9) _____ que Fernando López y

Luis Delgado de la Rocha son la misma persona. ¡El secreto está en el pie…!

Doctora, le voy a (10) _____ un gran favor: que usted me ayude a

capturarlo…

DOCTORA: ¿Yo…? Es que todavía me parece imposible que Fernando López

(11) _____ el famoso bandido Luis Delgado de la Rocha… Pero

si usted dice que es él, pues lo voy a ayudar.

B. Dudas y más dudas… *Respond to the following statements using the expressions of doubt on page 322 of your text.*

MODELO   La comida de los hospitales es horrible.
           No creo que toda la comida sea horrible.

1. Es malo para el estómago nadar después de comer.

_____

2. La vitamina C cura todos los resfríos.

_____

3. Correr es malo para el corazón.

_____

4. No es bueno lavarse el pelo todos los días.

_____

5. Las verduras frescas tienen más vitaminas que las cocidas.

_____

6. Todas las mujeres embarazadas comen pepinos con azúcar.

_____

C. Un caso de nervios. *Hospitals and doctors have always made Timoteo Miedoso very nervous. When he arrives at his doctor's office for his regular check up, Señor Miedoso is so nervous that he asks the receptionist for permission to do everything! Help him formulate his requests and have the receptionist respond with expressions of permission. Consult your textbook for expressions to use when asking for, granting, or denying permission.*

MODELO   entrar en la sala de espera
      —**¿Me permite entrar en la sala de espera?**
      —**Sí, está bien… Entre, por favor.**

1. sentarme en esa silla

_____

_____

2. mirar algunas revistas mientras espero

_____

_____

3. salir para hacer una llamada de teléfono

    _____

    _____

4. pedirle un vaso de agua para tomar un tranquilizante

    _____

    _____

5. hacerle una o dos preguntas

    _____

    _____

EN CASA

CAPÍTULO

15

VOCABULARIO

A. ¿Verdadero o falso? *If the following statements are true, mark **V (verdadero)**. Otherwise, mark **F (falso)** and rewrite them correctly.*

MODELO   Se lava las manos en el dormitorio. ___ V   **x** F
            Se lava las manos en el baño.

1. Uno debe dejar el auto en la escalera.   ___ V ___ F

    _____

2. Aunque desayunen en la cocina, siempre cenan en el comedor.   ___ V ___ F

    _____

3. Cuando llueve, es mejor pasar la noche en el jardín.   ___ V ___ F

    _____

4. Una casa con once habitaciones es pequeña.   ___ V ___ F

    _____

5. Las cocinas siempre tienen alfombras.   ___ V ___ F

    _____

6. Normalmente se guarda la ropa en el dormitorio y no en la sala.   ___ V ___ F

    _____

7. Es más común encontrar un sillón en la sala que en el baño. ___ V ___ F

_____

8. Si su casa no tiene techo, es probable que tenga problemas muy serios. ___ V ___ F

_____

B. ¿Qué es y dónde está? *Describe the following items and tell where each is in a typical home.*

MODELO

Un escritorio. Lo usamos para escribir y estudiar. En general, cada estudiante tiene uno en su dormitorio.

1. _____

_____

2. _____

_____

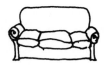

3. _____

_____

4. _____

_____

5. _____

_____

6. _____

_____

I. The future tense

A. Cambios al futuro. *Change the verbs in the following sentences to the future tense.*

1. Usted se queda en casa, ¿no?

   _____

2. Ellos viven cerca de la universidad.

   _____

3. Yo limpio mi cuarto.

   _____

4. Ella pone el sofá aquí.

   _____

5. Salgo mañana para Quito.

   _____

6. Ustedes vienen en tren, ¿verdad?

   _____

7. ¿Cuándo venden la casa?

   _____

8. Tenemos un garage para dos autos.

   _____

B. Consejos de una madre. *A mother is talking to her daughter the day before her wedding. Complete the sentences with the appropriate future tense forms of the verbs given in parentheses.*

Hija, mañana (1. casarse) _____. Tu padre y yo (2. estar) _____

muy felices por ti. Toda nuestra familia (3. venir) _____ a tu boda. Después de

la ceremonia, tus amigos y nosotros (4. ir) _____ al «Club Guayaquil». Allí

(5. haber) _____ una fiesta magnífica en honor de ustedes. Tu tía Filomena les

(6. hacer) _____ la torta de boda. Todos nosotros (7. divertirse) _____

mucho y ustedes (8. recibir) _____ muchos regalos. ¿Ya saben adónde

(9. ir) _____ de luna de miel? Después de algunos años, ustedes (10. tener) _____

tres o cuatro hijos y tu padre y yo (11. jugar) _____ con los nietos, como lo hicimos

contigo hace algunos años. Estoy segura de que tú (12. ser) _____ muy feliz en tu nueva

vida.

C. Diálogos breves... *The following exchanges are common references to upcoming events. Complete the responses, putting the verb in the future tense.*

MODELO   ¿Ya hablaste con Arturo?
                No, y creo que nunca **hablaré** con él.

1. —¿Ya has visto los muebles que compró Lidia la semana pasada?

    —No, no he tenido tiempo. Los _____ la semana que viene.

2. —¿Ustedes van a guardar todo ese dinero?

    —Sí, lo _____ aquí en casa hasta el lunes.

3. —¿A qué hora sale el avión para Quito?

    —Pues, parece que ese avión _____ pronto, a las 3:25 P.M.

4. —Tus amigos no se han puesto de acuerdo...

    —No, todavía no..., pero creo que _____ de acuerdo muy pronto.

5. —Ricardo, lo siento mucho, pero no he hecho el trabajo que me pediste.

    —No te preocupes. ¿Cuándo lo _____?

6. —Ahora es muy caro pintar una casa tan grande.

    —Lo sé. Por eso Marta y yo la _____ este verano.

7. —Bueno, vamos a empezar. Tratemos de meter el sofá en la sala.

    —No, no es necesario. Raúl lo _____ allí más tarde.

8. —Esta casa es magnífica… ¡y los dormitorios son enormes! ¿Pueden comprarla…?

—¡Claro que no! Creo que nosotros jamás _____ comprar una casa como ésta.

D. ¿Futuro seguro o presente probable…? *Determine if each italicized verb expresses future time or probability in the present time, and mark the corresponding space. Then choose the most appropriate response to the statement.*

			Future Time	*Probability*
MODELO	¿Qué *hará* Tomás esta noche?		__x__	_____
	__x__ a.	Irá al cine.		
	_____ b.	Vendré aquí.		
	_____ c.	En el patio.		

1. Hace mucho tiempo que no veo a Rosa. ¿Dónde *estará*? _____   _____

   _____ a. En el garaje.

   _____ b. De viaje.

   _____ c. A las ocho.

2. No tengo reloj. ¿Qué hora *será*? _____   _____

   _____ a. No lo sé.

   _____ b. Serán las chicas.

   _____ c. Ella y su primo.

3. Víctor está furioso. ¿*Será* por algo que dije…? _____   _____

   _____ a. No te preocupes.

   _____ b. En el comedor mañana.

   _____ c. Estoy contento.

4. Paco, te *mandaré* el cheque ahora mismo. _____ _____

    _____ a. Les daré dos cheques.

    _____ b. ¡Gracias! Lo necesito…

    _____ c. La llevarán el sábado.

5. ¿No se *dará* cuenta de lo que hace? _____ _____

    _____ a. Claro que pagará la cuenta.

    _____ b. ¿Cómo se dice?

    _____ c. Tú lo sabrás mejor que yo; lo conoces bien.

II. The conditional mood

A. Decisiones. *Mark the verb form that is in the conditional mood.*

MODELO _____ hacía _____ había __x__ habría _____ haremos

1. _____ vendría _____ vendía _____ trabajaba _____ seguiré

2. _____ hecho _____ hubo _____ habíamos _____ harías

3. _____ serías _____ era _____ iré _____ irán

4. _____ sepa _____ supe _____ sabría _____ saldrán

5. _____ dio _____ dábamos _____ digan _____ daría

6. _____ pusieron _____ pongan _____ pondrán _____ pondrían

7. _____ irían _____ fue _____ íbamos _____ vendré

B. Visión desde el pasado. *Rewrite each sentence in the past according to the cue, changing the second verb to the conditional.*

MODELO Creo que venderán la casa después del divorcio. (Creía)
Creía que venderían la casa después del divorcio.

1. Siempre me dice que comprará una lámpara más grande. (decía)

_____

2. Creemos que es preferible una boda tradicional. (Creíamos)

_____

3. Le digo que no haremos nada. (Le dije)

_____

4. Creo que el autobús parará en esa esquina. (Creía)

_____

5. Sé que habrá mucha gente en la reunión. (Sabía)

_____

6. Dicen que Guayaquil es un lugar ideal para una luna de miel. (Decían)

_____

C. En busca de apartamento. *Complete the following dialogue using the appropriate conditional form of the verb in parentheses.*

MODELO   JAVIER: Luis, ¿__**podrías**__ acompañarme a buscar apartamento? (poder)

LUIS: Ya te dije que _____ a tu casa a las cuatro. (llegar)

JAVIER: ¿Pero no _____ venir un poco antes, a la una, por ejemplo…? (poder)

LUIS: Pues…, Raúl y Susana me dijeron que ellos _____ por aquí a esa hora.

(pasar)

JAVIER: ¡Pero ellos no _____ de tu casa ni a las seis! Sabes cómo les gusta

hablar… (salir)

LUIS: Mira, yo con mucho gusto te _____, pero como ves, no

puedo ir a esa hora. Tal vez Fernando y yo te ayudemos mañana… por la tarde.

(acompañar)

JAVIER: ¿Mañana por la tarde? Pero yo le prometí a Dolores que la _____

al cine.   (llevar)

LUIS: Javier, _____ decidir qué es más importante: encontrar apar-

tamento o ver una película… (deber)

D. El amor no paga las cuentas. *Raúl and Enrique are sharing an apartment in downtown Quito when some problems arise. Complete the following dialogue by translating the portions in English and using the conditional to express probability in the past.*

MODELO   *What would you do in Raúl's place?*
               ¿Qué haría usted en el lugar de Raúl?

(*Suena el timbre.*) Rrrrrriiiiinnnnnn, rrrriiiinnnn.

Enrique le dice a su amigo Raúl, —¡No contestes!

(*Suena otra vez.*) Rrrriiiinnnn. (*Nadie contesta.*)

RAÚL: *Who could that have been?*

(1) _____

ENRIQUE: *It was probably*

(2) _____ el dueño (*landlord*). No pagué el alquiler (*rent*)

este mes.

RAÚL: *You probably forgot*

(3) _____, ¿verdad?

ENRIQUE: No, no olvidé pagarlo.

RAÚL: Entonces el banco... *was probably closed*

            (4) _____ cuando fuiste por el dinero.

ENRIQUE: No, el banco no estaba cerrado cuando fui a buscar el dinero.

RAÚL: Entonces, el cheque... *was probably in the mail*

            (5) _____.

ENRIQUE: No, el cheque no estaba todavía en el correo.

RAÚL: No comprendo. Yo te di mi parte hace tres semanas..., ¿no?

ENRIQUE: Sí..., pero... yo le compré un anillo a mi novia.

RAÚL: ¡¡Ayyy!! El amor no sólo es ciego (*blind*): ¡también es estúpido!

¿Qué haría usted en el lugar de Raúl?   Describe your reaction.

_____

_____

_____

III. The present participle and the progressive tenses

A. El gerundio. Mark the gerund or present participle in each series.

MODELO ___ comido __x_ comiendo ___ trajeron ___ traían

1. ___ decían   ___ digan   ___ trayendo   ___ traído

2. ___ siguiendo   ___ seguido   ___ creído   ___ creen

3. ___ andan   ___ andando   ___ oigan   ___ oyeron

4. ___ leen   ___ leían   ___ jugado   ___ jugando

5. ___ habrán   ___ miraría   ___ besaba   ___ esperando

6. ___ dando   ___ descubierto   ___ costaban   ___ ido

B. En este momento. Rewrite the following sentences, changing the verbs in the present tense to the present progressive.

MODELO   Raúl lee un libro de español.
           En este momento Raúl está leyendo un libro de español.

1. Esteban saca el auto del garaje.

    _____

2. Anita y Pepito duermen en el dormitorio de Susana.

    _____

3. Tú le escribes una carta a Ramona.

    _____

4. Nosotros limpiamos la cocina.

    _____

5. Yo estudio para un examen.

    _____

C. En la residencia universitaria. *Describe where each person in the picture is and what each of them is doing right now. Use the following verbs in the present progressive tense:* **leer, comer, hablar, mirar, tomar, escribir.**

MODELO   **Carmen y Marta están en la sala. Ellas están sentadas en un sofá y en este momento están hablando de su clase de filosofía.**

Carmen y Marta   Elena   Eduardo

Juana y Roberto

Felipe

_____

_____

_____

_____

_____

_____

_____

_____

_____

D. Un fin de semana en casa. *You often don't have time to simply enjoy the daily activities of your home, but last weekend you had a chance to relax. Complete the sentences with the past progressive of the indicated verbs to tell your friend of the pleasant days spent.*

MODELO   (jugar)   Los niños **estaban jugando** en el jardín.

1. (cocinar)   Mamá _____ para el domingo.

2. (tocar)   Juana _____ el piano.

3. (mirar)   La familia _____ televisión.

4. (leer)   Yo _____ el periódico.

5. (divertirse)   Todos nosotros _____ sin salir de casa.

6. (hacer)   Y dime, ¿qué _____ tú…?

FUNCIONES Y ACTIVIDADES

A. ¿Qué será, será? *Use these expressions of possibility and probability to write sentences about what your life will be like after you graduate.*

1. Seguramente _____

_____

2. Por cierto _____

_____

3. Es poco probable que _____

_____

4. Tal vez _____

_____

5. Creo que _____

_____

6. Es posible que _____

_____

7. No hay duda de que _____

_____

B. Desastres de amor. *Various couples discover that they are not made for each other. Using the vocabulary given, describe the unhappy situations and then predict the consequences.*

MODELO   Alberto y Alicia / conocerse en una clase de español / no llevarse bien / Por lo tanto…
            Alberto y Alicia se conocieron en una clase de español, pero no se llevaron bien. Por lo tanto no se enamoraron.

1. Carlos y Clara / tener una cita / insultarse mucho por cuestiones políticas / Como consecuencia…

_____

_____

2. David y Dora / ir al cine / dormirse durante toda la película / Será que…

_____

_____

3. Eugenia y Eugenio / salir juntos / enfermarse sin saber por qué / Por eso…

_____

_____

4. Flora y Fabio / deber encontrarse para cenar / olvidar la cita y no llamarse más / Por estas razones…

_____

_____

5. Juan / acompañar a Juanita al teatro / ella llorar y él roncar (*snore*) durante toda la obra / Por lo tanto…

_____

_____

C. ¿Un típico apartamento estudiantil…? *Describe the following scene in Spanish. Is it typical or representative of dormitory living?*

_____

_____

_____

_____

_____

_____

_____

D. La casa de mis sueños... *Write a paragraph describing the type of apartment or house you would like to have in the future.*

_____

_____

_____

_____

_____

_____

_____

_____

_____

_____

_____

SENTIMIENTOS Y EMOCIONES

CAPÍTULO

16

VOCABULARIO

A. Asociaciones. *We all experience a range of emotions and consider some unpleasant and others pleasant. Make a list on the left of the verbs below that evoke pleasant feelings; on the right list those that evoke unpleasant feelings. Add other verbs to the lists if you wish.*

asustarse / sentirse feliz / ponerse contento / sentir vergüenza / reírse / estar orgulloso / tener miedo / besar / aburrirse / viajar / llorar / estar deprimido / enamorarse / enojarse / sentirse triste / matar / abrazar

AGRADABLE

DESAGRADABLE

_____   _____

_____   _____

_____   _____

_____   _____

_____   _____

_____   _____

_____   _____

_____   _____

B. Acciones y reacciones. *Ana is trying to help Rosa calm down. Complete the dialogue by choosing the appropriate words.*

ANA: ¿Qué te pasa, Rosa? ¡Estás tan pálida! ¿Estás (1. asustada / orgullosa)

_____?

ROSA: Sí, no vas a creerlo; es que pasó algo increíble. ¡Qué (2. asustada / alegre)

_____ estoy!

ANA: Dime… ¿Qué pasó?

ROSA: Maribel y yo íbamos al centro en su nuevo auto. Ella estaba muy (3. contenta /

risa) _____ y (4. se reía / conducía) _____ muy

rápidamente; por eso no vio a un señor que estaba en la esquina enfrente del

correo; ¡casi lo mató! Claro, ella estaba (5. avergonzada / feliz)

_____; bajó del auto y le pidió perdón. Pero él estaba tan

(6. alegre / furioso) _____ y le dijo cosas tan horribles que a

Maribel le dio (7. risa / rabia) _____ y (8. se enojó / se vio)

_____ mucho…

ANA: ¡Qué barbaridad! Y dime, ¿qué dijo el hombre? ¿Lo recuerdas…?

ROSA: ¡Claro…!, pero me da (9. vergüenza / orgullo) _____ repetir sus

palabras. A mí también me dio (10. vergüenza / rabia) _____ la

actitud de él, pero ahora que lo pienso, todo el incidente me parece un poco

cómico y me da (11. noticias / risa) _____.

I. The infinitive

A. ¿Sí o no? *Answer the questions in either the affirmative or the negative using an infinitive.*

MODELO   ¿Es necesario que yo sepa guaraní para estudiar en Asunción?
                No, no es necesario saber guaraní para estudiar en Asunción.

1.   ¿Es bueno que estés a dieta?

    _____

2.   ¿Es necesario que compremos pasajes de ida y vuelta?

    _____

3.   ¿Es importante que yo salga antes de las cinco?

    _____

4.   ¿Es posible que durmamos en el tren expreso?

    _____

5.   ¿Es malo que corran después de comer?

    _____

B. Decisiones. *Mark the most appropriate choice to complete each of the following sentences.*

MODELO   _____ a la fiesta, vi que todos estaban contentos.

       _x_ a. Al llegar

       ____ b. Acabo de comprar

       ____ c. Me gusta acompañar

1.   Usted debe descansar o tomar un poco de vino _____ por todo.

    ____ a. para no preocuparse

    ____ b. para recordar

    ____ c. al acostarse

2. El _____ a Leonor no es una buena idea en este momento.

_____ a. ponerse

_____ b. mentir

_____ c. tener prisa

3. Vístete mejor _____ con ellos.

_____ a. para llorar

_____ b. si quieres matar

_____ c. antes de salir

4. Es verdad que Pepito _____ y por eso no quiere que lo veamos.

_____ a. acaba de llorar

_____ b. tener suerte

_____ c. pensar mucho

5. Por _____, Ud. no escuchó que yo lo llamaba.

_____ a. tener tanta prisa

_____ b. mentir

_____ c. vamos a ver

C. Letreros. *You are about to leave for a trip to Asunción, Paraguay, and want to know what kinds of signs you will encounter. A friend shows you these pictures. What do they mean? You might have to consult your dictionary.*

MODELO   **1. Ladies and Gentlemen (restrooms)**

2. _____

3. _____

4. _____

5. _____

6. _____

1. DAMAS CABALLEROS
2. No pisar el césped
3. Cuide su perro
4. PONGA LA BASURA EN SU LUGAR
5. VISTA ESCÉNICA
6. PINTURA FRESCA
7. No Arrancar Flores
8. SALIDA

7. _____

8. _____

Here are some additional signs you might see. Give their meanings.

9. NO FUMAR: _____

10. TIRAR: _____

11. EMPUJAR: _____

12. NO ESTACIONAR: _____

13. NO FIJAR CARTELES: _____

14. NO DOBLAR A LA IZQUIERDA: _____

II. The subjunctive in descriptions of the unknown, nonexistent, or indefinite

A. Conclusiones lógicas. Mark the response that most appropriately completes each of the following sentences.

MODELO   Prefiero que me construyas una casa que...

_____ a. es de estilo colonial.

_____ b. está en el centro.

_x_ c. tenga dos patios.

1. Me parece que Ud. debe buscar un amigo que...

_____ a. la comprenda.

_____ b. la visita.

_____ c. tiene dinero.

2. Es importante casarse con alguien que...

_____ a. se lleve bien con uno.

_____ b. no tiene problemas económicos.

_____ c. va a muchas fiestas.

3. No hay nada aquí que…

_____ a. me ofende.

_____ b. me guste.

_____ c. me da vergüenza.

4. Gustavo está casado con una mujer que…

_____ a. escribe obras de teatro.

_____ b. lo salude todos los días.

_____ c. esté deprimida.

5. No debes pensar en nada que…

_____ a. te gusta.

_____ b. te asusta.

_____ c. te ponga triste.

6. Yo sé que el amor es algo que…

_____ a. busquen los jóvenes.

_____ b. tenga la gente con buena salud.

_____ c. no se puede comprar ni vender.

B. Actitud negativa. *Change the following sentences to the negative. Remember to use* **alguno(-a)** *and* **ninguno(-a)** *in the singular.*

MODELO   Hay alguien aquí que puede hacerlo.
              No hay nadie aquí que pueda hacerlo.

1. Conozco a algunas personas que se enojan fácilmente.

_____

2. Tiene algunos amigos que son supersticiosos.

_____

3. Necesito a alguien que conozca al presidente.

_____

4. Venden algo que yo puedo comprar.

_____

5. Así ofendes a alguien que es inocente.

_____

C. Frases lógicas. *Form sentences with the following words, writing the verbs in either the present indicative or subjunctive as appropriate.*

MODELOS
    a. De vez en cuando / Rosalinda / soñar con / animales / que / asustarla
       De vez en cuando Rosalinda sueña con animales que la asustan.

    b. Usted / necesitar / encontrar / un banco / que / estar abierto hasta las seis
       Usted necesita encontrar un banco que esté abierto hasta las seis.

1. Ustedes / deber / pedir / la cerveza / que / yo / siempre / pedir

_____

2. (Nosotros) / ir a / un restaurante / que / no estar / lejos / de casa

_____

3. ¿Hay / alguien / que / no / saber / conducir?

_____

4. Tú / no / ir a / encontrar / un traje / que / costar / tan poco

_____

5. (Yo) / pensar / buscar / un trabajo / que / pagar / bien

_____

6. (Nosotros) / conocer / una mujer / que / ser / actriz

_____

D. Deseos de todos. *Something is always missing. Complete the following sentences in any way that seems appropriate.*

1. Buscamos una profesora que _____

2. Juanita quiere un novio que _____

3. Quiero encontrar un empleo que _____

4. Aquí no hay nadie que _____

5. Necesitamos una casa que _____

6. Buscamos una escuela donde no _____

7. Necesito a alguien que me _____

8. Quiero un libro de español que _____

III. The subjunctive with certain adverbial conjunctions

A. Conspiración en clase. *Some students are chatting before class. Express their thoughts by combining the sentences in each item with the conjunction in parentheses.*

MODELO   No puedo ir. Tú vienes conmigo. (a menos que)
                      No puedo ir a menos que tú vengas conmigo.

1. Vamos a hablar. El profesor nos llama. (antes de que)

   _____

2. Debes volver pronto. El profesor empieza la clase más temprano. (en caso de que)

   _____

3. No podemos casarnos. Nos queremos. (sin que)

   _____

4. No te doy este anillo. Me das doscientos guaraníes. (a menos que)

   _____

5. Soy puntual. El profesor no se enoja. (para que)

   _____

6. Vas a llegar a casa. Sara va a la escuela. (antes de que)

_____

7. Te mando este libro. Tienes algo que leer. (para que)

_____

B. ¡Cuidado con el monstruo! *Refer to the drawings to complete each of the accompanying sentences with the appropriate form of a verb from the following list. Do not use a verb more than once.*

ser / despertarse / estar / correr / poder / recibir / reírse / ver / llorar

1. El monstruo va a matarlos a menos que...

    a. todo _____ un sueño.

    b. _____ muy rápidamente.

    c. _____ ayuda.

2. Ella le da un regalo para que el niño…

   a. _____.

   b. no _____ más.

   c. _____ contento.

3. Tratan de salir de la casa sin que su tío…

   a. _____ enojarse.

   b. _____.

   c. los _____.

C. ¿Subjuntivo o indicativo? *Complete each sentence with the appropriate indicative or subjunctive form of the verb in parentheses.*

1. (llegar) Voy a salir cuando ellos _____.

2. (ver) El niño empezó a llorar tan pronto como _____ a su mamá.

3. (enojarse) No me habló hasta que (yo) _____.

4. (decir) No me iré hasta que usted me _____ la verdad.

5. (terminar) Pintaré la casa cuando _____ este trabajo.

6. (poder) Quieren ir al mercado tan pronto como _____.

7. (casarse) Volverás aquí después de que tú y Luis _____, ¿no?

8. (hablar) Siempre hago algo mientras _____ por teléfono.

D. Bruno el perfecto. *Complete the passage using the present indicative or subjunctive of the verbs given in parentheses.*

Bruno Figueroa es un hombre que siempre trata de reírse aunque (1. estar) _____

enojado o (2. sentirse) _____ deprimido. Él casi siempre está contento, a menos que

su esposa Julia (3. estar) _____ triste por alguna razón. En ese caso se queda en casa

con ella por unas horas para que los dos (4. poder) _____ hablar y entenderse. También,

si él ve que su hija se ha asustado por algo o tiene un poco de miedo, juega con ella para que la

niña no (5. empezar) _____ a llorar. Si alguien lo (6. ofender) _____, él

se queda muy tranquilo y espera hasta que la otra persona le (7. pedir) _____ perdón o lo

deje en paz. Claro, si ustedes dudan que exista un hombre tan perfecto, les presento a Bruno para

que lo (8. ver) _____ y (9. creer) _____ esto que les estoy diciendo.

FUNCIONES Y ACTIVIDADES

A. Reacciones lógicas. *Respond to the following situations, using one of the expressions on pages 366–367 of your text. Explain the reason for your reaction.*

1. Acabas de recibir un anillo de oro de tu novio(-a).

   _____

   _____

2. Tu compañero(-a) de cuarto encuentra el suéter que perdiste.

_____

_____

3. Tu hermano(-a) rompe tu disco favorito.

_____

_____

4. El padre de un amigo va a morirse pronto.

_____

_____

5. Te das cuenta de que tu novio(-a) sale con otra(-o).

_____

_____

6. Olvidaste el aniversario de tus padres.

_____

_____

7. El precio de la gasolina va a bajar a noventa centavos el galón.

_____

_____

B. Situaciones variadas. Describe different situations appropriate for each of the following expressions.

MODELO   ¡Qué alegría!
              Mi equipo favorito ganó un partido importante.

1. ¡Qué bien!

_____

2. ¡Por fin!

    _____

3. ¡Cuánto me alegro!

    _____

4. ¡Esto es el colmo!

    _____

5. ¡Qué increíble!

    _____

6. No hay (ningún) problema.

    _____

7. ¡Qué sorpresa!

    _____

8. No importa.

    _____

C. Crucigrama.

Horizontales

1. interj., cognado de *ah!*
3. adjetivo posesivo (pl.)
6. femenino de **hijo**
10. grupo de doce elementos
13. en inglés se dice *shower*
15. artículo definido
16. imperfecto de **temer**
17. forma de llamar a la **madre**
18. terminación de infinitivo
19. mandato de **dar** (**tú** *form*)

20. en inglés se dice *lamp*
21. en inglés se dice *meat*
22. presente de **esquiar**
24. deporte que se practica en el invierno
26. profesión del que hace pan
30. en inglés se dice *oven*
32. futuro de **lavar**
34. mueble usado para dormir
35. preposición
36. presente de **ser**

39. en inglés se dice *already*
41. pronombre posesivo
42. cuarto donde uno duerme
43. mandato de **comer** (**tú** *form*)
45. contracción
46. opuesto a **venir**
49. presente de **leer**
52. en inglés se dice *anger*
54. participio pasado de **ir**
55. presente de **soñar**

56. sinónimo de **escuchar**
58. presente de **reír**
59. sustantivo (*noun*) relacionado con el verbo **reír**
60. pretérito de **dar**
61. cognado de *devout*
64. subjuntivo presente de **pasar**
65. adjetivo demostrativo
66. en inglés se dice *decoration*

Verticales
1. en inglés se dice *besides*
2. en inglés se dice *hello*
3. futuro de **ser**
4. artículo indefinido
5. abreviación de **Sociedad Anónima**
7. mandato de **ir** (**vosotros** *form*)
8. femenino de **judío**
9. abreviación de **antes de Cristo**
11. **Sin** ___, equivalente de *However*
12. lugar donde se pone el auto
14. presente de **abrir**
16. forma afirmativa de **tampoco**
18. antigua civilización indígena del Perú
19. parte de la mano
20. en la casa, lugar donde uno lava la ropa (pl.)
23. futuro de **usar**
25. terminación de participio pasado (**-er** *verbs*)
27. femenino de **conservador**
28. sirve para escuchar música
29. en inglés se dice *shirts*
30. en inglés se dice *there is (are)*

31. nota musical
33. presente de **ver**
36. el nombre *Emma*, en español
37. plural de **sillón**
38. futuro de **doler**
40. variante de **aquí**
44. adjetivo posesivo
47. plural de **pobre**
48. plural de libro
50. en inglés se dice *review*
51. lugar donde se cultivan flores y plantas de adorno
53. en inglés se dice *other* o *another*
57. pasaje de ___ y vuelta
62. mandato de **ir** (**tú** *form*)
63. pronombre reflexivo

LA NATURALEZA

VOCABULARIO

A. En pocas palabras. *Define the following words in Spanish.*

1. el pez: _____

   _____

2. el pájaro: _____

   _____

3. el valle: _____

   _____

4. el anochecer: _____

   _____

5. el amanecer: _____

   _____

6. las hojas: _____

   _____

B. Preferencias y opiniones.   *Answer the following questions in Spanish.*

1. ¿Prefieres nadar en un lago o en un océano? ¿Por qué?

_____

_____

2. ¿Te levantas al amanecer? ¿Por qué sí o por qué no?

_____

_____

3. ¿Te gustaría vivir en las montañas? ¿Por qué sí o por qué no?

_____

_____

4. ¿Qué cosas se encuentran en un jardín?

_____

_____

5. ¿Qué hace o qué puede hacer uno cuando va a un lago?

_____

_____

C. Describir y corregir... *Describe what you see and indicate what is wrong with the following drawings.*

MODELO   La luna está cantando y tiene
ojos, nariz y boca. En realidad,
la luna ni canta ni tiene esas
características humanas.

1. _____

_____

2. _____

_____

3. _____

_____

4. _____

_____

5. _____

_____

6. _____

_____

I. The neuter *lo*

A. Decisiones. *Mark the choice that best completes each sentence.*

MODELO   Lo _____ del campo es que allí se puede admirar la naturaleza.

__x__ maravilloso   ____ contaminado   ____ extremo

1. Lo _____ es tener un poco de silencio y tranquilidad.

   _____ importante   ____ eterno   ____ peor

2. Su casa es linda; _____ no me gusta es el barrio.

   _____ lo que   ____ poco   ____ los que

3. _____ me preocupa es la contaminación del aire.

   ____ La que   ____ Lo   ____ Lo que

4. ¿Qué es _____ ustedes llaman «tranquilo»? A mí este lugar no me parece muy tranquilo.

   ____ el que   ____ lo que   ____ lo

5. Isabel dijo que este valle era muy grande, pero ¡realmente no _____ es!

   ____ el   ____ lo que   ____ lo

6. —Es muy agradable poder caminar de noche sin tener miedo.

   —Sí, _____ es, pero hay otros problemas…

   ____ la   ____ la que   ____ lo

B. Lo mejor del campo. *Margarita loves the country and detests every aspect of city living. Mark the most appropriate choice to complete each of her statements.*

MODELO   Lo único bueno de esta ciudad es que…

   __x__ a. está cerca del campo.

   ____ b. tiene mucho tráfico.

   ____ c. la gente no sabe manejar.

1. Lo que más me gusta del amanecer en el campo es...

   ____ a. escuchar los pájaros.

   ____ b. subir al autobús.

   ____ c. llegar al aeropuerto.

2. ¡Mira lo alto que es...! ¡Qué magnífica obra de la naturaleza!

   ____ a. ese árbol

   ____ b. aquella piedra

   ____ c. este edificio

3. Después de vivir diez años en un lugar..., me doy cuenta de lo horrible que es y tengo ganas de escaparme a las montañas.

   ____ a. lleno de flores y de árboles

   ____ b. con tanta gente y tanto tráfico

   ____ c. sin cielo

4. A mis amigos les encanta venir a visitarme a Boston porque pueden apreciar..., es decir, la vida cultural bostoniana.

   ____ a. el que vi

   ____ b. lo que más me importa

   ____ c. lo bueno que son los teatros aquí

5. Para mí, lo mejor sería...

   ____ a. sacar el techo para que entre toda la lluvia y el frío.

   ____ b. vivir y morir en el campo.

   ____ c. vivir en un sótano (*basement*) y nunca ver ni el sol ni la luna.

C. Preguntas para usted. *Now answer these questions addressed to you.*

1. ¿Qué es lo más aburrido de su vida universitaria?

   _____

2. ¿Y qué es lo más interesante?

_____

3. ¿Qué profesión u oficio le interesa más a usted?

_____

4. ¿Qué es lo que más le interesa de esa profesión o de ese oficio?

_____

5. Según su opinión, ¿qué es lo más importante de un trabajo: ser feliz con lo que uno hace o ganar mucho dinero? ¿Por qué?

_____

_____

II. Other uses of *por* and *para*

A. ¿Por o para? *Complete the following sentences with* **por** *or* **para**, *as appropriate.*

1. Viajaron _____ toda América del Sur.

2. Esas flores son _____ mamá.

3. _____ comprender el problema, debes hablar con tus padres.

4. Pagamos cien dólares _____ las piedras que pusimos en el jardín.

5. Pasamos a buscarte _____ la mañana.

6. Vamos a salir _____ Colombia el jueves que viene; pensamos viajar _____ avión.

7. Se quedó en la clase _____ hablar con el profesor.

8. Caminamos _____ el parque _____ llegar a la universidad.

9. Elvira trabajó más de cinco años _____ el periódico *El País*.

10. La composición sobre Machu Picchu es _____ el miércoles.

11. _____ españoles, ellos hablan muy bien el inglés.

12. Raúl nos llama _____ teléfono todos los días.

13. Van a estar de vacaciones _____ un mes.

14. Ayer salieron _____ Lima.

B. Frases lógicas. *Form logical sentences using the following expressions with **por**.*

MODELOS   (por lo general)
Por lo general, papá no trabaja los fines de semana.

(por lo tanto)
Ayer no me sentía bien; por lo tanto no fui a clase.

1. (por lo menos)

_____

2. (estar por)

_____

3. (por ciento)

_____

4. (por última vez)

_____

5. (por casualidad)

_____

C. Traducción. *Translate the following paragraph into Spanish.*

Yesterday José called Elba (in order) to wish her happy birthday. He told her that for her birthday he would buy her a house near the beach. José is very rich, and, for his age, his health is excellent. In general, he buys expensive gifts for his friends twice or three times a year. But I think that this time he did it for love. Last night he told Elba he wanted to marry her, and she said she wanted to think about it for a few months. Maybe a big house with a beautiful garden will help her decide by her next birthday, and she will forget that he is too old for her....

_____

_____

_____

_____

_____

_____

_____

_____

_____

_____

_____

_____

III. The passive voice

A. *De activo a pasivo.* *To complete the following exchanges, circle the letter of the most appropriate verb in the passive voice.*

MODELO   —Tu padre construyó la casa, ¿verdad?
                —No, _____ por mi abuelo.

                a. estuvo construida   (b.) fue construida   c. es construida

1.   —Enrique escribió este poema.
     —No, eso no es cierto; _____ por Teresa.

     a. fue escrito   b. será escrito   c. estuvo escrito

2.   —Jaime vendió todas estas blusas. Es muy buen vendedor.
     —No, _____ por Isabel.

     a. eran vendidas   b. fueron vendidas   c. son vendidas

3.   —¿Ya mandaron las cartas?
     —Sí, creo que _____ esta mañana.

     a. fueron mandadas   b. estuvieron mandadas   c. serían mandadas

4. —Rosa compró las flores, ¿verdad?
    —No, _____ por Verónica.

    a. son compradas   b. fueron compradas   c. estuvieron compradas

5. —El televisor lo arregló Rodríguez, ¿no?
    —No, _____ por Guillermo.

    a. sería arreglado   b. estará arreglado   c. fue arreglado

6. —Los Gómez van a alquilar esa casa.
    —Eso es imposible. Ya _____ por los sobrinos de Raúl Palacios.

    a. fue alquilada   b. estuvo alquilada   c. será alquilada

7. —¿Invitó Rafael a Susana y a Pilar?
    —No, _____ por Mario.

    a. son invitadas   b. fueron invitadas   c. están invitadas

B. ¿Cuál es la mejor traducción? *Choose the best translation for the underlined words in the following sentences.*

MODELO   Those sculptures <u>were made</u> by the Mayas a thousand years ago.
    a. fueron hechas
    b. estuvieron hechas

1. The cities of Cuzco and Machu Picchu <u>were built</u> by the Incas.

    a. fueron construidas

    b. estuvieron construidas

2. Those portraits <u>were painted</u> by Velázquez.

    a. fueron pintados

    b. fueron pintadas

3. Our house <u>was built</u> a year ago.

    a. estuvo construida

    b. fue construida

4. The water pollution problem <u>was not solved</u> by the new law.

   a. no fue resuelta

   b. no fue resuelto

5. Those pieces of furniture—the chair and the sofa—<u>were made</u> in South America.

   a. fueron hechos

   b. estuvieron hechos

6. That movie <u>was seen</u> by four million people.

   a. estuvo vista

   b. fue vista

C. ¡Han ocurrido tantas cosas! *When Juanita returned, her roommate told what happened while she was out of town. Circle the letter of the appropriate phrases to restate the sentences using the passive* **se** *construction.*

MODELO   Alguien fue atacado en el jardín, cerca de la biblioteca.
              _____ a alguien en el jardín, cerca de la biblioteca.
              a. Se atacó   b. Se atacará

1. El edificio central fue destruido.
   _____ el edificio central.

   a. Se destruía   b. Se destruyó

2. Los cigarrillos fueron prohibidos en la universidad.
   _____ los cigarrillos en la universidad.

   a. Se prohibieron   b. Se prohíben

3. Los sueldos de los profesores fueron aumentados.
   _____ los sueldos de los profesores.

   a. Se aumentó   b. Se aumentaron

4. La luna es vista al anochecer.
   _____ la luna al anochecer.

   a. Se vio   b. Se ve

5. Un árbol muy interesante fue plantado en el parque.
    _____ un árbol muy interesante en el parque.

    a. Se plantará   b. Se plantó

6. Algunos muebles nuevos fueron comprados.
    _____ algunos muebles nuevos.

    a. Se compró   b. Se compraron

FUNCIONES Y ACTIVIDADES

A. De la ciudad al campo. *Circle the words that best complete the following passage.*

Después de vivir casi toda su vida en la ciudad, Alejandro y su familia se mudaron al

(campo / cielo) para disfrutar (*enjoy*) del aire puro y del (tema / clima) saludable. Nunca

olvidarán los primeros días que pasaron en su nueva casa, situada en un (valle / amanecer) muy

tranquilo con una hermosa (hoja / vista) de imponentes montañas cubiertas de (nieve / afuera).

Brillaba el (sol / pez) y no había ni una (flor / nube) en el cielo. La primera tarde fueron a un

pequeño (lago / árbol) donde el agua cristalina les dejaba ver miles de (peces / estrellas). Casi no

pudieron dormir esa noche, pues no estaban acostumbrados al ruido de (la luna / los insectos) ni al

cantar de los (peces / pájaros)… Se levantaron temprano, al (anochecer / amanecer), y desayuna-

ron inmediatamente. Esa mañana Alejandro y su esposa estaban tan cansados que pensaron volver

a la capital. Pero sus hijos les trajeron unas (flores / nubes) tan lindas del jardín que ellos fi-

nalmente decidieron quedarse allí para siempre.

B. Reacciones. *Give a reaction to each of the following statements using one of the following expressions of empathy:* **¡Estará(s) muy contento(-a)!; Debe(s) estar muy desilusionado(-a), muy feliz, muy triste; Se (Te) sentirá(s) muy orgulloso(-a).**

MODELO   Acabo de comprar una casa de verano en las montañas.
            ¡Estarás muy contento!

1. El abuelo del señor Vega se murió la semana pasada.

    _____

2. Perdí mi billetera (*wallet*) en el autobús.

    _____

3. Mi hijo ganó su primer partido de fútbol.

    _____

4. Alguien me robó el auto ayer.

    _____

5. Anita sacó una mala nota en el último examen.

    _____

6. ¡Mi tía favorita ganó la lotería anoche!

    _____

7. Mi novio tiene un nuevo empleo muy interesante y que paga bien.

    _____

C. ¡Qué aburrimiento! *Your cousin Enrique wants to move to another city. He keeps boring you with what he doesn't like about the place you both live in. You keep trying to change the subject. Complete the dialogue using expressions for adding information* **(Además, También)** *as well as expressions for changing the subject* **(A propósito, En cambio, Por el contrario, Por otra parte)** *where appropriate.*

ENRIQUE: Lo que no me gusta de esta ciudad es _____

              _____, no me gustan

              _____

USTED: _____, lo bueno de esta ciudad _____

_____

ENRIQUE: _____, lo malo de esta ciudad

_____

USTED: _____,… ¿sabes que se da una película nueva en el Cine Rex?

_____

_____

_____

DE COMPRAS

VOCABULARIO

A. Tiendas y más tiendas. *Guess what is sold in each of the following stores.*

MODELO   librería **books**

1. frutería _____

2. pescadería_____

3. florería _____

4. zapatería_____

5. lechería _____

6. panadería_____

7. carnicería _____

8. mueblería _____

B. ¿A qué tienda vamos? *Select from the list below the things you buy in each of the following stores. Some words might fit into more than one category.*

abrigo, arroz, azúcar, termómetros, bananas, blusa, pasta de dientes, bolso, medicinas, cama, camisa, carne, cerámica, vitaminas, falda, huevos, leche, lechuga, manzanas, mesas, naranjas, pan, desodorante, pantalones, pescado, piña, pollo, poncho, queso, silla, sofá, aspirina, sombrero, suéter, alfombras, tomates, torta, vestido, vino, zapatos

1. tienda: _____

    _____

    _____

2. mercado: _____

    _____

    _____

3. farmacia: _____

_____

_____

4. almacén: _____

_____

_____

5. mueblería: _____

_____

_____

I. The imperfect subjunctive

A. Decisiones. *Mark the verb that is in the imperfect subjunctive.*

MODELO	____ regateaba	____ regateará	_x_ valieran	____valieron
1.	____ rebajaran	____ rebajaba	____ deberían	____ debieron
2.	____ pediría	____ pedido	____ gastáramos	____ gastábamos
3.	____ ahorraremos	____ ahorráramos	____ hicieron	____ harán
4.	____ estarán	____ estaban	____ sería	____ fueran
5.	____ valiera	____ valdrán	____ quisieron	____ querían
6.	____ se acostumbraron	____ venía	____ devolverían	____ nevara
7.	____ saludaron	____ ayudará	____ naciera	____ anduvieron

B. Visión desde el pasado. *Change the following sentences from the present to the past tense. Note that the main clause may require the preterit or imperfect, according to the meaning of the sentence.*

MODELO   Quiero que usted vaya con la dependiente.
              Quería que usted fuera con la dependiente.

1. Me pide que le compre un poncho en el mercado.

   _____

2. Ojalá que no pierda todo su dinero.

   _____

3. Dudamos que ellos paguen tanto por esa alfombra.

   _____

4. Insiste en que yo sea como él.

   _____

5. Su madre le pide que no vea más a Ramón.

   _____

6. Esperamos que Ana ahorre su dinero.

   _____

7. Es mejor que pidan eso en una boutique del centro.

   _____

8. Es necesario que regatees en el mercado.

   _____

9. Busco un banco que me cambie este cheque.

   _____

10. Quieren ver esa cerámica antes de que se la des a tu amiga.

    _____

C. Tía Ana, la sabelotodo. *Tía Ana knows all there is to know about shopping. Complete Catalina's responses, changing the verbs to the imperfect subjunctive. Follow the model.*

MODELO   TÍA ANA: Quiero que compres donde haya ofertas y nos conozcan.
                    CATALINA: Lo sé. Ayer ya me dijiste que **comprara donde hubiera ofertas y nos conocieran.**

1. TÍA ANA: Mira, Catalina, te voy a pedir que vayas al mercado antes de que lo cierren.

    CATALINA: Claro, tía Ana. También ayer me pediste que _____

    _____ _____

2. TÍA ANA: Y no olvides, hija… Es mejor que manejes con cuidado y que no tengas prisa.

    CATALINA: Sí, el otro día ya me dijiste que era mejor que _____

    _____

3. TÍA ANA: Espero que trates de regatear para que nos den los mejores precios posibles.

    CATALINA: Lógico, pero ayer también me dijiste que _____

    _____

4. TÍA ANA: Es muy importante que no compres nada que no esté en oferta.

    CATALINA: Sí, mi querida tía, ayer también era importante que _____

    _____

5. TÍA ANA: Bueno, quiero que lleves más dinero en caso de que veas algo no muy caro y de

    buena calidad.

CATALINA: Recuerdo que la semana pasada también querías que _____

_____

6. TÍA ANA: Es probable que vendan las mejores cosas muy temprano y que no quede nada

bueno después.

CATALINA: Siempre la misma historia. Ayer me dijiste que era probable que _____

_____

_____

7. TÍA ANA: Y te digo que no pares en ninguna parte para hablar con tus amigos, ¡aunque te

pidan que tomes una cerveza con ellos!

CATALINA: ¡Dios mío! ¿Otra vez con eso? ¡Nunca cambiarás, tía! Ayer también me dijiste

que _____

_____

8. TÍA ANA: Pero, Catalina, ¡sólo pienso en ti! Me parece increíble que no quieras seguir los

consejos de una buena tía…

CATALINA: Por supuesto. Ayer también te pareció increíble que _____

_____

D. Con cortesía. *Write the sentences below in a more polite fashion by using the imperfect subjunctive.*

MODELO   Quiero mostrarle otros ponchos, señora.
                 Quisiera mostrarle otros ponchos, señora.

1. Quiero cambiar estos boletos.

   _____

2. Tú debes llamar antes de salir.

   _____

3. Ella quiere que usted la acompañe.

   _____

4. Ustedes deben tener sus maletas preparadas.

   _____

II. *If* clauses

A. Si fuera posible... *Gabriela is determined to find out what Natalia would do in certain situations. Rewrite her original question according to the answer Natalia gives her, using the appropriate if-clause construction.*

MODELO   —Gabriela, si tienes tiempo, ¿irás de compras conmigo?
                 —Es que no tengo tiempo. Lo siento mucho.
                 —Bueno, pero **si lo tuvieras, ¿irías...?**

1. —Natalia, si encuentras el suéter que me gusta, ¿me lo darás?
   —Pero Gabriela, yo sé que no lo encontraré.

   —Bueno, pero _____

2. —Si el poncho que vimos ayer en esa tienda vale menos de cuatrocientos bolívares, ¿lo comprarás?
   —Pero creo que vale mucho más.

   —Bueno, pero _____

3. —Si el señor Villa rebaja sus precios, ¿comprarás en su tienda?
   —Pero Gabriela, es probable que no los rebaje.

   —Bueno, pero _____

4. —Si Héctor se enamora de alguien que trabaja con él, ¿ustedes se divorciarán?
   —¡Qué idea más ridícula! Mi esposo nunca se enamoraría de otra mujer…

   —Claro…, pero quiero estar segura. Si _____

5. —Si le aumentan el sueldo a Héctor, ¿él te llevará a Europa?
   —Mira, no le van a aumentar el sueldo ni en mil años; siempre ganará poco.

   —Puedes creer eso ahora, pero si _____

   _____

6. —Este…Natalia…, si Héctor sabe que estoy diciendo estas cosas, ¿se ofenderá?
   —No te preocupes. No lo va a saber.

   —Bueno, pero en un caso hipotético, si él lo_____

7. —Si te hago más preguntas, podemos hablar toda la tarde, ¿verdad?
   —Ay, Gabriela, espero que no me hagas más preguntas.

   —Bueno, pero si _____

B. Meditaciones de un trabajador. *Luis is thinking about his work situation. Complete the following passage by writing the appropriate forms of the verbs in the blanks.*

Si yo (1. paso, pasaría, pasaba) _____ mucho tiempo en una tienda, me

(2. puse, pongo, puesto) _____ muy triste porque sé que no puedo comprar

nada. Si (3. pudiera, podré, pudo) _____ encontrar un trabajo que pagara

mejor, yo me (4. mudaré, mudando, mudaría) _____ a otro apartamento para

que mi mujer y nuestros tres hijos (5. tendrán, tenían, tuvieran) _____ una

vida mejor. Claro, eso (6. paso, pasará, pasara) _____ si me (7. aceptarán, aceptan, aceptarían) _____ en el programa especial de ciencias de compu-

tación que me interesa, porque así (8. podré, pudo, pueden) _____ aprender

mucho y aumentar mis posibilidades... Pero no sé si eso será posible, pues si (9. tengo, tendría,

tuviste) _____ que trabajar día y noche por este sueldo miserable, ¿qué futuro nos (10.

espera, esperara, esperó) _____?

C. Hipotéticamente. *Complete the sentences, telling what you would do in the following hypothetical circumstances.*

1. Si yo tuviera una semana de vacaciones, _____

2. Si yo necesitara mucho dinero, _____

3. Si yo tuviera mil dólares, _____

4. Si hiciera mucho calor, _____

5. Si ya hablara español perfectamente, _____

D. No me gusta porque... *Marta doesn't like Lorenzo who keeps asking her for a date. She is telling her friend Sara about him. Finish her sentences with critical statements as she might.*

1. Conduce el auto como si _____

2. Come como si _____

3. Se ríe como si _____

4. Habla como si _____

5. Fuma todo el día como si _____

6. Se viste como si _____

III. Long forms of possessive adjectives; possessive pronouns

A. *Lo mío es mío y lo tuyo es tuyo...* *Translate the following phrases, using short- and long-form possessive adjectives. Follow the model.*

MODELO my house: **mi casa; la casa mía**

1. their wedding: _____

2. my ring: _____

3. our people: _____

4. his work: _____

5. their relatives: _____

6. my cousins (*female*): _____

7. your (**tú**) friends: _____

8. his tennis rackets: _____

9. our round-trip tickets: _____

10. your (**tú**) novels: _____

B. *Profesión: ladrón.* *Your dormitory has been burglarized. The burglars have been caught three blocks away with a truck full of stolen articles. The police ask you to identify the contents of the truck and the owners of the articles.*

MODELO

(los zapatos, Leopoldo)

Los zapatos son de Leopoldo.

Son suyos.

1. (el televisor, Sonia)

_____

_____

2. (los libros, yo)

_____

_____

3. (la motocicleta, nosotros)

_____

_____

4. (la bicicleta, él y Jorge)

_____

_____

5. (la radio, vosotros)

_____

_____

6. (la máquina de escribir, tú)

_____

_____

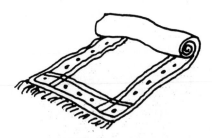

7. (la alfombra, tú y ella)

_____

_____

NOMBRE _____ FECHA _____ CLASE _____

You recognize other items in the truck. Identify them and tell who they belong to. Use two forms and your imagination. Follow the model.

MODELO   ¡El bolso! El bolso es de Sofía. ¡Es suyo!

1. _____
2. _____
3. _____
4. _____
5. _____

FUNCIONES Y ACTIVIDADES

A. Reacciones positivas y negativas. Study each of the following pictures where someone is reacting to a situation. Use an expression of satisfaction or dissatisfaction from the list below to give the reaction of the person pictured. Be sure to use all the expressions!

¡Esto es fabuloso!
¡Esto es muy bueno!
Esto no es aceptable.
¡Esto es justo lo que me faltaba!
¡Esto es terrible!
¡Esto es insoportable!

MODELO   ¡Esto es fabuloso!

1. _____

2. _____

3. _____

4. _____

5. _____

6. _____

B. En resumen. *Have you ever met someone who never gets to the point but says repeatedly that he/she is getting there? Meet Luis. Complete his description of a shopping trip using the information given below and beginning each new topic with one of the expressions for summarizing:*

Total que…	A fin de cuentas…
Después de todo…	Al fin y al cabo…

MODELO **Después de todo, ayer yo también fui de compras a la Gran Tienda del Mundo.**

_____ decidí ir también a una mueblería.

_____

_____

_____ después de pasar tres horas en la mueblería,

_____

_____

_____ salí de

esa mueblería para caminar al mercado y _____

_____

_____

En conclusión, _____

_____

_____

C. Si yo fuera hombre (mujer)... ¿Eres mujer u hombre? Bueno, no importa. ¿Qué harías si fueras del otro sexo? ¿Tendrías otra personalidad? ¿Cómo te vestirías? ¿Te interesarían las mismas actividades? Haz algunos comentarios sobre esta situación hipotética.

_____

_____

_____

_____

_____

_____

_____

_____

_____

_____

EJERCICIOS DE LABORATORIO

LA FAMILIA

CAPÍTULO 1

VOCABULARIO

La familia de Juan

Teresa   José

Rafael   Alicia   Antonio   Ana

Eduardo   Amalia   Carlos   Carmen   Juan

*Look at the drawing of Juan's family tree. Decide whether each statement is true or false and write **V (verdadero)** or **F (falso)**, according to what you see in the drawing. Each statement will be repeated.*

1. _____   2. _____   3. _____   4. _____

5. _____   6. _____   7. _____   8. _____

PRONUNCIACIÓN

Listen to the names of the people in Juan's family and repeat each one after the speaker, concentrating on the vowel sounds.

Teresa	Antonio	Carlos	Amalia
José	Rafael	Carmen	Juan
Ana	Alicia	Eduardo	

In Spanish, the soft **b** sound is pronounced without closing the lips completely. The written letters **b** and **v** both represent this sound, except after a pause or after the letters **l**, **m**, or **n**. Listen and repeat these words.

abuelo	avión	Cuba	La Habana	llevar	la ventana
favor	hablar	Roberto	Eva	autobús	Esteban

When the **b** or **v** is at the beginning of a word or after the letters **l**, **m**, or **n**, you close your lips completely. However, the sound is still softer than the English **b**. Listen and repeat these words.

Víctor	buscar	viajar	Bilbao	también
Bogotá	vacaciones	Buenos días.	Alberto	invierno (*winter*)

When the letter **c** appears before the letters **a**, **o**, **u**, or any consonant other than **h**, it is pronounced like the English **k**. Listen and repeat these words.

Catalina	Carmen	Colombia	con
Ecuador	clase	Carlos	casa
costa	cuál	Cuzco	Cristina

Now repeat these words after the speaker. Pay attention to the pronunciation of vowels as well as consonants.

Acapulco	Estoy bien.	Víctor y Tomás	abuela
Venezuela	cuaderno	Estamos aquí.	Bolivia

I. The present tense of regular *-ar* verbs

A. *For each sentence you hear, mark the subject of the verb with an* **x**. *Each sentence will be repeated.*

MODELO   You hear: Deseamos estudiar.
                 You mark: an **x** under **Carmen y yo** since the subject is **nosotros**.

	yo	tú	Juan	Carmen y yo	ellos
Modelo				x	
1.					
2.					
3.					
4.					
5.					
6.					
7.					

B. Make a new sentence using the cue you hear as the subject. Then repeat the answer after the speaker.

MODELO Juan estudia español. (yo)
Yo estudio español.

C. Look at the drawing on the following page of **La familia de Juan**. You will hear false statements about the drawing. Disagree and give the correct information. Then repeat the answer after the speaker.

MODELO Rafael está en casa, ¿verdad?
No, está en un avión.

LA FAMILIA DE JUAN

*D. Imagine that you are Ana in the drawing. Answer each question with **Sí** or **No** and a complete sentence. Then repeat the answer after the speaker.*

MODELO   ¿Está usted en el avión?
                     No, estoy en la farmacia.

II. Articles and nouns: gender and number

A. Make a new sentence using the cue given. Then repeat the answer after the speaker.

MODELO   La señora lleva el regalo. (señoritas)
                     Las señoritas llevan el regalo.

B. *Write the singular form of each word you hear. Include the definite article. You will hear each word twice.*

1. _____   4. _____

2. _____   5. _____

3. _____   6. _____

III. Cardinal numbers 0–99; hay

A. *Juan wants to invite some of your friends to a party, but he doesn't have their telephone numbers. Tell him what they are and then repeat the answers you hear.*

1. Aurora: 54-14-87   4. Eduardo: 18-73-91
2. Daniel: 62-28-15   5. Dora: 13-11-59
3. Inés: 34-12-46

B. *Juan has also lost the addresses for the following people. Tell him what they are and then repeat the answers you hear.*

1. Alberto: Avenida Bolívar, número 13-29.
2. Manuel: Calle 14, número 5-76.
3. Jorge: Avenida Martí, número 12-58.
4. Antonio: Calle 34, número 99.
5. Ignacio: Calle 23, número 94.

C. *You will hear a false statement, followed by a cue. Disagree with the statement and give the correct information. Then repeat the answer after the speaker.*

MODELO   Hay treinta y un días en septiembre. (treinta)
                No, hay treinta días en septiembre.

IV. Interrogative words and word order in questions

A. *Look at the drawing of* **La familia de Juan** *again. For each question you hear, circle the correct answer. Each question will be repeated.*

1. a. En casa.
   b. En el avión.
   c. En la farmacia.

2. a. A casa.
   b. A Acapulco.
   c. A la farmacia.

3. a. Con Amalia.
   b. Con Víctor.
   c. Con Rafael.

4. a. Acapulco.
   b. Español.
   c. Francés.

5. a. Amalia.
   b. Víctor.
   c. Alicia.

6. a. Nosotros.
   b. Víctor y Ana.
   c. Rafael y Alicia.

B. *Look at the drawing of* **La familia de Juan** *again. You will hear a question, which will be repeated. Answer the question according to the drawing, then repeat the answer after the speaker.*

MODELO   ¿Quién escucha a Víctor?
               Ana escucha a Victor.

DIÁLOGO

A. *Listen to the following conversation. Based on it, be prepared to do comprehension exercise B.*

Los señores García, de La Paz, Bolivia, viajan a Madrid a pasar dos semanas con la familia de la señora García.

LA MADRE: En treinta minutos llegamos a Madrid. ¡Jesús, los pasaportes! ¡Ah!, están aquí. Tú llevas el regalo para Isabel, ¿verdad?

EL PADRE: Sí, aquí está. Cálmate, por favor.

PEPITO: Mamá, ¿dónde está la casa de abuela y de tía Isabel?

LA MADRE: ¿Cómo? ¡Ah!... está en Madrid, hijo.

PEPITO: ¿Y dónde está Madrid?

EL PADRE: Pepito, mamá está muy nerviosa. Tú hablas con papá, ¿de acuerdo? Bueno, la
            ciudad de Madrid está en España, como la ciudad de La Paz está en Bolivia. El
            rey Juan Carlos está en Madrid.

B. *Give a short answer to each of the questions you will hear. Each question will be
repeated. A possible answer will be provided; repeat it after the speaker.*

MODELO   ¿Adónde viajan los señores García?
           Viajan a Madrid.

PARA ESCUCHAR *(LISTEN)* Y ESCRIBIR

A. *Listen to the following passage. Write the sentences you hear. Each sentence or
phrase will be repeated. The entire passage will then be repeated so that you can check
your work.*

_____

_____

_____

_____

_____

B. *Translate the sentences you have just written into English.*

_____

_____

_____

_____

_____

DESCRIPCIONES

CAPÍTULO 2

VOCABULARIO

Circle the letter of the word or words that best complete each sentence. Each phrase will be repeated.

1. a. egoísta.
    b. realista.
    c. elegante.

2. a. difícil.
    b. deliciosa.
    c. optimista.

3. a. el museo.
    b. el reloj.
    c. el autobús.

4. a. contaminado.
    b. delicioso.
    c. cortés.

5. a. grande.
    b. sensible.
    c. perdida.

6. a. nuevos.
    b. bonitos.
    c. nerviosos.

PRONUNCIACIÓN

Listen to the following words and repeat each one after the speaker, concentrating on the vowel and diphthong sounds.

sociable	intelectual	idealista	nuevo
bueno	realista	altruista	egoísta

In Spanish, the **t** and **p** sounds are pronounced like the English letters in *tease* and *postman*. There is no puff of air as you make the sound. As you say each word, hold the palm of your hand in front of your mouth. If you are making the sound correctly, you should not feel a puff of air.

Listen and repeat these words.

Tomás	interesante	típico	popular
intelectual	inteligente	plato	padre
tres	capital	pequeño	persona

The letter **g** when followed by the letters **e** or **i** is pronounced like a strong **h** in English. Listen and repeat these words.

argentino	agencia	inteligente	página	Gibraltar

When the **g** is followed by the letters **a, o, u, r,** or **l,** it is pronounced like the **g** in *go.* Listen and repeat these words.

elegante	amigo	preguntar	progreso
llegar	gusto	grande	inglés

I. The verb *ser*

A. *Answer each question in the negative, then repeat the answer after the speaker.*

MODELO   ¿Eres mexicano?
No, no soy mexicano.

B. *Change each sentence from the plural to the singular, then repeat the answer after the speaker.*

MODELO   Ustedes son realistas.
Usted es realista. (Tú eres realista.)

II. Adjectives

A. *Change each phrase from the plural to the singular, then repeat the answer after the speaker.*

MODELO   las comidas típicas
la comida típica

B. *Change each phrase from the masculine to the feminine, then repeat the answer after the speaker.*

MODELO   el profesor famoso
              la profesora famosa

C. *Answer each question in the negative, choosing an adjective from the list that is opposite in meaning to the one you hear. Follow the model.*

MODELO   You hear: Arturo es pesimista, ¿no?
              You see: optimista / cortés / difícil
              You say: **No, es optimista.**
              You hear: No, es optimista.

1. pequeña / mala / amable

2. descortés / sensible / simpático

3. elegante / difícil / realista

4. idealista / irresponsable / pequeño

5. vieja / interesante / grande

6. sensibles / jóvenes / lindos

7. bueno / importante / difícil

III. *Ser* vs. *estar*

A. *Decide whether you would use **ser** or **estar** with each phrase you hear and mark an **x** in the appropriate column in the chart below. Each phrase will be repeated.*

	ser	estar
1.		
2.		
3.		
4.		

	ser	estar
5.		
6.		
7.		
8.		

B. *You will hear a sentence with the verb omitted. Check the appropriate verb below. Then repeat the sentence after the speaker.*

MODELO   You hear: Él y yo _____ colombianos.
             You mark: _____ estamos ____x____ somos
             You hear and repeat: **Él y yo somos colombianos.**

1. _____ estás   4. _____ están   7. _____ estoy

   _____ eres   _____ son   _____ soy

2. _____ está   5. _____ está   8. _____ estamos

   _____ es   _____ es   _____ somos

3. _____ está   6. _____ están   9. _____ estás

   _____ es   _____ son   _____ eres

IV. The contractions *al* and *del*

A. *Look at the drawing. Circle **V** (**verdadero**) or **F** (**falso**) for each statement you hear, according to what you see in the drawing. Each statement will be repeated.*

1. V F   3. V F   5. V F

2. V F   4. V F   6. V F

B. *Esteban is giving directions to his friend Héctor. Help him by completing each of the following sentences, using the information in the drawing. Repeat the answer after the speaker.*

MODELO   La agencia de viajes está a la izquierda _____.
               La agencia de viajes está a la izquierda del Hotel Continental.

V. The personal *a*

Change each sentence using the cue given.

MODELOS   Juan mira <u>el libro</u>. (Teresa)
               Juan mira a Teresa.

               Ana llama <u>a Silvia</u>. (un taxi)
               Ana llama un taxi.

1. Felipe busca <u>el lápiz</u>.

2. Laura mira <u>el reloj</u>.

3. La señorita Gómez mira <u>un papel</u>.

4. María visita <u>a los señores Márquez</u>.

5. La señora Márquez busca <u>una pluma</u>.

DIÁLOGO

A. *Listen to the following conversation, which takes place on a bus in Buenos Aires. The Smiths are looking for the Natural History Museum. Based on the conversation, be prepared to do comprehension exercise B.*

SR. SMITH: ¡Dios mío!, el tráfico está horrible y el aire está contaminado.

SRA. SMITH: Es el precio del progreso. Pero los porteños son amables y la ciudad es bonita, ¿no?

SR. SMITH: Sí, pero es muy grande. Estoy perdido... ¿Cómo llegamos al museo?

SRA. SMITH: ¿Por qué no preguntamos?

SR. SMITH: Buena idea. *(Habla con un pasajero.)* Por favor... ¿dónde está el Museo de Historia Natural?

EL PASAJERO: Está lejos. Ustedes no son de aquí, ¿verdad?

SRA. SMITH: No, somos ingleses.

EL PASAJERO: ¡Ah!, son de Inglaterra. Pues... bienvenidos al París de Sudamérica. ¿Por qué desean visitar el museo?

SRA. SMITH: Para mirar las exposiciones sobre los animales típicos del país, sobre la cultura de los indios y sobre...

EL PASAJERO: Un momento, por favor. Me llamo Emilio Discotto y soy agente de viajes. Por casualidad estamos enfrente de la agencia *Viajes Discotto.* ¿Por qué no bajamos?

SR. SMITH: ¿Para visitar el museo?

EL PASAJERO: No. Pero es posible visitar una estancia moderna, visitar a los gauchos y...

SRA. SMITH: Gracias, señor. Otro día, quizás. Hoy deseamos visitar el famoso Museo de Historia Natural.

EL PASAJERO: Bueno, adiós... ¡Y buena suerte!

B. *Decide whether each statement you hear is probable or improbable and write* **P** *or* **I**.

_____ 1. Los señores Smith son turistas.

_____ 2. Hay muchos porteños en París.

_____ 3. Buenos Aires es una ciudad muy cosmopolita *(cosmopolitan).*

_____ 4. El señor Discotto desea llevar a los Smith a una estancia.

_____ 5. Los Smith desean visitar la agencia *Viajes Discotto.*

_____ 6. Hay gauchos en el Museo de Historia Natural.

_____ 7. Los Smith visitan al señor Discotto al otro día *(the next day).*

PARA ESCUCHAR Y ESCRIBIR

A. Listen to the conversation among Pablo, Ricardo, and Catalina. Write the missing words. Each sentence or phrase will be repeated. The entire dialogue will then be repeated so that you can check your work.

Un Nuevo Amigo

PABLO: ¡Hola! _____ _____ Pablo.

RICARDO: Mucho gusto. Soy Ricardo y ésta (*this*) es Catalina. _____ primos.

CATALINA: ¿De dónde _____?

PABLO: Soy de Chile. ¿Y ustedes? ¿_____?

CATALINA: No, somos de _____. Yo _____ de Tejas y Ricardo _____ de

                Arizona.

PABLO: ¡Pero ustedes _____ un _____ perfecto!

RICARDO: Gracias.

CATALINA: ¿_____?

PABLO: No. Soy doctor… y trabajo en Phoenix. ¿Y ustedes?

RICARDO: Somos _____ de la _____

                de Arizona.

B. *Decide whether each statement is true or false and write* **V *(verdadero)*** *or* **F *(falso)*.**

_____ 1. Catalina y Ricardo son parientes.

_____ 2. Pablo es mexicano.

_____ 3. Catalina y Ricardo son norteamericanos.

_____ 4. Pablo está de vacaciones.

_____ 5. Ricardo es doctor.

ESTUDIOS Y PROFESIONES

CAPÍTULO 3

VOCABULARIO

Study the drawing. You will hear some questions. Answer them according to what you see in the drawing. Each question will be repeated. Then repeat the answer after the speaker.

PRONUNCIACIÓN

Listen to the following words and repeat each one after the speaker.

antropología   historia
filosofía   medicina
ingeniería   ciencias sociales

Notice that all the vowels, even the unstressed ones, are clearly pronounced. English speakers tend to shorten unstressed vowels. For example, they say *American* and *history*. Repeat the following words, taking care to avoid shortening any of the vowels.

física	literatura	matemáticas
ciencias políticas	librería	psicología
historia	universitaria	comerciante

In Spanish, when the **d** appears at the beginning of a word or after the letters **l** or **n**, it sounds much like the English *d* in the word *dad*. When the **d** is between two vowels, it is pronounced like the *th* in the English word *although*. Listen to the following words and repeat each one after the speaker.

la doctora	Aldo	estupendo	la vendedora	el abogado
David	mundo	comprender	todavía	pasado

When the letter **r** appears in the middle of a word, it is pronounced like the double *t* in *bitter* or *butter*. Listen and repeat each word after the speaker.

para	programa	pero	historia	pared
cámara	librería	eres	aire	calendario

I. Telling time

A. Gonzalo wants to know when everyone is arriving in town for the class reunion. Tell him the times using the cues given. Then repeat the answer after the speaker.

MODELO	You see:	Dora: 9:20 A.M.
	You hear:	¿A qué hora llega Dora?
	You say:	**Dora llega a las nueve y veinte de la mañana.**
	You hear and repeat:	Dora llega a las nueve y veinte de la mañana.

1. Isabel: 11:15 A.M.

2. Héctor: 1:30 P.M.

3. Ana: 3:15 P.M.

4. Néstor: 4:55 P.M.

5. Natalia: 9:25 P.M.

B. *You are waiting for your friend to pick you up at the airport. You phone and find your friend has not left his house. Tell him what time it is; then he will tell you what time he will arrive. Follow the models.*

MODELO   You hear: ¿Qué hora es?
                 You see: 3:30
                 You say: **Son las tres y media.**
                 You hear: ¿Son las tres y media? Bueno, estoy allí a las cuatro.

1. 11:10

2. 5:00

3. 7:45

4. 4:25

5. 10:00

6. 3:15

II. The present tense of regular *-er* and *-ir* verbs

A. *Your friend Tomás is telling you about different people in your class that he admires. You say that you and he are also doing the same things they are, following the model. Repeat the answer after the speaker.*

MODELO   Mario lee el Capítulo 3.
                 Tú y yo también leemos el Capítulo 3.

B. *You will hear a statement or a question. Choose the most likely response from the choices given below and read it aloud. Then listen to the answer.*

MODELO   You see: a. Sí, mis hermanos escriben mucho.
                                      b. Debes recibir vinos argentinos.
                 You hear: Recibes muchas cartas.
                 You say: **Sí, mis hermanos escriben mucho.**
                 You hear and repeat: Sí, mis hermanos escriben mucho.

1. a. Creo que comes mucho.
     b. Comprendo. La situación es muy difícil.

2. a. No, la profesora vive en Monterrey.
     b. Sí, muy buena. Aprendo mucho allí.

3. a. ¿Comer en la cafetería? Sí, hoy nosotros comemos allí.
     b. ¿Comer? ¡Yo no como! Leo y escribo allí pero ¡no como!

4. a. Sí, porque es buena y vivimos muy cerca.
   b. Sí, debemos vivir en un apartamento.

5. a. Sí, Julio y yo vivimos aquí.
   b. ¿Cómo? ¿No vives con Gabriel y Alejandro?

6. a. Creo que lee en la biblioteca.
   b. Sí, pasa las vacaciones allí, ¿verdad?

III. Demonstrative adjectives and pronouns

Change each sentence using the cue given, then repeat the answer after the speaker.

MODELO　　　Esa clase es aburrida. (interesante)
　　　　　　　Ésta es interesante.

IV. The present indicative of *tener*

A. *Answer each question you hear in the affirmative, using the cue below. Each question will be repeated. Then repeat the answer after the speaker.*

MODELO　　　¿Tiene usted tiempo de hablar con Luis? (quince minutos)
　　　　　　　Sí, tengo quince minutos.

1. muchas ideas buenas
2. clases todos los días
3. muchos

4. tres
5. cien dólares

B. *You will hear a series of sentences. In each one the verb is omitted. Circle the letter of the appropriate form of **tener** in the list. Then repeat the completed sentence after the speaker.*

1. a. tiene
   b. tengo
2. a. tenemos
   b. tienen
3. a. tiene
   b. tienen

4. a. tiene
   b. tienen
5. a. tienes
   b. tiene
6. a. tienes
   b. tenemos

V. The verbs *hacer*, *poner*, *salir*, and *venir*

A. *Make a new sentence using the cue you hear as the subject. Then repeat the answer after the speaker.*

MODELO   Juan hace un viaje a Puerto Rico. (tú)
                     Tú haces un viaje a Puerto Rico.

B. *Listen to each question and answer it according to the cue you hear. Then repeat the answer after the speaker.*

MODELO   ¿Sale usted de viaje cada semana? (no)
                     No, no salgo de viaje cada semana.

DIÁLOGO

A. *Listen to the following conversation between Bob and Paco in the National Museum of Anthropology in Mexico City. Based on it, be prepared to do comprehension exercise B.*

BOB: ¿Estudian ustedes la historia de las civilizaciones indígenas mexicanas en la universidad?

PACO: ¡Claro! Mi hermana es profesora de historia y tiene muchos estudiantes en una clase. Ellos hacen excursiones regulares a sitios históricos. Por ejemplo, hoy visitan las pirámides de Teotihuacán.

BOB: ¿Cómo? Más despacio, por favor. ¿Las pirámides de qué?

PACO: De Teotihuacán, una antigua ciudad azteca que está cerca de aquí. Salen a las tres. ¿Deseas visitar ese sitio?

BOB: Sí, pero no hoy. Creo que no tenemos tiempo.

Entran a otra sala.

BOB: ¡Hombre! Aquél debe ser el famoso calendario azteca. ¡Es estupendo!

PACO: Y es un calendario bastante exacto. El año azteca tiene dieciocho meses de veinte días... y cinco días extras.

BOB: Ahora que hablas del tiempo, ¿qué hora es?

PACO: Son las doce y media. Es hora de comer, ¿no?

BOB: Sí, y creo que debemos comer tacos en honor de Cinteotl, el dios del maíz.

PACO: Tú aprendes pronto, Bob.

BOB: Gracias. Todos los neoyorquinos somos inteligentes.

PACO: ¡Y modestos!

B. *Circle the correct ending for each sentence. Each item will be repeated.*

1. a. arquitectura   b. historia   c. antropología

2. a. el dios del maíz   b. un dios maya   c. una antigua ciudad azteca

3. a. un calendario azteca   b. pirámides   c. un museo nacional de antropología

4. a. no tiene tiempo   b. no es interesante   c. es un sitio histórico

5. a. dieciocho meses   b. doce meses   c. ocho meses

PARA ESCUCHAR Y ESCRIBIR

A. *Listen to the conversation between Pablo and Marta. Write the missing words. Each sentence or phrase will be repeated. The entire dialogue will then be repeated so that you can check your work.*

PABLO: ¿Deseas _____ _____ noche, Marta? Hay una fiesta en casa

               de Carmen.

MARTA: No es posible, Pablo. _____ un examen de _____

               mañana y _____ estudiar.

PABLO: Ah, _____... Esa clase sí es difícil. ¿Por qué no

               _____ mañana por la _____?

MARTA: Está bien. ¿__ _____ _____?

PABLO: ____ _____ siete. ¿_____ _____ _____

comer en un restaurante francés?

MARTA: ¡Cómo no! La comida del Café Napoleón es _____.

¿Deseas _____ allí?

B. *Decide whether each sentence is true or false and write* **V** *(**verdadero**) or* **F** *(**falso**).*

_____ 1. Hay una fiesta esta noche.

_____ 2. Marta tiene que estudiar.

_____ 3. Pablo comprende el problema de Marta.

_____ 4. Pablo y Marta salen mañana.

_____ 5. Pablo llega a la casa de Marta a las ocho.

_____ 6. Marta no desea comer en un restaurante francés.

LAS ESTACIONES Y EL TIEMPO

CAPÍTULO 4

VOCABULARIO

A. Decide which season each of the statements you hear about weather refers to. Mark an **x** in the chart under the corresponding season. Each statement will be repeated.

	primavera	verano	otoño	invierno
1.				
2.				
3.				
4.				
5.				

B. Decide which place each of the statements you hear refers to. Mark an **X** in the chart under the corresponding place. Each statement will be repeated.

	montañas	trópico	Polo Norte (*North Pole*)
1.			
2.			
3.			
4.			
5.			

PRONUNCIACIÓN

Listen and repeat the following words, concentrating on the vowel sounds and diphthongs.

invierno	treinta
buen tiempo	noviembre
viento	diciembre
veinte	junio
julio	septiembre

In Spanish, the letter **h** is never pronounced. Listen and repeat these words.

hace	hora	hijo
hay	hombre	hotel
hambre	ahora	¡Hola!

The letter **l** is pronounced much like the *l* in the English word *lemon*. The tip of the tongue should touch the gum ridge behind the teeth. Listen and repeat these words.

salgo	lago	calor	escuela
salir	playa	sol	abril
mal	lunes	él	nublado

I. The irregular verb *ir*

A. *Look at the drawings, which are lettered. For each sentence you hear, write the letter of the drawing that corresponds to it. Each sentence will be repeated.*

MODELO   You hear: Los Jaramillo van de viaje; ahora pasan por el desierto.
You write: **d**

a.   b.

c.

d.

e.

f.

1. ____

2. ____

3. ____

4. ____

5. ____

B. *Change each statement to the immediate future, using the construction **ir a**. Add the cue you hear. Then repeat the answer after the speaker.*

MODELO   Trabajo mucho. (mañana)
              Voy a trabajar mucho mañana.

C. *Respond to each question using the information you see and the appropriate form of* **ir** *or* **ir a** *+ infinitive. Each question will be repeated. Then repeat the answer after the speaker.*

MODELO	You hear:	¿Ustedes van a Santiago este verano?
	You see:	Valparaíso
	You say:	**No, vamos a Valparaíso.**
	You hear and repeat:	No, vamos a Valparaíso.

1. biología

2. Pilar

3. mucho calor

4. Viña del Mar

5. los martes

6. ocho días

7. muy pronto

II. Dates

Your friend Susana is telling you about the terrific travel opportunities she has as a flight attendant with an international airline. Listen to what she says. Then, next to the city mentioned, write in English the date she will be there. Each sentence will be repeated.

1. París _____

2. San Juan _____

3. Roma _____

4. Acapulco _____

5. Madrid _____

6. Santiago _____

7. Hong Kong _____

8. Buenos Aires _____

III. Cardinal numbers 100 and above

A. Say each phrase in Spanish. Then repeat the answer after the speaker.

1. 200 semanas

2. 420 páginas

3. 530 días

4. 800 años

5. 1.000 secretarias

6. 1.000.000 de turistas

7. 2.000 estudiantes

8. 700 mujeres

9. 900 hombres

10. 300 cuadernos

B. Rogelio is figuring out how much he spent on his skiing trip to Chile. For each item, write the number of dollars you hear. Each item will be repeated.

maletas: _____

el hotel: _____

traje (*suit*) nuevo: _____

regalo para Daniela: _____

libros sobre Chile: _____

comida: _____

TOTAL: _____

¡Caramba! Es mucho... pero papá tiene dinero (*money*).

IV. Idiomatic expressions with *tener*; *hay que*

A. Complete each sentence using an idiomatic expression listed below. Be sure to conjugate the verb. Then repeat the answer after the speaker.

MODELO   You hear: Ella necesita la chaqueta (*jacket*) porque...
               You say: **Porque tiene frío.**

tener sed   tener calor

tener fiebre   tener frío

tener hambre   tener ganas de esquiar

tener dolor de cabeza

B. *Maricruz is always complaining. How would you respond to her? For each of her statements, mark the most logical response with an* **x.** *Then repeat the answer after the speaker.*

1. _____ Hay que nadar.
    _____ Hay que comer.
    _____ Hay que escribir.

2. _____ Hay que tomar agua (*water*).
    _____ Hay que decidir.
    _____ Hay que hacer ejercicios.

3. _____ Hay que buscar una chaqueta.
    _____ Hay que abrir las ventanas.
    _____ Hay que ir a la playa.

4. _____ Hay que ir a una fiesta.
    _____ Hay que hablar con el profesor.
    _____ Hay que tomar aspirinas.

5. _____ Hay que preparar la comida.
    _____ Hay que tomar Alka-Seltzer.
    _____ Hay que escuchar la radio.

6. _____ Hay que ir al doctor.
    _____ Hay que ir a la playa.
    _____ Hay que ir al museo.

DIÁLOGO

A. *Listen to the following conversation among Jessica, a Canadian student in Santiago, Chile, and her friends Andrea and Jorge. Based on it, be prepared to do comprehension exercise B.*

JESSICA: ¡Huy! Tengo mucho frío.

ANDREA: Por supuesto, hace frío porque es el primero de julio. ¿Qué tiempo hace ahora en Vancouver?

JESSICA: Hace calor. Los domingos todo el mundo va a la playa.

JORGE: ¡Qué gracioso! En Chile vamos a la playa en diciembre, enero y febrero.

JESSICA: En esos meses tenemos mucha nieve en el Canadá. ¿Y ahora esquían ustedes aquí?

ANDREA: Claro, porque es invierno, Jessica.

JESSICA: ¡Dios mío! Aquí hacen todo al revés.

JORGE: Aquí somos normales; ustedes hacen todo al revés.

ANDREA: Creo que vamos a tener lluvia. ¿Por qué no vamos a tomar once?

JESSICA: ¿Once qué?

ANDREA: Ah, no me comprendes... Es una expresión chilena, Jessica. Tomar té, pues. Vamos a la Alameda, una avenida que está en el centro.

B. *You will hear a few statements based on the preceding dialogue. Each of them contains a vocabulary item that did not occur in the original version. Without referring to the written dialogue, write the word that is out of place in the left column and the correct word in the right column. Each statement will be repeated.*

MODELO   You hear: Tengo mucho calor.
                You write **calor** in the left column and **frío** in the right.

	INCORRECT	CORRECT
1.	_____	_____
2.	_____	_____
3.	_____	_____
4.	_____	_____
5.	_____	_____
6.	_____	_____
7.	_____	_____
8.	_____	_____

COMPRENSIÓN AUDITIVA

Listen to the following radio announcement. You may not understand every word; just listen for the main ideas. The announcement will be repeated.

For each question, circle the letter of the best response. Each question will be repeated.

MODELO   You hear: ¿Qué día es hoy?
             You circle: a. viernes   b. sábado   c. lunes

1. a. 12 de febrero
    b. 2 de febrero
    c. 2 de enero

2. a. hace sol y calor
    b. hace frío
    c. hace viento

3. a. en Miami
    b. en Nueva York
    c. en Denver

4. a. en Miami
    b. en Nueva York
    c. en Denver

5. a. está nublado
   b. hace frío
   c. hay mucha nieve

6. a. para nadar
   b. para esquiar
   c. para mirar televisión

7. a. en Los Ángeles
   b. en Chicago
   c. cerca de Denver

8. a. Nieva.
   b. Hay lluvia.
   c. Hay sol.

LA CIUDAD Y SUS PROBLEMAS

CAPÍTULO 5

VOCABULARIO

In each blank, write the number of the statement that corresponds to the problem being discussed. Each statement will be repeated.

_____ a. la basura

_____ b. el crimen

_____ c. el hambre

_____ d. el desempleo

_____ e. el tráfico

_____ f. la inflación

_____ g. la huelga

PRONUNCIACIÓN

Listen and repeat the following words, concentrating on the vowel sounds and diphthongs.

la contaminación del aire	la huelga
la pobreza	la basura
el hambre	el crimen
el trabajo	la inflación
la discriminación	el desempleo

In Spanish, the letters **r** (at the beginning of a word or after **l** or **n**) and **rr** are "rolled." This sound is produced by "trilling" the tongue against the roof of the mouth. Listen and repeat these words.

el barrio	¡Qué horror!	raro
el carro (*car*)	el perro (*dog*)	el reloj
el puertorriqueño	Rita	el robo

Now repeat the following tongue twister after the speaker. You should practice this exercise until you can produce the trilled **r** sound correctly.

Erre con erre, cigarro;
R with r for cigar;

Erre con erre, barril.
R with r for barrel.

Rápido corren los carros
Rapidly run the cars

Sobre los rieles del ferrocarril.
Upon the rails of the railway.

I. Possessive adjectives

A. Translate each expression below into Spanish. Then repeat the answer after the speaker.

1. my money

2. our parents

3. your bicycle (*familiar*)

4. his problems

5. their son

6. our city

7. your friends (*familiar*)

8. their books

9. her brothers

10. my aunts

B. Listen to the following conversation.

CLARA: Laura, ¿cómo está tu esposo?

LAURA: Todos estamos bien, gracias a Dios. Mis padres llegan mañana de Chicago. ¿Y tus niños, Clara?

CLARA: Pues, Roberto va muy bien en sus estudios. Pero tengo problemas con mi hija Cecilia.

LAURA: ¿Por qué? ¿Qué pasa?

CLARA: No hace sus deberes y pierde el tiempo.

LAURA: ¿Y cómo pierde el tiempo?

CLARA: Pues, pasa todo el día con su computadora *(computer)* nueva.

LAURA: Ah, sí, entiendo. Nuestros amigos tienen ese problema también. Sus hijos pierden mucho tiempo enfrente de la computadora y no quieren estudiar.

Answer each question in a complete sentence. Each question will be repeated. You will hear a possible answer after the pause.

II. Stem-changing verbs: *e* to *ie*

A. *Make a new sentence using the cue you hear as the subject. Then repeat the answer after the speaker.*

MODELO   Yo prefiero ir a la playa. (nosotros)
            Nosotros preferimos ir a la playa.

B. *Answer each question using the cue you hear. Then repeat the answer after the speaker.*

MODELO   You hear: ¿Quieres trabajar ahora? (sí)
            You say: **Sí, quiero trabajar ahora.**

III. Direct object pronouns

A. *You will hear a sentence with a direct object; the sentence will be repeated. Mark an* **x** *under the object pronoun that corresponds to the direct object you hear. Then restate the sentence using the object pronoun. Repeat the answer after the speaker.*

MODELO   You hear: Mira a la mujer policía.
            You mark: an **x** under **la** because it is the object pronoun that
                                would replace **la mujer policía.**
            You say: **La mira.**
            You hear and repeat: **La mira.**

	lo	la	los	las
Modelo	**x**			
1.				
2.				
3.				
4.				
5.				
6.				
7.				

B. *Listen to each statement, which will be repeated. Then circle the letter of the appropriate response.*

MODELO   You hear: ¿Cuándo quiere usted visitarme?
               You see: a. Lo quiero visitar mañana.
                               b. Te quiero visitar mañana.
                               c. La quiero visitar mañana.
               You circle: c

1. MARÍA: a. ¿Qué? ¿La doctora?

              b. ¿A quién? ¿A Jorge?

              c. ¿A quién? ¿A Gloria?

2. PABLO: a. Por supuesto, las voy a llamar mañana.

              b. Va a llamarnos mañana.

              c. Pienso llamarlos en febrero.

3. PADRE: a. Voy a entenderla esta tarde.

                 b. Quiero entenderlo, pero… ¡no lo comprendo!

                 c. Ahora empiezo a entenderlos.

4. CARLOS: a. ¿Qué? ¿Las sillas?

                 b. ¡Qué lástima! ¿No lo necesitas?

                 c. ¿Qué? ¿La maleta?

5. DRA. RAMOS: a. Te escucho pero no tienes razón.

                 b. Yo la escucho muy bien.

                 c. Lo escucho pero no estoy de acuerdo.

C. *An elderly woman has just been robbed and a policeman is on the scene asking her questions. Answer each question for her using a direct object pronoun and the cue you hear.*

1. ¿Quiere usted llamar a su esposo?

2. ¿Necesita estos veinte centavos?

3. ¿Ve el teléfono allí?

4. ¿Me espera aquí un momento?

IV. The present tense of *saber* and *conocer*

A. *Decide whether you would use* **sé** *or* **conozco** *in each phrase you hear and circle the answer. Each phrase will be repeated. Then repeat the sentence after the speaker.*

MODELO   You hear: a Agustín
                You circle: **conozco** because the answer would be **Conozco a Agustín.**

1. sé   conozco   5. sé   conozco

2. sé   conozco   6. sé   conozco

3. sé   conozco   7. sé   conozco

4. sé   conozco   8. sé   conozco

B. *Carmen is asking you about your friends. Answer each question in the affirmative, using a direct object pronoun when possible. Then repeat the answer after the speaker.*

MODELO   ¿Conoces a Enrique?
                Sí, lo conozco.

DIÁLOGO

A. *Listen to the following conversation between two Puerto Rican friends in an employment office in New York City. Based on it, be prepared to do comprehension exercise B.*

RAFAEL: ¡Carlos! ¿Qué haces aquí?

CARLOS: Hola, Rafa. Yo trabajo en esta oficina. ¿Y tú?

RAFAEL: Busco empleo. Pero este formulario es difícil…

CARLOS: ¿No lo entiendes? Te ayudo. Primero tienes que escribir tu nombre y apellido.

RAFAEL: Bueno. Los escribo en esta línea. Escribo mi nombre completo… Rafael Álvarez Balboa.

CARLOS: ¡No, hombre! ¿No sabes que aquí prefieren los nombres fáciles? ¿Por qué no escribes simplemente Ralph Álvarez?

RAFAEL: Pero ése no es mi nombre. Todos me conocen como Rafael… Bueno, Ralph está bien. Sé que los americanos tienen todos los buenos empleos.

CARLOS: Pero ¡nosotros también somos americanos! Por lo menos no tenemos problemas legales como toda la gente que viene aquí por razones políticas.

RAFAEL: Eso sí es verdad, y no tenemos problemas en regresar a la Isla...

CARLOS: Pero… ¿qué tipo de trabajo buscas, Rafa?

RAFAEL: Pues, un trabajo de guardia de seguridad, por ejemplo.

CARLOS: Un momento… Hay un puesto en Brooklyn y otro en una tienda en Manhattan. ¿Cuál prefieres?

RAFAEL: No lo sé. ¿Qué piensas?

CARLOS: ¿Por qué no llamas a los dos lugares? Aquí están las direcciones y los números de teléfono.

RAFAEL: Buena idea. Gracias, Carlos.

CARLOS: ¡Buena suerte!

B. *Decide whether each statement you hear is true or false and write **V (verdadero)** or **F (falso)**. Each statement will be repeated.*

_____ 1.   _____ 5.

_____ 2.   _____ 6.

_____ 3.   _____ 7.

_____ 4.   _____ 8.

PARA ESCUCHAR Y ESCRIBIR

A. *Ramón, an immigrant from the Dominican Republic who lives in Chicago, is describing the advantages and disadvantages of life in Chicago versus life in the Dominican Republic. Listen to what he says. You may not understand every word. Just listen for the main ideas.*

B. *Listen again. Make a list in English of the advantages and disadvantages of living in Chicago and the Dominican Republic.*

Advantages: Chicago

_____

_____

_____

_____

Disadvantages: Chicago

_____

_____

_____

_____

Advantages: Dominican Republic

_____

_____

_____

_____

Disadvantages: Dominican Republic

_____

_____

_____

_____

DIVERSIONES Y PASATIEMPOS

CAPÍTULO 6

VOCABULARIO

Decide whether each of the activities you hear described would take place at home, in a theater, or at a movie theater and mark the appropriate column with an **x.** *Each statement will be repeated.*

	la casa	el teatro	el cine
1.			
2.			
3.			
4.			
5.			
6.			
7.			
8.			

PRONUNCIACIÓN

Listen to the following words and repeat each one after the speaker, concentrating on the vowel and diphthong sounds.

jugar	el ojo	el consejo	el concierto
los naipes	seguir	el almuerzo	el curso

The letter **j** in Spanish is pronounced much like the English *h* in *history*. However, it is more exaggerated. Listen and repeat these words.

José	Juan	Jorge	hija	viaje
bajar	trabajar	pasajero	lejos	ejercicios
mujer	jueves	junio	julio	joven

In Spanish, when the letter **g** is before an **e** or an **i**, it is pronounced much like the Spanish letter **j**. Listen and repeat these sentences.

El agente habla con un ingeniero argentino.

Este libro tiene muchas páginas sobre antropología.

Josefina estudia geología en Tejas.

Hay mucha gente en la agencia de viajes.

I. Indirect object pronouns

A. *Make a new sentence, adding the indirect object pronoun that corresponds to the cue you hear. Then repeat the answer after the speaker.*

MODELO Preparo la comida. (a los chicos)
Les preparo la comida.

B. *Listen to the following conversation between Rosita and her mother, Mrs. Pérez.*

SRA. PÉREZ: Te quiero hablar, Rosita. ¿Me haces el favor de escribirles una carta a tus abuelos hoy? El jueves es el cumpleaños de tu abuela.

ROSITA: ¡Ay, mamá! Ahora no les quiero escribir. ¿Por qué no los llamamos por teléfono? Así tú también le deseas un feliz cumpleaños a tu mamá, ¿de acuerdo?

SRA. PÉREZ: No, Rosita, pero te prometo una cosa: si tú les escribes esa carta, yo te dejo ir al cine con Anita mañana.

ROSITA: ¿Vas a dejarme ir al cine con ella? ¡Qué bien! ¡Gracias, mamá! Bueno, ¿dónde hay un lápiz?

Now answer each question in a complete sentence. Each question will be repeated. You will hear a possible answer after the pause.

II. Stem-changing verbs: *e* to *i*; the verb *dar*

A. Make a new sentence, changing the verb to the singular. Make any other necessary changes. Then repeat the answer after the speaker.

MODELO   ¿Cuántos cursos siguen ustedes?
               ¿Cuántos cursos sigue usted?

B. Listen to the following conversation.

ELISA: ¡Ay, qué problemas tengo con Gustavo! Te pido ayuda, Pilar, porque tus consejos siempre me sirven.

PILAR: Gustavo te sigue por todas partes, ¿verdad?

ELISA: No, pero todos los días me llama por teléfono para ver si estoy en casa. Piensa que salgo con otros hombres y que no lo quiero.

PILAR: ¡Caramba! Y tú, ¿qué le dices?

ELISA: Le digo que él es el hombre ideal para mí. Pero, ¿qué hago, Pilar?

PILAR: ¿Por qué no lo llamas tú todas las noches para ver si él va de paseo?

ELISA: No puedo. Si estoy en casa todas las noches, ¿cuándo voy a ver a Jaime o a Miguel?

*Now decide whether each statement you hear is true or false and write **V (verdadero)** or **F (falso)**. Each statement will be repeated.*

____ 1.   ____ 4.

____ 2.   ____ 5.

____ 3.

III. Stem-changing verbs: *o* to *ue, u* to *ue*

*A. Ask a question to which the sentence you hear is a possible response. Use **tú** rather than **usted** for you singular. Then repeat the answer after the speaker.*

MODELO   Sí, vuelvo a la biblioteca mañana.
               ¿Vuelves a la biblioteca mañana?

B. Listen to the following conversation. Circle the correct answer to each question you hear. Each question will be repeated.

1. a. un vendedor y un señor
    b. un recepcionista de un hotel y un señor

2. a. dos
    b. tres

3. a. ¿Cuánto cuesta un cuarto en el hotel?
    b. ¿Cuándo sale el avión para San Antonio?

4. a. el martes
    b. el miércoles

5. a. llamar al aeropuerto
    b. completar un formulario

IV. Direct and indirect object pronouns in the same sentence

A. You will hear a sentence with a direct object noun; the sentence will be repeated. Replace the noun with the corresponding direct object pronoun and make any other necessary changes. Then repeat the answer after the speaker.

MODELO   Le enseño el bolso.
                  Se lo enseño.

B. Listen to the conversation between Arturo and Josefina.

ARTURO: ¿Recuerdas la canción «Guantanamera»? Es parte de un poema del poeta cubano José Martí.

JOSEFINA: Los versos los recuerdo de memoria, pero no recuerdo la música. ¿Me la puedes tocar en la guitarra?

ARTURO: ¿La guitarra? La tiene Camilo. Se la doy los sábados porque toca en una orquesta.

Now answer each question in a complete sentence. Each question will be repeated. You will hear a possible answer after the pause.

DIÁLOGO

A. *Listen to the following conversation, which takes place in the Plaza Olvera in Los Angeles on May 5. Based on the conversation, be prepared to do comprehension exercise B.*

ANA: Bueno, ¿qué vamos a hacer? El grupo Tierra va a tocar ahora. ¿Lo escuchamos? Quisiera bailar.

TOMÁS: ¿Recuerdas a qué hora habla César Chávez?

ANA: No habla hoy—habla mañana, pero no recuerdo a qué hora.

TOMÁS: ¡Qué bien! Entonces hoy podemos ver esta plaza y mañana vamos a escuchar a César Chávez.

ANA: Tengo hambre. Si no quieres bailar, ¿almorzamos? El restaurante «La luz del día» está aquí cerca. Dicen que sirven comida muy buena y que no cuesta mucho.

TOMÁS: De acuerdo. Podemos comer y escuchar la música.

Una hora después, salen del restaurante.

TOMÁS: ¡Oh, mira! ¡La casa Ávila! ¿Dónde está tu cámara? ¿Me la das por un momento?

ANA: Sí, te la presto, si me llevas a bailar. ¿Cuántas veces tengo que pedírtelo?

TOMÁS: La casa Ávila es un edificio muy viejo que muestra la influencia de los españoles en esta región...¿Sabes?, si piensas en los nombres de las ciudades de California, es obvio que aquí la influencia española es muy importante.

ANA: ¿Ah... sí?

TOMÁS: ¡Sí, claro! Lo puedes ver en nombres como Sacramento, Fresno, Salinas y... ¡Los Ángeles!

ANA: ¡Tú y tus lecciones de historia, Tomás! ¿Por qué no vamos a divertirnos? Hoy es cinco de mayo. ¿O ya no lo recuerdas?

TOMÁS: Sí. ¡Es un día para celebrar y recordar nuestra historia!

B. Circle the letter of the best word or phrase to complete each sentence.

1. a. cinco de julio
   b. cinco de mayo
   c. cuatro de mayo

2. a. bailar
   b. sacar fotos
   c. escuchar a César Chávez

3. a. ir al cine
   b. almorzar y escuchar música
   c. ir al museo de historia

4. a. un músico famoso del grupo Tierra
   b. un líder chicano
   c. un explorador español

5. a. Fresno y Salinas
   b. Los Ángeles y Las Vegas
   c. Sacramento y Santa Fe

6. a. recordar la historia
   b. divertirse
   c. sacar fotos

PARA ESCUCHAR Y ESCRIBIR

A. Julia is trying to decide whether to go out with Pablo or Felipe. They each have qualities she likes and dislikes. Listen to what she says. You may not understand every word; just try to get the main ideas.

B. Listen again. List the positive qualities of Pablo and Felipe that Julia mentioned. (You don't have to remember every detail—just the main ideas.)

Pablo   **Felipe**

_____   _____

_____   _____

_____   _____

_____   _____

_____   _____

¿Con quién creee usted que Julia va a salir? ¿Por qué? _____

_____

_____

LA ROPA, LOS COLORES Y LA RUTINA DIARIA

CAPÍTULO **7**

VOCABULARIO

A. *Circle the letter of the most logical word or phrase to complete each statement. Each statement will be repeated.*

1. a. el abrigo.

   b. el vestido.

2. a. el paraguas.

   b. la falda.

3. a. acostarme.

   b. mudarme.

4. a. cenar.

   b. almorzar.

5. a. pongo el suéter.

   b. quito el suéter.

6. a. queda en casa hoy.

   b. divierte mucho.

B. *Antonio is describing his daily routine. If what he says is logical, write* **Sí** *in the blank. If it is not logical, write* **No**. *Each statement will be repeated.*

1. ____   2. ____   3. ____   4. ____   5. ____   6. ____

7. ____   8. ____   9. ____

PRONUNCIACIÓN

Listen to the following words and repeat each one after the speaker, concentrating on the vowels and diphthongs.

el impermeable	divertirse	amarillo	verde
guapo	el paraguas	diario	el suéter
marrón	grupo		

The ñ in Spanish is pronounced much like the *ny* in the English word *canyon*. Listen and repeat these words.

señor	doña	montaña	cumpleaños
mañana	español	otoño	niño
tamaño	soñar	año	enseñar

I. The reflexive

A. Complete each statement, which you will hear twice, by reading aloud the more appropriate verb phrase from the choices given. Then repeat the entire sentence after the speaker.

MODELO	You hear:	Cuando tengo sueño,…
	You see:	a. me visto b. me acuesto
	You say:	**me acuesto**
	You hear and repeat:	**Cuando tengo sueño, me acuesto.**

1. a. mudarme
   b. lavarme

2. a. quedarse
   b. divertirse

3. a. me voy a quedar
   b. me voy a vestir

4. a. me acostumbro
   b. me despierto

5. a. ponértelo
   b. quitártelo

B. *Look at the drawings. Then answer each question you hear. The question will be repeated. You will hear a possible answer after the pause.*

C. *Answer each question using the cue you hear. The question will be repeated. Then repeat the answer after the speaker.*

MODELO   ¿A qué hora te levantas? (a las ocho)
             Me levanto a las ocho.

D. *Listen to the following conversation.*

FERNANDO: ¡Hola, Natalia! ¿Qué tal?

NATALIA: Bien, Fernando. ¿Cómo estás?

FERNANDO: Bien, gracias. Tengo una obra nueva. Se llama *Luis y Luisa*.

NATALIA: ¿Sí? ¿Y qué pasa en la obra?

FERNANDO: A ver… Te lo digo en pocas palabras. Luis y Luisa se conocen en un baile. Se ven todos los días y por fin se dicen que se quieren. Pero el padre de Luisa dice que ella no puede ver más a Luis porque su familia es terrible. Por eso, Luis se va… se muda a otra ciudad… y Luisa…

NATALIA: Fernando, ya sé cómo termina. Es la misma historia que la de Romeo y Julieta. ¿Por qué no piensas en una historia original? Por ejemplo, una mujer detective y un reportero se conocen…

*Decide whether each statement you hear is true or false and write **V (verdadero)** or **F (falso)**.*

_____ 1.   _____ 3.   _____ 5.

_____ 2.   _____ 4.   _____ 6.

II. Adjectives used as nouns

Cristina is doing her Christmas shopping. Listen to what she says to the salespeople. Then circle the letter of the noun to which the adjective refers. Each sentence will be repeated.

MODELO   You hear: El blanco es muy hermoso.
              You see: a. sombrero
                            b. blusa
              You circle: **a** because **blanco** refers to a masculine singular noun.

1. a. traje   4. a. camisa
   b. falda   b. suéter

2. a. zapatos   5. a. corbata
   b. sandalias   b. traje

3. a. impermeable   6. a. pantalones
   b. blusa   b. camiseta

III. Affirmative and negative words

A. Change each sentence to the negative. Then repeat the answer after the speaker.

MODELO   Gustavo siempre pone la mesa.
            Gustavo nunca pone la mesa.

B. Your new roommate asks you a lot of questions. Answer each question in the negative. Then repeat the answer after the speaker.

MODELO   ¿Llevas el impermeable o el paraguas?
            No, no llevo ni el impermeable ni el paraguas.

IV. Common uses of *por* and *para*

Describe a trip to Cartagena. You will hear a sentence, which will be repeated, plus a cue. Make a new sentence using **por** or **para**. Follow the model and repeat the answer after the speaker.

MODELO   Vamos a Cartagena. (una semana)
            Vamos a Cartagena por una semana.

1. la tarde
2. autobús
3. las montañas
4. doña Luisa
5. IBM
6. teléfono
7. el miércoles
8. ir a la playa
9. la calle principal
10. divertirse

DIÁLOGO

A. Listen to the following conversation, which takes place in Bogotá, Colombia, where two friends are shopping. Based on it, be prepared to do comprehension exercise B.

KATHY: Gloria, necesito comprar algo para mi mamá. Quizás un suéter…

GLORIA: Pues, ¿por qué no entramos aquí? Tienen cosas muy elegantes y mi primo José trabaja en esta tienda.

Entran en la tienda.

GLORIA: Ese suéter es muy bonito. ¿O prefieres el verde?

KATHY: No, este azul es perfecto para mi mamá.

JOSÉ: Hola, Gloria. ¿No me vas a presentar a tu amiga?

GLORIA: Por supuesto, José. Ésta es Kathy. Es de los Estados Unidos.

JOSÉ: Mucho gusto, Kathy. Ese suéter va muy bien con tus ojos… azul claro como el cielo, como el mar en un día de sol, como…

GLORIA: Kathy, José siempre dice piropos. Tienes que acostumbrarte. Pero es inofensivo.

KATHY: ¡No sé si me puedo acostumbrar!

JOSÉ: Pero, guapa, soy inofensivo como un bebé. ¿Qué hacen ustedes hoy por la tarde? Van a Monserrate, ¿no? Y yo voy con ustedes. Debes llevar el suéter, Kathy. Allí hace frío por la altitud.

KATHY: Pero… quiero ver algunos de los museos.

JOSÉ: En un museo de arte debes estar tú, hermosa.

GLORIA: José es incurable. Podemos visitar el Museo del Oro, Kathy, o el Museo de Arte Moderno o…

JOSÉ: ¡Qué aburrido! Si no quieren ir a Monserrate, ¿por qué no vamos a la Quinta de Bolívar? Y esta noche, Kathy, te llevamos al club Noches de Colombia. Allí tocan música muy buena y nos podemos divertir…

B. *Decide whether each statement you hear is **probable** or **improbable**. Write **P** or **I**.*

_____ 1.   _____ 4.

_____ 2.   _____ 5.

_____ 3.

PARA ESCUCHAR Y ESCRIBIR

A. *Adolfo, a student, is living in Bogotá and talks about his life there. Listen to what he says. You may not understand every word; just try to get the main ideas.*

B. *Now listen again and complete each of the following sentences with information from the passage.*

1. Adolfo estudia _____ en la _____ de los Andes.

2. Este semestre tiene _____ clases.

3. Se levanta a _____ para estar en la universidad a las nueve.

4. Entre las clases, Adolfo _____

   o _____ .

5. A las ocho de la noche, Adolfo _____ con _____ .

6. En general, Adolfo no se queda en casa porque _____

   _____ .

7. El año que viene Adolfo va a _____ .

8. Allí vive su familia y allí _____

   _____ .

DEPORTES Y DEPORTISTAS

CAPÍTULO **8**

VOCABULARIO

Circle the letter of the word or phrase that best completes each sentence you hear. Each sentence will be repeated.

1. a. mi raqueta?

   b. mi vólibol?

2. a. pequeños.

   b. fuertes.

3. a. practicar un deporte.

   b. tocar el piano.

4. a. básquetbol.

   b. béisbol.

5. a. un partido de jai alai.

   b. una corrida de toros.

6. a. altruista.

   b. emocionante.

PRONUNCIACIÓN

Listen to the following words and repeat each one after the speaker, concentrating on the vowel and diphthong sounds.

el equipo	popular	fuerte	mejor
el torero	ayer	mayor	el esquí
correr	muero	punto	fácilmente

In Spanish, the letter **x** has several different sounds. Before a consonant, it is often pronounced like the English *s*. Listen and repeat these words.

texto	externo	Taxco	extra
exposición	explicar	expresión	excepto

When the **x** is between two vowels, it is pronounced like a *ks* in English. Listen and repeat these words.

exacto   existencia   examen   exiliado

In the past, the letter **x** had the same sound as the Spanish **j**. In most cases the spelling has been changed, but a few words may be spelled with either an **x** or a **j**. Listen and repeat these words.

México   Xavier   Ximénez   Texas

I. The preterit of regular and stem-changing verbs

A. Gustavo always forgets his roommate Ramón. Remind him to include him in what he says. Then repeat the sentence after the speaker.

MODELO   Leí *Don Quijote* el año pasado.
                      Ramón también leyó *Don Quijote* el año pasado.

*B. Decide whether the verb in each sentence you hear is in the present or the preterit tense. Then mark the appropriate column with an **x**. Each sentence will be repeated.*

Present	Preterit		Present	Preterit
1. _____	_____	6. _____	_____
2. _____	_____	7. _____	_____
3. _____	_____	8. _____	_____
4. _____	_____	9. _____	_____
5. _____	_____	10. _____	_____

C. Answer each question in the negative, indicating that you performed the action yesterday. Use direct and indirect object pronouns when possible. Then repeat the answer after the speaker.

MODELO   ¿Escribes a tus padres hoy?
                      No, les escribí ayer.

II. Adverbs ending in *-mente*; comparisons of equality

A. *Form an adverb from each word you hear by adding the suffix* **-mente**. *Then repeat the adverb after the speaker.*

MODELO   You hear: probable
             You say: **probablemente**

B. *Mario is comparing himself to his older brother Rodolfo. Tell what he says, using a comparison of equality and the cues given. Then repeat the answer after the speaker.*

MODELO   You see: ser / fuerte
             You say: **Soy tan fuerte como Rodolfo.**

1. correr / rápidamente

2. seguir / cursos

3. ganar / dinero

4. nadar / bien

5. tener / amigas

6. ser / alto

7. practicar / deportes

8. hablar italiano / mal

III. Comparisons of inequality and the superlative

A. *You and your friends are gossiping about school and the people you know. Respond to each of your friends' statements, using the superlative. Then repeat the answer after the speaker.*

MODELO   La clase de matemáticas es difícil, ¿no?
             Sí, es dificilísima.

B. *Decide whether each statement you hear is true or false and write* **V** *(***verdadero***) or* **F** *(***falso***). Each statement will be repeated.*

1. _____   2. _____   3. _____   4. _____   5. _____

6. _____   7. _____

IV. Omission of the indefinite article after *ser*

*Make a sentence with the words you hear, using the appropriate form of **ser** and the indefinite article when necessary. Then repeat the answer after the speaker.*

MODELOS   José Canseco / atleta
José Canseco es atleta.

José Canseco es atleta.

Felipe González / socialista español
Felipe González es un socialista español.

DIÁLOGO

A. *Listen to the following conversation, which takes place in a café in Santander. Based on it, be prepared to do comprehension exercise B.*

SR. BLANCO:	Buenas tardes. ¿Ya pedisteis?
SR. MORENO:	Sí, pedimos jerez para todos.
SR. BLANCO:	¿De veras? ¿No recordasteis que mi señora no toma bebidas tan fuertes como el jerez? ¿Verdad, María?
SRA. BLANCO:	Pues, yo… solamente…
SR. BLANCO:	¡Camarero! Un vino blanco para la señora, por favor.
CAMARERO:	Se lo sirvo inmediatamente, señor.
SR. MORENO:	Bueno, ¿y qué hay de nuevo?
SR. BLANCO:	Anoche asistimos a un partido de jai alai.
SRA. BLANCO:	Participaron los equipos más populares de España.
SR. BLANCO:	Perdí ochenta pesetas, pero me divertí.
SRA. MORENO:	¿Y tú, María? ¿Te divertiste también?
SRA. BLANCO:	Pues yo… verdaderamente…
SR. BLANCO:	¡Claro que se divirtió!
SRA. MORENO:	Francamente, yo prefiero la corrida de toros. Es más emocionante que el jai alai o el fútbol.

SR. MORENO: Y menos violento.

SR. BLANCO: ¡Pero no hablas en serio! Hay mucha violencia en las corridas de toros.

SR. MORENO: No tanta… y casi nunca muere el torero; sólo muere el toro.

SRA. MORENO: Y después les dan la carne a los pobres. Pero, ¿por qué no escuchamos la voz de la futura generación? ¿Qué piensas, Adriana, de la corrida de toros?

SR. BLANCO: Es un espectáculo violentísimo, ¿verdad?

ADRIANA: No, papá. Realmente creo que es un drama simbólico, lindísimo.

SR. MORENO: Ah, los jóvenes de hoy, ¡son tan inteligentes!

SR. BLANCO: ¡Bah! ¡Un grupo de rebeldes y desconformes!

B. *Decide if each statement you hear is **probable** or **improbable** and write **P** or **I**.*

1. _____   4. _____

2. _____   5. _____

3. _____

PARA ESCUCHAR Y ESCRIBIR

A. *Listen to the conversation among Alfredo, Juan, and Luisa. Write the missing words. Each sentence or phrase will be repeated. The entire dialogue will then be repeated so that you can check your work.*

ALFREDO: ¡Ay!… ¡_____! ¡No lo creo!

JUAN: Alfredo, ¿_____? ¿Estás bien?

ALFREDO: No, Juan, estoy muy mal. El Athletic _____ dos puntos más, y mi

_____ favorito, el Real Madrid, va a perder.

JUAN: ¿_____? Pero, ¿no tienen tiempo

para ganar los _____ necesarios?

ALFREDO: _____ les _____ un minuto de juego.

JUAN: Mira, Ramón González _____ un punto. _____ el Real

Madrid no va a perder.

LUISA: ¡_____! ¿Qué hacéis? ¿Queréis…?

ALFREDO: ¡Ssst, Luisa! Son los _____ momentos del

_____ entre el Athletic y el Real

Madrid… y el Real Madrid necesita dos puntos más.

JUAN: ¡Ay,_____!

ALFREDO: El Real Madrid _____ el partido y yo _____ tres

mil pesetas.

JUAN: Yo, dos mil.

LUISA: El Athletic ganó, ¿verdad?

ALFREDO: Sí.

LUISA: ¡Huy! ¡Estoy rica! Ahora tengo _____

y los invito a comer.

JUAN: ¡Es la _____ de los inocentes!

B. *Write a short answer to each question you hear. Each question will be repeated.*

1. _____

2. _____

3. _____

4. _____

5. _____

6. _____

COMIDAS Y BEBIDAS

CAPÍTULO **9**

VOCABULARIO

a. _____

e. _____

b. _____

f. _____

c. _____

g. _____

d. _____

h. _____

A. Look at the drawings, which are lettered from a to h. For each sentence you hear, write the letter of the corresponding drawing of a food or beverage in the blank. Each sentence will be repeated.

1. ____   5. ____

2. ____   6. ____

3. ____   7. ____

4. ____   8. ____

B. *Decide whether each statement you hear is logical or not. Write* **Sí** *if it is logical and* **No** *if it is not. Each statement will be repeated.*

1. ____   2. ____   3. ____   4. ____   5. ____   6. ____

7. ____   8. ____

PRONUNCIACIÓN

Listen to the following words and repeat each one after the speaker, concentrating on the vowel and diphthong sounds.

aumentar	el azúcar	la cuenta
desayunar	los frijoles	común
oír	el maíz	principal
traer	la paella	la tortilla

In Spanish, when the letter **g** comes before **a**, **o**, or **u**, it is pronounced like the letter *g* in the English word *gate*. Listen and repeat these words.

el gazpacho	el enemigo	preguntar
la lechuga	agosto	ninguno
pagar	el jugo	gustar

In the combinations **gue** and **gui**, the **u** is not pronounced and the **g** has the same sound as the English *g*. In the combinations **gua** and **guo**, the **u** is pronounced like the *w* in English. Listen and repeat these words.

Miguel	alguien	el agua	guapo
la hamburguesa	la guitarra	Guatemala	antiguo

I. The present tense of *encantar, faltar, gustar, importar, interesar;* the verbs *oír* and *traer*

A. *Make a new sentence using the cue you hear. Then repeat the answer after the speaker.*

MODELO   Me gustan las frutas. (piña)
              Me gusta la piña.

B. *Make a new sentence using the cue you hear. Then repeat the answer after the speaker.*

MODELO   A mí no me importa el dinero. (a nosotros)
A nosotros no nos importa el dinero.

C. *Answer each question using the cue you hear. Then repeat the answer after the speaker.*

MODELO   ¿Te gustan los frijoles? (no)
No, no me gustan los frijoles.

II. The preterit of irregular verbs

A. *Restate each sentence in the preterit tense. Then repeat the answer after the speaker.*

MODELO   Están en el cine.
Estuvieron en el cine.

B. *You have just met someone who is a fast talker. Each time she uses a verb in the preterit, decide if she is referring to herself (check the* **yo** *column) or someone else (check the* **él, ella, usted** *column). You will hear only short verb phrases, but you will hear each one twice.*

MODELO   You hear: no quiso ir
                 You check: **the** *él, ella, usted* **column**

YO	ÉL, ELLA, USTED
1. ____	____
2. ____	____
3. ____	____
4. ____	____
5. ____	____
6. ____	____
7. ____	____
8. ____	____
9. ____	____
10. ____	____

III. The relative pronouns *que* and *quien*

A. *Circle the letter of the clause that best completes the sentence.*

MODELO   You hear: No me gustan las personas…
              You see: a. que me dan muchos problemas.
                               b. a quien escribo.
              You circle: **a**
              You hear and repeat: **No me gustan las personas que me dan muchos
                                     problemas.**

1. a. que quiero comprarte.
    b. que se levanta.

2. a. con quienes comen.
    b. que trabaja en un restaurante francés.

3. a. con que trabaja tu amiga.
    b. de quien siempre te hablo.

4. a. que tiene siete hijos.
    b. a quienes le di lecciones de inglés.

5. a. a quien vimos.
    b. que me gusta más.

6. a. a quien le encanta la música clásica.
    b. con quienes hablamos mucho.

7. a. a quien Javier le trajo chocolates.
    b. de que se quejan.

B. *Marcela is showing her American friend Joanne around Seville. Listen to what she says as you read along. Combine the two sentences into one using* **que** *or* **quien**. *Add the prepositions* **con**, **de**, **en**, *or* **para** *when necessary. Then repeat the answer after the speaker.*

MODELO   You hear and read: Ése es el barrio. Vivo en ese barrio.
                      You say: **Ése es el barrio en que vivo.**

1. Ése es el hombre. Trabajo para él.

2. Ésa es la tienda. Tienen ropa de moda allí.

3. Allí está la catedral. Tiene una gran torre, la Giralda.

4. Ése es el museo. ¿Hablas de ese museo?

5. Ésos son los amigos. Vamos a cenar con ellos.

DIÁLOGO

A. Listen to the following conversation, which takes place in the Giralda, the tower of the cathedral in Seville. Based on the conversation, be prepared to do comprehension exercise B.

ESTEBAN: ¡Qué subida más larga!

CLAUDIO: No hay ninguna vista de Sevilla como ésta. ¿Qué dicen? ¿Les gusta?

LUISA: ¡A mí me encanta! Veo el Barrio de Santa Cruz. Anoche fuimos allí a ver baile flamenco.

ESTEBAN: Y comimos una paella que nos gustó muchísimo…, un postre muy rico…

LUISA: ¿Por qué no hablamos del postre más tarde? Claudio, ¿sabes quién hizo esta torre?

CLAUDIO: La empezó un jefe árabe en el siglo doce y la terminó Almanzor, su sucesor.

ESTEBAN: ¿Por qué no vamos a almorzar y venimos otra vez por la tarde? Tengo un hambre terrible.

LUISA: Esteban, ¡por favor! Claudio, esta torre probablemente fue un lugar ideal para esperar el ataque del enemigo, ¿no?

CLAUDIO: Sí, y el enemigo vino. Fue Fernando III, a quien llamaron «el Santo».

ESTEBAN: ¿Saben ustedes que en el hotel no me dieron el desayuno? ¡Ni siquiera café negro!

CLAUDIO: Creo que Esteban sólo tiene ganas de ver una vista de platos variados…

ESTEBAN: ¡Sí!... montañas de carne de vaca, ríos de vino y océanos de helado de choco-
                late.

LUISA: Mejor vamos a comer.

ESTEBAN: ¡Buena idea! Y mañana no voy a salir antes de tomar un buen desayuno.

B. *Decide whether each statement you hear is true or false and write **V (verdadero)** or **F (falso)**.*

1. ____   4. ____

2. ____   5. ____

3. ____   6. ____

PARA ESCUCHAR Y ESCRIBIR

A. *Listen to the conversation among Claudio, Luisa, and the waiter. You may not understand every word. Just listen for the main ideas.*

B. *Listen to the conversation again. Write what Luisa and Claudio ordered in the appropriate columns.*

	LUISA	CLAUDIO
Appetizer	_____	_____
Salad	_____	_____
Main course	_____	_____
Beverage	_____	_____
Dessert	_____	_____

NOVIOS Y AMIGOS

CAPÍTULO

10

VOCABULARIO

Look at the drawing. For each question you hear, circle the letter of the best response. Each question will be repeated.

1. a. Ellos se dicen «adiós» o «hasta mañana».
   b. Ellos se abrazan y se besan.

2. a. Ellos se dicen «adiós» o «hasta mañana».
   b. Ellos se abrazan y se besan.

3. a. Se llaman Sandra y Lola.
   b. Se llaman Gonzalo y Antonio.

4. a. Habla por teléfono con César.
   b. Se viste para salir con unos amigos.

5. a. Se baña y piensa en su novia.
   b. Lee poemas de amor.

6. a. Sí, probablemente hizo algo malo.
   b. Sí, creo que tiene una cita con Claudia.

7. a. Sí, probablemente hizo algo malo.
   b. Sí, creo que está enamorada de él.

8. a. Sí, no hay duda de que ellas se llevan muy bien.
   b. No, la mamá de Paco no parece muy feliz.

PRONUNCIACIÓN

Listen to the following words and repeat each one after the speaker, concentrating on the vowel and diphthong sounds.

misterioso	el anillo	organizar	pasear
cariñoso	la joya	el público	varios
cristiano	la iglesia	el rey	¡Salud!

In Spanish, the letter **q** is always followed by a silent **u.** It appears in the combinations **que** and **qui** and is pronounced like the English *k.* Listen and repeat these words.

Quito	quinientos	equipo
queso	querer	quedarse
quiso	Enrique	química

The sounds **kwa, kwe, kwi, kwo,** or **koo** are always spelled with a **cu** in Spanish, never with a **qu**. Now listen and repeat these words.

¿cuánto?	la cuestión	cuesta	el recuerdo
cuarto	curioso	cubano	ridículo
¿cuál?	cuidar	culpa	la escuela

I. The imperfect of regular and irregular verbs (*ir, ser, ver*)

A. *Change the following sentences using the cue you hear as the subject. Then repeat the sentence after the speaker.*

MODELO   Yo siempre trabajaba por la mañana. (nosotros)
Nosotros siempre trabajábamos por la mañana.

B. *Listen to the following statements about the present and then tell how things were in the past. Write the correct form of the verb in the imperfect in the blank. Then repeat the answer after the speaker. Each statement will be repeated.*

MODELO   You hear: Ricardo no hace su trabajo ahora.
You see: Pero lo _____ antes.
You write: **hacía**
You hear and repeat: **Pero lo hacía antes.**

1. Pero no _____ tanto antes.

2. Pero _____ menos antes.

3. Pero _____ mucho antes.

4. Pero nos _____ antes.

5. Pero nos _____ mucho antes.

6. Pero _____ bien antes.

II. The imperfect versus the preterit

A. *Some people are talking about a party they attended after a wedding. Listen to what they say, and mark an x under* ***pretérito*** *or* ***imperfecto,*** *according to the verb tense you hear. Each sentence will be read twice. First listen to the model.*

MODELO   You hear: El sábado los García fueron a una fiesta.
              You mark: an x under **pretérito.**

PRETÉRITO   IMPERFECTO

1. _____   _____

2. _____   _____

3. _____   _____

4. _____   _____

5. _____   _____

6. _____   _____

B. *Respond to each statement you hear with a question asking for how long the event, action, or situation took place. Use the preterit tense. Then repeat the question after the speaker. Each statement will be repeated. You will hear the question answered afterwards, but do not repeat the answer.*

MODELO   You hear: Santiago Ramírez cantaba en ese restaurante.
              You say: **¿Cuánto tiempo cantó allí?**
              You hear and repeat: **¿Cuánto tiempo cantó allí?**
              You hear (but do not repeat):   Cantó allí unos nueve meses.

III. *Hacer* with expressions of time

A. *Respond to each statement you hear indicating that the activity or situation has been going on for the period of time indicated; omit subject nouns or pronouns. Then repeat the answer after the speaker. Each statement will be repeated.*

MODELO   You hear: La agencia está cerrada.
              You see: tres horas
              You say: **Hace tres horas que está cerrada.**

1. una semana

2. cuatro horas

3. un mes

4. años

5. mucho tiempo

6. muchos años

7. ocho años

B. *Respond in the negative to each statement or question you hear, stating that the action occurred one hour (day, month, etc.) longer ago than the time mentioned. Then repeat the answer after the speaker. Each statement or question will be repeated.*

MODELO   Usted fue a Sevilla hace diez días, ¿no?
                No, fui a Sevilla hace once días.

IV. Prepositions

Listen to the following sentences and circle the letter of the word or words that best complete each one. Then repeat the answer after the speaker. Each sentence will be repeated.

1. a. antes de comer.

   b. después de comer.

2. a. para buscar unos libros.

   b. para vender unos libros.

3. a. sin dejarme.

   b. sin hablarme.

4. a. antes de bailar.

   b. antes de salir.

5. a. contigo.

   b. conmigo.

6. a. después de acostarse.

   b. después de levantarse.

DIÁLOGO

Listen to the following conversation, which takes place on a tour bus entering the city of Toledo. Based on the conversation, be prepared to do comprehension exercise B.

GUÍA: Hace mucho tiempo, en la época del rey Alfonso el Sabio, Toledo era un importante centro cultural. Aquí el rey estableció la famosa Escuela de Traductores, donde judíos y...

SR. BLANCO: ¡Cómo habla el tipo! ¡Hace dos horas que habla de Toledo!

SOFÍA: Pero dice cosas que yo no sabía. Es interesante.

SRA. VEGA: Para usted, quizás. Yo venía con la idea de comprar joyas.

SOFÍA: Probablemente me interesa porque soy judía y…

DAVID: ¡Ah!, tú eres judía también. Me llamo David Blum. Soy argentino.

SOFÍA: Mucho gusto. Sofía Marcus. Conocí a un Blum en Bogotá cuando era niña y…

DAVID: ¿Tú también pensabas ir a comprar joyas, Sofía?

SOFÍA: No, quiero visitar la Sinagoga del Tránsito y el Museo Sefardí que está dentro de ella.

DAVID: No está lejos, creo. ¿Puedo acompañarte? Yo viajo solo… Soy soltero… ¿y tú?

B. *You will hear a series of erroneous statements about the dialogue. Correct each, omitting subject nouns and pronouns. Then repeat the answer after the speaker. Each statement will be repeated.*

MODELO   You hear: Sofía y David son católicos.
              You say: **No, son judíos.**

COMPRENSIÓN AUDITIVA

A. *Study the drawings and listen to the following statements. If the statement is logical write **Sí.** If it is not, write **No.** Each statement will be repeated.*

1. _____   2. _____   3. _____   4. _____

5. _____   6. _____   7. _____   8. _____

B. Look at the drawing, which shows Catalina's graduation party. Listen to the questions and circle the appropriate response. Then repeat the answer after the speaker. Each question will be repeated.

MODELO	You hear:	¿Qué dice Juan allí?
	You see:	a. ¡Felicitaciones! b. Con permiso.
	You circle:	**b**
	You hear and repeat:	**Con permiso.**

1. a. Buenas tardes.   b. ¡Dios mío!

2. a. Perdón.   b. ¡Felicitaciones!

3. a. ¡Buen provecho!   b. ¡Salud!

4. a. De nada, David.   b. ¡Bienvenido, David!

5. a. Con permiso.   b. ¡Caramba!

6. a. Mucho gusto.   b. Muchas gracias.

VIAJES Y PASEOS

CAPÍTULO 11

VOCABULARIO

The following people are all involved in travel-related activities. Write the number of each statement you hear under the drawing that corresponds to it. Each statement will be repeated.

a. _____

b. _____

c. _____

d. _____

e. _____

f. _____

g. _____

h. _____

PRONUNCIACIÓN

Listen to the following words and repeat each one after the speaker, concentrating on the vowel and diphthong sounds.

la aduana	la cuadra	el sitio	en seguida
la bienvenida	vuelta	antiguo	la suerte
el cheque	la ruina	uruguayo	la esquina

In Spanish, when two identical vowels are next to each other, the two words are linked, or run together. Listen and repeat these words.

la actriz	mi hijo	ese equipo
la arquitectura	mi idea	ese estadio
la aficionada	mi impresión	este edificio

Similarly, when two identical consonants are next to each other, they are usually pronounced as one. Listen and repeat these words.

el lago	las sandalias	pocas semanas
el libro	los señores	esas sillas
el lugar	los sábados	esos sombreros

I. Formal *usted* and *ustedes* commands

A. *Felipe is visiting Acapulco on a tour and asks the tour guide several questions. Answer his questions affirmatively using an **usted** command and then repeat the answers you hear. The questions will be read twice. First listen to the model.*

MODELO   ¿Debo escribir mi nombre aquí?
              Sí, escriba su nombre allí.

B. *It's Friday night and Paco and Tito are trying to decide what to do. Respond to what they say with an **ustedes** command. Then repeat the answer after the speaker.*

MODELO   Tenemos ganas de cenar en un restaurante italiano.
              Pues…, cenen en un restaurante italiano.

C. You are in a travel agency in Boston and have to interpret the travel agent's suggestions for a Spanish-speaking couple. Listen to each suggestion and then circle the appropriate Spanish command, which translates the English verb in her statement. The agent's suggestions will be given only once.

1. a. compra   b. compre

2. a. saca   b. saque

3. a. no olvide   b. no olvida

4. a. va   b. vaya

5. a. dan un paseo   b. den un paseo

6. a. ven   b. vean

II. *Tú* commands

A. Elba's parents are going away for the weekend. Before they leave, they remind her of the things she should or should not do while they are gone. Form affirmative or negative *tú* commands from the cues you hear, as they would. Then repeat the answer after the speaker.

MODELOS   comer bien
                  Come bien.

                  no volver a casa tarde
                  No vuelvas a casa tarde.

B. Cecilia is taking a trip to Mexico City. Give her some advice, using affirmative or negative *tú* commands and the cues you hear. Then repeat the answer after the speaker.

MODELO   visitar la Torre Latinoamericana
                  Visita la Torre Latinoamericana.

III. Position of object pronouns with commands

A. *Repeat each command you hear, replacing the object nouns with object pronouns. Then repeat the answer after the speaker.*

MODELO   Tráeme el mapa.
          Tráemelo.

B. *Change each command to the negative, using object pronouns when possible. Then repeat the answer after the speaker.*

MODELOS   Siéntate.
          No te sientes.

          Cómprele el boleto.
          No se lo compre.

DIÁLOGO

A. *Listen to the following conversation. Be prepared to do comprehension exercise B.*

En una oficina del Zócalo, México, D.F. Dos agentes de la Compañía Turismo Mundial le dan la bienvenida a Amalia Mercado, una agente uruguaya en viaje de negocios.

HÉCTOR: ¡Bienvenida, señorita Mercado! ¿Qué tal el viaje?

AMALIA: Bastante bueno, gracias. Pero ¡no me llame «señorita»! Llámeme Amalia, por favor. ¿Y usted es...?

HÉCTOR: ¡Oh, perdóneme! Yo soy Héctor Peralta, y éste es Alonso Rodríguez. Él está a cargo de las excursiones al Caribe...

AMALIA: ¡Alonso! ¡Pero ya nos conocemos! Fue en Montevideo que nos conocimos. ¿Recuerdas...?

ALONSO: ¡Claro! Me llevaste a pasear por la playa.

AMALIA: No sabía que ahora vivías en México.

ALONSO: Vine aquí hace dos años.

HÉCTOR: Cuéntenos algo de usted, Amalia. ¿Es éste su primer viaje a México?

AMALIA: Sí. Vine por invitación de la Compañía Mexicana de Aviación. ¡Y vean mi suerte! La invitación incluye pasaje de ida y vuelta y seis días en el mejor hotel de esta ciudad, que me parece extraña y fascinante.

HÉCTOR: Es verdad. La ciudad está construida sobre las ruinas de la antigua capital azteca...

ALONSO: ...que estaba en medio de un lago, algo así como una antigua Venecia mexicana, ¿no?

HÉCTOR: Exacto. Dicen que los aztecas tenían su gran templo aquí cerca, en el sitio donde ahora está la catedral.

AMALIA: ¿Realmente? ¡Qué interesante!... ¿Y qué les parece si ahora me llevan a conocer el centro? ¡Recuerden que sólo tengo seis días!

ALONSO: Tus deseos son órdenes, Amalia. Vengan. Síganme. Los invito a tomar una copa en el bar de la Torre Latinoamericana.

B. Listen to the following statements. If the statement applies to Amalia, check the space under her name; if it applies to Alonso, check the space under his name. If it applies to both Amalia and Alonso, check the spaces under both names. Each statement will be repeated.

AMALIA	ALONSO
1. _____	_____
2. _____	_____
3. _____	_____
4. _____	_____
5. _____	_____
6. _____	_____

COMPRENSIÓN AUDITIVA

A. Listen to the following conversation. Be prepared to do comprehension exercise B.

B. Listen to the following statements based on the conversation. If the statement is true, circle *V (verdadero)*; if it is false, circle *F (falso)*. Each statement will be repeated.

1. V   F

2. V   F

3. V   F

4. V   F

5. V   F

6. V   F

PREFERENCIAS Y OPINIONES

CAPÍTULO

12

VOCABULARIO

Listen to each of the following comments. Determine what the speaker is describing and write the number of the statement under the appropriate drawing. Each comment will be repeated.

a.  _____

b. _____

c. _____

d. _____

e. _____

f.  _____

PRONUNCIACIÓN

*There are three simple rules for word stress in Spanish. Words ending in a vowel, **n**, or **s** are pronounced with the emphasis on the next-to-the-last syllable. Words ending in a consonant other than **n** or **s** have the emphasis on the final syllable. Listen to the following words and underline the accented syllable. Then repeat the word after the speaker. Each word will be repeated.*

tra-ba-jan	re-tra-to	a-gra-da-ble
cen-su-ra	ol-vi-dar	pun-tual
u-ni-ver-si-dad	cu-bres	ac-triz
prin-ci-pal	me-jor	sa-lud

Words whose pronunciation does not follow these patterns have written accents. The emphasis falls on the syllable with the accent. Listen to the following words and add an accent mark where necessary. Then repeat the word after the speaker.

ridiculo	ingleses	esqui
hablo	facil	miralo
aqui	premio	significar
cocino	interes	escandalo

I. The impersonal *se* and passive *se*

***A.** You have just returned from the Amazon jungle. Respond to each question about your trip using the cue you hear. Then repeat the answer after the speaker.*

MODELO   ¿Escuchó radio? (no)
            No, allí no se escucha radio.

***B.** Some people are reading the signs posted at the entrance of a park. Listen to what they say and write the number of the statement next to the appropriate sign. Each statement will be repeated.*

_____ a. No music after 10:00   _____ e. Park opens at 9:00

_____ b. Park closes at 8:00   _____ f. No alcoholic beverages

_____ c. No cars or bikes   _____ g. No swimming

_____ d. Tickets sold here

II. The past participle used as an adjective

A. Complete each sentence, which you will hear twice, by reading aloud the most appropriate ending from the choices given. Then repeat the entire sentence after the speaker.

MODELO   You hear: Los problemas están...
                        You see: vueltos / abiertos / resueltos
                        You say: **resueltos**
                        You hear and repeat: **Los problemas están resueltos.**

1. vestidos / vividos / trabajados

2. escritas / cerradas / acostadas

3. leída / dicha / abierta

4. conocido / nacido / pintado

5. vuelta / hecha / hablada

6. cerrada / resuelta / rota

7. soñada / vestida / servida

8. muertos / puestos / oídos

B. Listen to the following phrases describing people and things seen on a recent trip. Each phrase will be read twice. Complete each phrase, which you will hear twice, by supplying the appropriate form of the past participle of the verb given below. Then repeat the entire phrase after the speaker.

MODELO   You hear: Un niño mal...
                        You see: vestir
                        You say: **vestido**
                        You hear and repeat: **Un niño mal vestido.**

1. romper

2. comprar

3. dormir

4. sentar

5. hacer

6. construir

7. escribir

8. pintar

III. The present and past perfect tenses

A. *You will hear a question or statement twice. Respond by completing the following sentences with the appropriate present perfect form of the verb. Then repeat the answer after the speaker.*

MODELO   You hear: ¿Cuándo piensas hacer la maleta?
                You see: (yo) Ya la _____.
                You say: **Ya la he hecho.**
                You hear and repeat: **Ya la he hecho.**

1. Ya le _____.

2. ¡No recuerdas dónde _____ las maletas! ¿Qué vamos a hacer?

3. (yo) Ya _____ una pensión buena y muy económica.

4. Pero tú y yo ya la _____.

5. (yo) Ya se la _____ el otro día.

6. Creo que ya _____.

B. *Answer Eduardo's questions in the negative, substituting object pronouns when possible. Then repeat the answer after the speaker. Each question will be repeated.*

MODELO   ¿Has visto esa película?
                No, no la he visto todavía.

C. *Respond to each statement, which you will hear twice, by completing the sentence given with the past perfect form of the verb you hear.*

MODELO   You hear: Guillermo Valenzuela se casó.
                You see: Sí, María me dijo que…
                You say: **Sí, María me dijo que Guillermo Valenzuela se había casado.**
                You hear and repeat: **Sí, María me dijo que Guillermo Valenzuela se había casado.**

1. No sé; cuando llegué, ya…

2. Sí, supe que me…

3. Es verdad; cuando los conocí, ya … tres viajes a Cuba.

4. Pensaba que ya la…

5. Me dijiste que ya te lo…

6. ¡Pero ayer Fabio me dijo que ustedes ya los … la semana pasada!

DIÁLOGO

A. Listen to the following conversation. Be prepared to do comprehension exercise B.

Don Pepe, un guatemalteco que vive en la capital, recibe en su casa a unos amigos de los Estados Unidos: Lesley, fotógrafa, y su esposo Alan, profesor de historia en St. Anselm College.

DON PEPE:	Siéntense, por favor. ¿Tienen hambre?
ALAN:	No, ya hemos comido, gracias.
DON PEPE:	Así que han estado en Tikal. ¿Qué tal el viaje?
LESLEY:	¡Estupendo! ¡Las pirámides son magníficas! Saqué unas fotos estupendas…
ALAN:	…que probablemente las voy a usar en mi libro sobre esas pirámides. Dicen que los mayas las abandonaron. ¿Sabe usted por qué?
DON PEPE:	No, eso es un misterio. No lo sabe nadie.
LESLEY:	Pasamos la Semana Santa en un pueblo pequeño y allí vimos las ceremonias del Maximón. Es una costumbre realmente fascinante.
ALAN:	Es cierto. Una extraña combinación de elementos paganos y cristianos.
DON PEPE:	Exacto. Los indios creen en el Dios cristiano y en los ídolos antiguos al mismo tiempo. Pero eso no significa para ellos ninguna contradicción.
ALAN:	Son muy supersticiosos, ¿no? En el mundo moderno la religión casi ya no es necesaria…
DON PEPE:	Eso depende de la cultura. Los indios siempre han encontrado un gran consuelo en la religión.
LESLEY:	¿Y los ladinos?
DON PEPE:	La Iglesia Católica es muy importante para ellos, sobre todo en la educación moral de los hijos.

LESLEY: Pero la Iglesia prohíbe el divorcio, el aborto, el control de la natalidad…
           Personalmente, creo que ha hecho mal en prohibir todo eso.

DON PEPE: En cambio, yo creo que ha hecho bien…

B. *Listen to the following statements. Each will contain a word that did not occur in the previous conversation. Write the word that is out of place in the column on the left and the correct word in the column on the right. Each statement will be repeated.*

INCORRECT	CORRECT
1. _____	_____
2. _____	_____
3. _____	_____
4. _____	_____
5. _____	_____
6. _____	_____
7. _____	_____
8. _____	_____

PARA ESCUCHAR Y ESCRIBIR

A. *Listen to the following passage and write what you hear. Each sentence or phrase will be repeated. The entire passage will then be repeated so that you can check what you have written.*

_____

_____

_____

_____

_____

_____

_____

_____

_____

_____

B. Now listen to the following statements. Each statement will be repeated. If the statement is true, circle **V (verdadero)**: if it is false, circle **F (falso).**

1. V   F   4. V   F

2. V   F   5. V   F

3. V   F

FIESTAS Y ANIVERSARIOS

VOCABULARIO

What **fiesta** is being celebrated in each of the following drawings? Write the number of each statement you hear under the drawing that corresponds to it. Each statement will be repeated.

a. _____

b. _____

c. _____

d. _____

e. _____

f. _____

PRONUNCIACIÓN

*In Spanish, there are two weak vowels, **i** and **u**, and three strong vowels, **a, e,** and **o**. Two strong vowels together constitute two syllables. A combination of two weak vowels or of a weak and a strong vowel is a diphthong—a multiple vowel sound pronounced in the same syllable. An accent mark on the weak vowel breaks the diphthong into two syllables.*

Listen to these words. In the first and third there are two separate vowels in a row. In the second and fourth there are diphthongs.

María	gracias	realista	puerta

Now you will hear a series of words that include a sequence of two vowels in a row. Listen to the vowel combination in each word and decide whether it is a diphthong or not. Write the word in the appropriate column. Then repeat it after the speaker.

Diphthongs   **Separate Vowels**

_____   _____

_____   _____

_____   _____

_____   _____

_____   _____

_____   _____

I. The present subjunctive of regular verbs

A. Make a new sentence using the cue you see as the subject of the dependent clause. Then repeat the answer after the speaker. Each sentence will be repeated.

MODELO	You hear:	La profesora quiere que visites ese museo.
	You see:	nosotros
	You say:	**La profesora quiere que visitemos ese museo.**
	You hear and repeat:	**La profesora quiere que visitemos ese museo.**

1. usted

2. tú

3. nosotros

4. ustedes

5. sus estudiantes

6. yo

B. *Berta's mother is very strict. For each statement you hear, respond as Berta's mother would using the cue you see. Then repeat the answer after the speaker. Each statement will be repeated.*

MODELOS a. You hear: Berta dice que tiene sueño. No quiere levantarse.
            You see: Quiero que…
            You say: **Quiero que se levante.**
            You hear and repeat: **Quiero que se levante.**

            b. You hear: Berta tiene ganas de comer chocolates.
            You see: Prohíbo que…
            You say: **Prohíbo que coma chocolates.**
            You hear and repeat: **Prohíbo que coma chocolates.**

1. Quiero que…   5. Pido que no…

2. Pido que…   6. Prohíbo que…

3. Prohíbo que…   7. No quiero que…

4. Mando que…

II. The present subjunctive of irregular, orthographic-changing, and stem-changing verbs

A. *Change each sentence, which you will hear twice, to a corresponding sentence in the subjunctive, using **Quiero que** instead of **Dice que.** Then repeat the answer after the speaker.*

MODELO   Dice que el pavo está delicioso.
              Quiero que esté delicioso.

B. *When your friend Vicente wishes you well, you make a similar statement including him. Use the **nosotros** form of the verb with **los dos** (both of us) as the subject of the clause. Then repeat the answer after the speaker.*

MODELO   Quiero que seas muy feliz.
              Quiero que los dos seamos muy felices.

C. *You will hear a clause, which will be repeated. If the verb is in the subjunctive, make a sentence beginning with **Quieren.** If it is in the indicative, use **Saben.** Then repeat the answer after the speaker.*

MODELO   You hear: …que ella lo encuentre
           You say: **Quieren que ella lo encuentre.**
           You hear and repeat: **Quieren que ella lo encuentre.**

III. Additional command forms

A. *You will hear a statement, which will be repeated, indicating it is time to do something. Respond with the corresponding **nosotros** command and **ya** (Let's do it now). Then repeat the answer after the speaker.*

MODELO   Son las dos. Debemos hacerlo.
           Hagámoslo ya.

B. *Your friend Beatriz will suggest certain activities for both of you. Each of her suggestions will be repeated. If the activity is at all entertaining or pleasant, respond in the affirmative with a **nosotros** command. Otherwise give a negative **nosotros** command and suggest that your brother Luis do it. Use object pronouns when possible. Then repeat the answer after the speaker.*

MODELOS   a. ¿Escuchamos el concierto?
              Sí, escuchémoslo.

           b. Estamos sin dinero. Debemos ir al banco.
              No vayamos al banco. Que vaya Luis.

DIÁLOGO

A. *Listen to the following conversation, which takes place in a small town in Mexico. Based on it, be prepared to do comprehension exercise B.*

Don Antonio, un español de 75 años, está en un pequeño pueblo de México, de visita en casa de su hija Paula. Es época de Navidad. Varias familias se han reunido en la casa de unos vecinos para celebrar las Posadas.

LA VECINA: Entren, por favor. Están en su casa.

PAULA: ¡Qué bonitos están los adornos y el nacimiento!

LA VECINA: Gracias. Siéntese usted aquí, don Antonio; quiero que vea bien las Posadas.

DON ANTONIO: Muchas gracias, señora. Y como no sé mucho de esto, les pido que me expliquen el origen de la celebración.

PAULA: Es muy típica de México. Creo que viene de la época de los aztecas.

LA VECINA: ¡Escuchen! Ya han empezado las canciones.

Dos hombres empiezan a cantar; uno hace el papel de San José y el otro hace el papel del dueño de la casa… Una hora después. Las canciones han terminado.

EL VECINO: Bueno, que pasen todos al comedor. La comida está lista.

LA VECINA: Sí, entremos y comamos. A ver…, ¡que traigan la piñata!

ROSITA: ¡Mira qué grande es la piñata, abuelo! ¿Tienen piñatas en España?

DON ANTONIO: No, mi tesoro. No es nuestra costumbre.

ROSITA: ¡Pobres niños españoles!

B. *Now listen to the following statements. Each statement will be repeated. If the statement is true, circle* *V (verdadero);* *if it is false, circle* *F (falso).*

1. V   F   5. V   F

2. V   F   6. V   F

3. V   F   7. V   F

4. V   F

PARA ESCUCHAR Y ESCRIBIR

A. *Señora Kingsley is talking about her friends who have birthdays on or around the same day. Listen to what she says and write the missing words. Each sentence or phrase will be repeated. The entire passage will then be repeated so that you can check your work.*

¿Celebras tu cumpleaños el mismo día que uno de tus amigos? Hace varios años yo conocí

_____ que tenían _____ el mismo

_____ de julio, unos pocos días _____ cumpleaños. Ellos

_____. Y mi esposo nació _____ yo,

¡también _____! Ahora tengo un amigo _____ un 17 de

julio, ¡el mismo día de mi cumpleaños! Es Eduardo, _____

amiga Teresa. Algún día probablemente _____ vamos a

_____, ¡con _____ doble!

B. *Now listen to the following statements based on the passage and circle the appropriate ending for each one. Each statement will be repeated.*

1. a. cumpleaños el mismo día.   b. cumpleaños el mismo día que ella.

2. a. se casaron.   b. se conocieron.

3. a. una semana antes que ella.   b. una semana después que ella.

4. a. el esposo de su amiga Teresa.   b. el hijo de su amiga Teresa.

5. a. celebrarlo juntos.   b. cenar juntos.

LA SALUD Y EL CUERPO

CAPÍTULO

14

VOCABULARIO

Eduardo is describing his symptoms. Look at the drawings and listen to what he says. Then circle the letter of the most logical recommendation for his ailment. Each statement will be repeated.

1.

    a.   Vete al doctor.

    b.   No estudies.

2.

    a.   No comas tanto.

    b.   Come más.

3.

   a.   Quédate en la cama y toma jugo de naranja.

   b.   Ponte un suéter y haz ejercicios.

4.

   a.   Toma estas cervezas.

   b.   Toma dos aspirinas y acuéstate.

5.

   a.   Corre dos millas.

   b.   Acuéstate.

6.

   a.   Debes jugar al tenis hoy.

   b.   No debes trabajar hoy.

PRONUNCIACIÓN

Cognates are words that are similar in spelling and meaning in two languages. Listen and repeat these words.

chocolate	final	capital	profesor
doctor	horrible	oficial	vitamina
aspirina	curar	temperatura	humano

The endings **-ción** and **-sión** in Spanish correspond to the English endings *-tion* or *-sion*. Listen and repeat these words.

constitución	nación	televisión
separación	cuestión	conversación
revolución	organización	impresión

The Spanish ending **-dad** corresponds to the English *-ty*. Listen and repeat these words.

universidad	actividad	realidad
oportunidad	identidad	libertad
responsabilidad	probabilidad	electricidad

I. Other uses of the definite article

A. *Change each sentence using the cue given, then repeat the answer after the speaker.*

MODELO   Me duele la cabeza. (estómago)
Me duele el estómago.

B. *Respond to each statement, which you will hear twice, by making a general comment about your preferences. Use the appropriate definite article and the cues below. Then repeat the answer after the speaker.*

MODELO   You hear: Esta catedral es muy antigua.
You see: Me encantan…
You say: **Me encantan las catedrales antiguas.**

1. Me gustan…

2. Siempre nos han gustado…

3. Prefiero…

4. Gracias, pero no me gustan...

5. Gracias, pero tengo alergia a...

6. Buena idea, le gustan mucho...

7. No me gustan...

8. Sí, me encantan...

II. The subjunctive with certain verbs expressing emotion, necessity, will, and uncertainty

A. *Listen to each sentence and circle the letter of the verb form you hear. Each sentence will be repeated.*

MODELO   You hear: Te pido que compres un buen vino.
                 You see: a. compras   b. compres
                 You circle: **b**

1. a. bailamos   b. bailemos

2. a. llega   b. llegue

3. a. habla   b. hable

4. a. tenemos   b. tengamos

5. a. pueden   b. puedan

6. a. llueve   b. llueva

7. a. pensamos   b. pensemos

B. *You like to "live it up" and enjoy parties, celebrations, and holidays. Respond to each statement you hear using the cues below and the subjunctive form of the verb. Omit subject nouns and pronouns in your response. Then repeat the answer after the speaker. Each sentence will be given twice.*

MODELO   You hear: La universidad está cerrada.
                 You see: Me gusta que...
                 You say: **Me gusta que esté cerrada.**

1. No me gusta que...

2. Prefiero que no...

3. Me alegro de que…

4. Me gusta que…

5. Espero que…

6. Le voy a pedir que…

C. Complete each statement, which you will hear twice, with the appropriate phrase below. Then repeat the answer after the speaker.

MODELO   You hear: Tengo miedo que…
                You see: pase algo malo / estés muy bien
                You say: **pase algo malo**
                You hear and repeat: **Tengo miedo que pase algo malo.**

1. esté contento / esté muy enfermo

2. no puedan venir a la fiesta / duerman bien

3. se mueran / sean felices

4. coma demasiado / vea a un médico

5. no se preocupen / tengan un accidente

6. vuelva pronto / saque una mala nota

III. The subjunctive with impersonal expressions

A. Respond to each statement you hear, using the cue below. Use the appropriate indicative or subjunctive form of the principal verb. Then repeat the answer after the speaker.

MODELOS   a. You hear: Le duele la pierna.
                   You see: Es una lástima que…
                   You say: **Es una lástima que le duela la pierna.**

                b. You hear: El vestido es un poco grande.
                   You see: Es obvio que…
                   You say: **Es obvio que el vestido es un poco grande.**

1. Es posible que…   5. Es probable que…

2. Es evidente que…   6. Es difícil que…

3. No es cierto que…   7. Es bueno que…

4. Es ridículo que…

B. Listen to what doctor Espinosa tells his patient. Circle **bueno** if what he says is good advice and **malo** if it is not. Each statement will be repeated.

1.	bueno	malo	5.	bueno	malo
2.	bueno	malo	6.	bueno	malo
3.	bueno	malo	7.	bueno	malo
4.	bueno	malo	8.	bueno	malo

DIÁLOGO

A. Listen to the following conversation, which takes place in "Little Havana" in Miami. Based on it, be prepared to do comprehension exercise B.

Georgina visita a su papá en el Hospital Victoria de «la pequeña Habana», en Miami. A Don Pedro lo habían operado del corazón hacía unos días…

GEORGINA: ¿Cómo te sientes después de la operación, papá…?

DON PEDRO: Un poco mejor, mi hija, pero estoy muy solo y sin noticias. Hace tres días que no leo el periódico…

GEORGINA: Pues… tengo una sorpresa para ti. Teresa estuvo en La Habana la semana pasada. Fue a un Festival Internacional de Teatro que hubo allí y te trajo *Granma*…

DON PEDRO: ¿Qué dices…? ¿…que Teresa trajo a tu abuela aquí…? ¡Qué estupidez! ¡Tu amiga debe estar loca…!

GEORGINA: ¡No, papá…! Te trajo unos artículos de *Granma*…

DON PEDRO: ¡Ah…!   Me hablas de ese periódico comunista, lleno de mentiras… Dudo que allí haya algo que pueda interesarme.

GEORGINA: Pues creo que éstos te van a interesar... Por ejemplo, aquí hay uno que habla de Mario Kid...

DON PEDRO: ¿De don Mario, el campeón de boxeo que después fue masajista de Hemingway? ¿Estás segura, Georgina...?

GEORGINA: Sí, papá... Aquí tienes el artículo. Lo puedes leer tú mismo.

DON PEDRO: ¡Qué increíble! Así que don Mario todavía vive... ¿Sabías que él y papá —tu abuelo— eran muy buenos amigos?

GEORGINA: Sí, lo sabía. Creo que me lo contó la abuela cuando fui a visitarla hace dos años. También sabía que los dos trabajaron como enfermeros en el mismo lugar durante varios años.

B. *Now listen to the following questions and circle the phrase that best answers each one. Each question will be repeated.*

1. a. de la cabeza   b. del corazón   c. de la garganta

2. a. en Cuba   b. en San Francisco   c. en Miami

3. a. tres días   b. una semana   c. tres meses

4. a. en California   b. en Cuba   c. en Puerto Rico

5. a. no, de cine   b. no, de pintura   c. no, de teatro

6. a. un cuadro   b. un periódico   c. un programa

7. a. en Florida   b. en México   c. en Cuba

8. a. no, como boxeadores b. no, como enfermeros c. no, como masajistas

PARA ESCUCHAR Y ESCRIBIR

Listen to the following dialogue between Teresa and her mother and write the missing words. Each sentence or phrase will be repeated. The entire dialogue will then be repeated so that you can check your work.

TERESA: ¡Uf! _____ durante _____ que ahora me

_____ mucho _____. Pero...

¡ _____ terminar este trabajo _____!

MAMÁ: Hija, ¡_____ ese trabajo y ver _____

ahora mismo!

TERESA: Pero, mamá, no hablas en serio, ¿verdad? No hay que _____

doctor _____ pequeño…

MAMÁ: ¿Cómo sabes que es un problema pequeño? Eso lo debes confirmar con

_____ como _____.

TERESA: Mamá, te digo que _____ este trabajo hoy. No

tengo tiempo _____…

MAMÁ: Bueno…, si así piensas…Pero _____ por ser tu mamá tengo que

_____. Realmente _____

al doctor cuando uno _____…

B. Now listen to the following statements. If the statement is true, circle **V (verdadero)**; if it is false circle **F (falso)** . Each statement will be repeated.

1. V   F   4. V   F

2. V   F   5. V   F

3. V   F   6. V   F

EN CASA

CAPÍTULO

15

VOCABULARIO

Ana is describing activities and furniture for various rooms in her apartment, which is shown below. Listen to each of her statements and write the letter of the appropriate room in the blank next to the number of the statement. You will hear each statement twice.

MODELO   You hear: Cuando tengo hambre, voy allí para prepararme algo de comer.

You write: **d**

1. ___
2. ___
3. ___
4. ___
5. ___
6. ___
7. ___

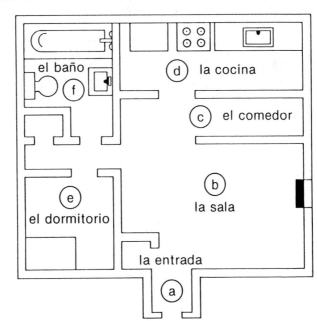

PRONUNCIACIÓN

In Spanish, every syllable contains only one vowel or diphthong. When two strong vowels come together, they are divided into two syllables. When a single consonant (including **ch** *and* **ll***) comes between two vowels, the consonant begins a new syllable. However, diphthongs are never divided. Listen and repeat these words.*

pa-tio	so-fá	te-cho
pa-red	sue-lo	te-le-vi-sor

When two consonants are together, they are divided into two syllables except when the second consonant is an **l** or an **r**. Listen and repeat these words.

al-fom-bra	mue-bles	al-qui-lar
es-tan-te	cam-bio	re-sul-ta-do

Listen to the following words, which will be repeated, and divide each into syllables with slashes.

lámpara	convencer	sillón
lavadero	consecuencia	ordenado
repaso	orgulloso	ruido
detective	dormitorio	noticia

I. The future tense

A. *Respond to each statement or question you hear by saying that some day the action will be performed. Use the future tense and then repeat the answer after the speaker. Each statement or question will be repeated.*

MODELO   You hear: ¿Esperas que ellos se casen?
                         You say: **Algún día se casarán.**

B. *Listen to each statement and respond using the cue below. Each statement will be repeated. Then repeat the answer after the speaker.*

MODELO   You hear: Volvemos el lunes.
                         You see: el martes
                         You say: **Ustedes volverán el lunes; yo volveré el martes.**

1. vino

2. Guayaquil

3. estudiar

4. tarde

5. avión

6. seis

C. Answer each question you hear using the future tense form of the verb to show probability. Then repeat the answer after the speaker. Each question will be repeated.

MODELO   You hear: ¿Qué hora es? ¿Las once?
             You say: **No sé, serán las once.**

II. The conditional mood

A. Make a new sentence replacing the **iba a** + infinitive phrase with the corresponding conditional form. Each statement will be repeated. Then repeat the answer after the speaker.

MODELO   Te dije que iba a divertirme.
             Te dije que me divertiría.

B. For each statement you hear, mark an *x* under **futuro, condicional,** or **imperfecto,** according to the verb tense. Each statement will be repeated.

MODELO   You hear: Viviríamos en un apartamento pequeño.
             You mark: an **x** under **condicional** because you heard **viviríamos.**

	futuro	condicional	imperfecto
Modelo		x	
1.			
2.			
3.			
4.			
5.			
6.			
7.			
8.			

*C. Change what you hear to a softened request or suggestion, using the appropriate conditional form of **deber** or **poder** with the principal verb. Then repeat the answer after the speaker. Each request or suggestion will be repeated.*

MODELOS   a. Hace calor. Abra la ventana.
                 Hace calor. ¿Podría abrir la ventana?

                 b. ¡Cásense ustedes!
                 Ustedes deberían casarse.

III. The present participle and the progressive tenses

A. Make a new sentence using the cue you hear. Then repeat the answer after the speaker.

MODELO   Roberto está trabajando en el jardín. (yo)
               Yo también estoy trabajando en el jardín.

B. Respond to each statement using the present progressive tense, as in the model. Each statement will be repeated. Then repeat the answer after the speaker.

MODELO   You hear: Tú no lees libros de historia.
               You say: **Estoy leyendo uno ahora.**

C. Circle the most logical response to each question. Each question will be repeated. Then repeat the answer after the speaker.

MODELO   You hear: Hay mucho silencio. ¿Por qué?
               You see: a. Los muchachos están bailando en la clase.
                                    b. Los muchachos están escribiendo un examen.
               You circle: **b** because it is the most logical response.
               You hear and repeat: **Los muchachos están escribiendo un examen.**

1. a. Está mirando televisión en la biblioteca.
     b. Está estudiando en la biblioteca.

2. a. Está preparando el desayuno.
     b. Está limpiando el auto.

3. a. Están viviendo en París, con unos amigos.
     b. Están lavando la ropa en el lavadero.

4. a. No, estoy llamando a Manuel.
   b. No, estoy corriendo.

5. a. Estamos alquilando un apartamento.
   b. Estamos pintando la sala.

DIÁLOGO

A. Listen to the following conversation, which takes place in a restaurant in Quito. Based on it, be prepared to do comprehension exercise B.

En el restaurante del Hotel Colón, en Quito.

LAURA:	Así que están pensando mudarse a Quito. ¡Qué bien! Pero, ¿cuándo…?
PEDRO:	Pues, nos gustaría estar aquí para Año Nuevo. Yo me jubilo el mes próximo, ¡por fin! Por ahora, estamos buscando casa…
ESTELA:	La verdad es que no será fácil dejar Guayaquil después de vivir tantos años allá. Susana, nuestra hija, daría cualquier cosa por convencernos de que no debemos mudarnos. Pero aquí siempre hace un tiempo magnífico, ¿no?
LAURA:	Así es. Por algo llaman a Quito «la ciudad de la eterna primavera», ¿no? Estoy segura de que la vida aquí les gustará muchísimo.
LUIS:	¡Ah!, ahora que recuerdo, ¿cambiaron la habitación del hotel que no les gustaba?
ESTELA:	No. Pedí una habitación doble, con dos camas, pero no me la pudieron dar.
LAURA:	¿Por qué no se quedan con nosotros…?
LUIS:	¡Buena idea! Tenemos un dormitorio para huéspedes, con baño y una sala pequeña.
ESTELA:	Es que no nos gustaría molestar...
LAURA:	¡Por favor! Esa habitación les va a encantar y la pueden usar por el tiempo que quieran. ¿Aceptan?
PEDRO:	Bueno, si no les causaremos problemas, ¡aceptamos! ¿Verdad, Estela?
ESTELA:	¡Por supuesto que sí! Y un millón de gracias. Sé que con ustedes estaremos cien veces mejor.

B. Listen to the following statements. Each contains a word that did not occur in the previous conversation. Write the word that is out of place in the column on the left, and the correct word in the column on the right. Each statement will be repeated.

      INCORRECT   **CORRECT**

1. _____   _____

2. _____   _____

3. _____   _____

4. _____   _____

5. _____   _____

6. _____   _____

7. _____   _____

8. _____   _____

COMPRENSIÓN AUDITIVA

A. Listen to the following passage. Be prepared to do comprehension exercise **B.** The passage will be repeated.

B. Now listen to the following incomplete statements based on the passage you just heard. Circle the most logical phrase to complete each one. Each statement will be repeated.

1. a. comprar casa   b. mudarse de casa

2. a. apartamento   b. auto

3. a. cómodo   b. viejo

4. a. frío   b. calor

5. a. lejos de   b. cerca de

6. a. escuela   b. universidad

7. a. viajar en avión   b. viajar en auto

8. a. todo el cuerpo   b. la cabeza y la espalda

SENTIMIENTOS Y EMOCIONES

VOCABULARIO

A. You will hear a comment based on each drawing below. Circle **V** (for **verdadero**) if the comment is true, and **F** (for **falso**) if it is false. Each comment will be repeated.

B. Listen to the following comments. Each will be repeated. Circle the letter of the most logical response to each one.

1. a.   Está furioso.
   b.   Está contento.

2. a.   empieza a llorar.
   b.   empieza a reírse.

3. a.   Ella está muy enojada con él.
   b.   Ella está muy orgullosa de él.

4. a.   ¡Qué alivio!
   b.   ¡Qué vergüenza!

5. a.   se mató.
   b.   se rió.

6. a.   ¡Qué alegría!
   b.   Lo siento.

7. a.   mucha risa.
   b.   mucha rabia.

PRONUNCIACIÓN

Listen and repeat the following cognates, concentrating on pronunciation.

el actor	fatal	el papá
cruel	el hotel	la radio
el director	la mamá	la televisión
el error	el terror	el sofá

The endings **-ente** and **-ante** in Spanish generally correspond to the English endings *-ent* and *-ant*. Listen and repeat these words.

el presidente	excelente	el restaurante
el accidente	inteligente	importante
abundante	elegante	el protestante

The Spanish endings **-oso** and **-osa** often correspond to the English ending *-ous*. Listen and repeat these words.

maravilloso	generosa	religiosa
fabuloso	famosa	misterioso

I. The infinitive

A. Listen to the following sentences. Write the number of each sentence under the sign with which you associate it. The first sentence is marked as an example. Each sentence will be repeated.

a. _____ b. ___1___ c. _____ d. _____

e. _____ f. _____ g. _____ h. _____

B. *Respond to the following statements, which will be repeated, saying you have just done the same thing. Then repeat the answer after the speaker.*

MODELO   Carlos acaba de hablar con el director.
          Yo acabo de hablar con el director también.

II. The subjunctive in descriptions of the unknown, nonexistent, or indefinite

A. *Your friend Rodrigo is looking for various things. Respond to each of his statements using the cue below. Then listen to his responses.*

MODELO   You hear: No hay nadie que tenga esa información.
          You see: Yo conozco a alguien que…esa información.
          You say: **Yo conozco a alguien que tiene esa información.**
          You hear (but do not repeat): ¿Conoces a alguien que tiene esa información?
                                        ¿De veras? ¡Qué alegría!

1. Conozco un restaurante barato que…buena comida francesa.

2. Conozco a alguien que…trabajar los fines de semana.

3. Mi prima es una mujer que...independiente, alegre y divertida.

4. Mi tío tiene un auto pequeño, bueno, ¡y que...muy poco!

5. Yo trabajo en una oficina donde nadie...

B. *You work outdoors in a busy section of the city. When people ask if you know or have seen certain individuals or things, reply using the cue below. Each question will be repeated. Then listen to the answer, but do not repeat it.*

MODELO	You hear:	Perdone, ¿ha visto usted a un hombre alto y que parece un poco loco?
	You see:	No, lo siento, no he visto a nadie alto y...loco.
	You say:	**No, lo siento, no he visto a nadie alto y que parezca un poco loco.**
	You hear (but do not repeat):	No, lo siento, no he visto a nadie alto y que parezca un poco loco.

1. No, lo siento, no he visto a ninguna persona baja y que...amarillos.

2. No, lo siento, no ha pasado nadie que...más corta.

3. No, lo siento, no conozco a nadie que...en esta calle.

4. No, lo siento, no...ningún auto que...colores.

5. Lo siento, pero por aquí no...ningún perro (*dog*) que...un resfrío muy fuerte y que se...mucho. ¡Hay mucha gente en esas condiciones hoy!

III. The subjunctive with certain adverbial conjunctions

A. *Respond to each sentence using the cue below. Then repeat the answer after the speaker. Each sentence will be repeated.*

MODELO	You hear:	El niño necesita dormir.
	You see:	Debemos irnos para que...
	You say:	**Debemos irnos para que duerma.**

1. No voy a la fiesta a menos que Luis...

2. Adriana piensa casarse sin que lo...

3. Voy a llevar el paraguas en caso de que...

4. Le llevamos un regalo para que no…

5. Quiero pedirles algo antes de que…

6. No le digas nada para que no le…

B. Listen to each statement and say that this is a customary situation for the people mentioned. Then repeat the answer after the speaker. Each statement will be repeated.

MODELO   Voy a estar más ocupada cuando venga mi mamá.
Siempre estás más ocupada cuando viene tu mamá.

DIÁLOGO

A. Listen to the following conversation. Based on it, be prepared to do comprehension exercise B.

Dos mujeres se encuentran en la «Peluquería Guaraní» de Asunción, Paraguay.

GLORIA: ¡Hola, Elena! ¡Cuánto me alegro de verte! ¿Cómo estás?

ELENA: Muy bien, Gloria. ¡Qué sorpresa! Hacía tanto que no te veía. ¿Qué haces aquí?

GLORIA: Vengo todos los meses para que me cambien el color del pelo. Hay una muchacha aquí que me lo hace muy bien, sin que nadie pueda notarlo. No quiero que mi novio descubra que no soy rubia natural. Me da vergüenza decírselo.

ELENA: Pero cuando él sepa la verdad, se va a sentir desilusionado, ¿no lo crees?

GLORIA: Tal vez sí, pero no importa. Por ahora no lo sabe y está contento.

Entra María, la peluquera.

MARÍA: Buenas tardes, señorita Martínez. Tan pronto como termine con la señora Ospina, la atiendo.

GLORIA: Gracias, María. No tengo prisa.

MARÍA: *(a Elena)* ¿Y usted, señorita? ¿En qué puedo servirla?

ELENA: Tengo que dar una charla y necesito un peinado que sea elegante y sencillo a la vez.

MARÍA:	No hay ningún problema… si usted puede esperar unos veinte minutos hasta que termine con otra cliente.
ELENA:	Cómo no… Francamente, Gloria, me parece triste que una mujer le tenga que mentir a su novio o a su esposo.
GLORIA:	¿Por qué? Ellos nos mienten a nosotras. Creo que cuando te cases, Elena, vas a pensar de otra manera.
ELENA:	Lo dudo. Además es difícil que me case aquí.
GLORIA:	¿No conoces a ningún hombre que te interese?
ELENA:	Sí, pero no hay ninguno que me guste para esposo.
GLORIA:	¡Qué increíble! Espero que no te mueras soltera.
ELENA:	¿Por qué no? Mi abuela siempre decía que «más vale estar solo que mal acompañado». Y en mi caso, realmente prefiero estar soltera que mal casada…

B. *You will hear a series of erroneous statements about the dialogue; each statement will be repeated. Correct each, omitting subject nouns and pronouns. Then repeat the answer after the speaker.*

MODELO   You hear: Gloria y Elena se encuentran en un restaurante.
You say: **No, se encuentran en una peluquería.**

PARA ESCUCHAR Y ESCRIBIR

A. *Listen to the following passage and write the missing words. Each sentence or phrase will be repeated. The entire passage will then be repeated so that you can check your work.*

¡Nunca _____ las mujeres! Ellas _____,

los hombres, _____ Robert Redford

_____ Sylvester Stallone. También _____

todos nosotros _____ J. R. Ewing _____ llevarlas

_____ elegantes. ¿Por qué _____ ellas la cuenta

_____ de vez en cuando? ¡Eso no es justo (*just, fair*)!

Y si _____ que no les gusta, empiezan a _____

insensibles. Claro que _____, pero _____

avergonzados. ¿Por qué no _____ mujeres

_____ hombres?

B. Write the answer to each question you hear by completing the following sentences. Each question will be repeated.

1. Se queja _____.

2. Según él, buscan _____

_____.

3. Se sienten avergonzados _____.

4. Dice que deben comprarles _____

_____.

5. Se pregunta por qué _____

_____.

LA NATURALEZA

CAPÍTULO

17

VOCABULARIO

*You will hear some statements about camping. If the statement indicates an advantage, circle **bueno.** If it indicates a disadvantage, circle **malo.** Each statement will be repeated.*

1.	bueno	malo	5.	bueno	malo
2.	bueno	malo	6.	bueno	malo
3.	bueno	malo	7.	bueno	malo
4.	bueno	malo	8.	bueno	malo

PRONUNCIACIÓN

Proverbs and sayings are commonly heard in any language. In Spanish, they are called **refranes** *or* **dichos**. *Listen to the following examples and repeat each one after the speaker, concentrating on your pronunciation.*

Más vale (un) pájaro en (la) mano que cien volando.
A bird in the hand is worth more than a hundred flying.

Estar como perro en barrio ajeno.
To feel out of place. (Literally: to be like a dog in another neighborhood.)

Echar la casa por la ventana.
To spend money like water. (Literally: to throw the house out the window.)

En boca cerrada no entran moscas.
Flies don't get into a closed mouth.

Ver es creer.
Seeing is believing.

No es oro todo lo que reluce.
All is not gold that glitters.

Quien todo lo quiere, todo lo pierde.
He/She who wants it all, loses it all.

Al mal tiempo, buena cara.
Grin and bear it. (Literally: For bad times, a good face.)

Cada cabeza es un mundo.
Every mind is a world in itself.

Now listen to this tongue-twister (**trabalenguas**) and repeat each segment after the speaker.

María Chucena techaba (*was putting a roof on*) su choza (*hut*) cuando un leñador (*woodcutter*) que por allí pasaba le dijo: «María Chucena, ¿techas tu choza o techas la ajena (*someone else's*)?» —Ni techo mi choza ni techo la ajena, techo la choza de María Chucena.

I. The neuter *lo*

A. *You are a realtor trying to sell a house on a lake. When some prospective buyers ask you questions, respond in the negative or the affirmative, using* **lo**. *Respond negatively only if they ask something that might detract from the value of the house. Then repeat the answer after the speaker.*

MODELOS   a. You hear: ¿Es lindo el lugar?
                    You say: **Sí, lo es.**

               b. You hear: Allí el aire no está contaminado, ¿verdad?
                    You say: **No, no lo está.**

B. Complete each sentence with the most logical ending from those given. Then repeat the complete sentence after the speaker. Each initial phrase will be repeated.

MODELO   You hear: Lo mejor de este lugar es…
                 You see: la niebla / el clima maravilloso
                 You say: **Lo mejor de este lugar es el clima maravilloso.**

1.   las vacaciones / las piedras

2.   la pobreza y la miseria / las actividades culturales

3.   el silencio / el ruido

4.   sus flores / sus peces

5.   las estrellas / los insectos

6.   el calor horrible / el frío terrible

7.   la contaminación del aire / el sitio tranquilo donde está

II. Other uses of *por* and *para*

*You will hear a statement with the preposition missing. Mark an **x** under **por** or **para** and then repeat the correct answer after the speaker. Each statement will be repeated.*

MODELO   You hear: Esta taza es…café.
                You mark: an **x** under **para**
                You hear and repeat: **Esta taza es para café.**

	POR	PARA		POR	PARA
1.	_____	_____	6.	_____	_____
2.	_____	_____	7.	_____	_____
3.	_____	_____	8.	_____	_____
4.	_____	_____	9.	_____	_____
5.	_____	_____	10.	_____	_____

III. The passive voice

A. For each passive sentence you hear, circle the corresponding active sentence below. Each passive sentence will be repeated. Then repeat the answer after the speaker.

MODELO   You hear: Machu Picchu fue construida por los incas.
                  You see: a. Los incas construyen Machu Picchu.
                                             b. Los incas construyeron Machu Picchu.
                  You circle: **b**
                  You hear and repeat: **Los incas construyeron Machu Picchu.**

1. a. Colón descubrió América en 1492.
   b. Colón descubre América en 1492.

2. a. Vieron muchas estrellas al anochecer.
   b. Ven muchas estrellas al anochecer.

3. a. La doctora López resolverá el problema.
   b. La doctora López resolvió el problema.

4. a. Los incas construyeron la ciudad de Cuzco.
   b. Los incas construían la ciudad de Cuzco.

5. a. Pablo Neruda escribió esos poemas.
   b. Pablo Neruda ha escrito esos poemas.

6. a. Descubren (la ciudad de) Machu Picchu en 1911.
   b. Descubrieron (la ciudad de) Machu Picchu en 1911.

7. a. Francisco Pizarro conquistó el Perú.
   b. Francisco Pizarro conquistaría el Perú.

B. Listen to the following passage in English about Lima and Machu Picchu. Each time you hear a beep, circle the Spanish verb form to translate what you heard in English. The passage will be repeated so that you can check your answers.

1. fue fundada / es fundada

2. es bautizada / fue bautizada

3. fueron construidos / eran construidos

4. fue asesinado / era asesinado

5. fueron vistos / son vistos

6. fueron puestos / son puestos

7. es exhibido / fue exhibido

8. fueron conquistadas / fueron conquistados

9. fueron descubiertas / fue descubierta

10. son visitadas / fueron visitadas

DIÁLOGO

A. Listen to the following conversation. Based on it, be prepared to do comprehension exercise B.

Eva y su novio están visitando las ruinas de Machu Picchu, en el Perú. Ella es pintora y está buscando inspiración para unos cuadros.

JUAN: ¿Qué haces, mi amor?

EVA: Estoy admirando estos muros imponentes. Dicen que fueron construidos por los incas hace cientos de años pero no fueron descubiertos hasta 1911. Parecen más bellos ahora, sin turistas.

JUAN: ¿A qué hora saliste?

EVA: A las cinco. No te desperté porque estabas durmiendo como una piedra. Hace dos horas que espero el amanecer, pero creo que hoy no vamos a poder ver el sol por la niebla.

JUAN: Mira aquella piedra. Parece una escultura moderna. Creo que es la que usaba el Inca para atrapar el sol.

EVA: Sí, lo es. Conozco la leyenda. Me la contó el muchacho indio que trabaja en el hotel. ¡Mira, allí está él!

TANO: Muy buenos días, señores.

JUAN: Buenos días. No sabía que hablabas español.

TANO: En casa hablamos quechua, señor, pero en la escuela nos enseñan español.

EVA: ¿No tienes frío sin zapatos?

TANO: No, señora, estoy acostumbrado al frío. Ustedes también se acostumbrarán pronto, dentro de dos o tres semanas…

EVA: No podemos quedarnos… El martes salimos para Venezuela.

B. *Listen to each phrase and circle the logical ending. Each phrase will be repeated.*

1. a.	Lima	b.	Machu Picchu	c.	Teotihuacán
2. a.	los incas	b.	los aztecas	c.	los mayas
3. a.	hace poco	b.	en 1911	c.	en el siglo XVI
4. a.	a su novio	b.	el anochecer	c.	el amanecer
5. a.	los mayas	b.	los incas	c.	los aztecas
6. a.	inglés	b.	español	c.	quechua
7. a.	quechua	b.	inglés	c.	español
8. a.	Machu Picchu	b.	Venezuela	c.	Colombia

PARA ESCUCHAR Y ESCRIBIR

A. *Listen to the following dialogue between Tina and Pepe and fill in the missing words. Each sentence or phrase will be repeated. The entire dialogue will then be repeated so that you can check your work.*

Un día en el campo, lejos de la ciudad…

TINA: ¡Qué _____ y qué _____ hay aquí! Me

gustaría pasar toda _____.

PEPE: Pues, _____. Para mí esto es _____.

TINA: Mira qué _____ y qué imponentes

esos árboles… ¿No te _____ todas las mañanas

con el canto (*singing*) _____? En serio, Pepe, ¿no te encanta

_____…?

PEPE: Sí, claro…, pero, _____, aquí no hay cines, _____,

ni _____, ni tiendas…

TINA: Eso es verdad…, pero _____, ni drogas, ni

_____ , ni basura, _____…

PEPE: Tienes razón, Tina, pero… ¿qué _____ comemos ahora? Es que

_____ y fresco… ¡me ha dado _____ de

elefante…!

B. *Now listen to the following statements. If the statement is true, circle **V (verdadero)**; if it is false, circle **F (falso)**.*

1.   V   F   4.   V   F

2.   V   F   5.   V   F

3.   V   F   6.   V   F

DE COMPRAS

CAPÍTULO

18

VOCABULARIO

Look at the drawings and then answer each of the following questions. Repeat the answer after the speaker. Each question will be repeated.

MODELO   You hear: ¿Dónde podemos comprar pan y galletas?
              You say: **En la panadería.**

En la farmacia. . .

En la agencia de viajes. . .

En el almacén. . .

En la tienda. . .

En el banco. . .

En la mueblería. . .

En la panadería. . .

En la librería. . .

PRONUNCIACIÓN

Spanish intonation, or the rise and fall in the pitch of a speaker's voice, is different from English intonation in certain respects. Spanish-speakers differentiate questions from statements by the pitch of their voice at the end of a sentence. English-speakers vary the pitch of their voice more within a sentence. Listen to the rise and fall in intonation in these sentences.

Question: ¿Sabías todo eso? Did you know all that?

Statement: Yo sabía todo eso. I knew all that.

Listen and repeat the following sentences after the speaker, concentrating on the intonation.

—¿Es mío este refresco?
—Sí, es tuyo.

—Quisiera hablar con el director.
—Lo siento, pero no está aquí.

—¿Encontraron algo que les gustara?
—No, no vimos nada que nos gustara.

—¿Hasta cuándo tienen estas ofertas?
—Hasta fin de mes.

—¿Qué harías si fueras rico?
—Viajaría por todo el mundo.

I. The imperfect subjunctive

A. Make a new sentence, using the cue you hear as the subject of the dependent clause. Then repeat the answer after the speaker.

MODELO   Dudaban que Pancho tuviera el dinero. (tú)
              Dudaban que tú tuvieras el dinero.

B. Listen to the following verbs. Each verb will be repeated. Check **Sí** if the verb is in the imperfect subjunctive and **No** if it is in another tense.

1. ____ Sí ____ No			7. ____ Sí ____ No		
2. ____ Sí ____ No			8. ____ Sí ____ No		
3. ____ Sí ____ No			9. ____ Sí ____ No		
4. ____ Sí ____ No			10. ____ Sí ____ No		
5. ____ Sí ____ No			11. ____ Sí ____ No		
6. ____ Sí ____ No			12. ____ Sí ____ No		

C. Answer each question, saying you wanted something to happen, but you have changed your mind and this is no longer the case. Use the cue given below to respond. Then repeat the answer after the speaker. Each initial question will be repeated.

MODELOS a. You hear: ¿Quieres que compre pan?
                 You see: Quería que lo... , pero ya no.
                 You say: **Quería que lo compraras, pero ya no.**

                b. You hear: ¿Busca a alguien que cuide a la niña?
                 You see: Buscaba a alguien que la..., pero ya no.
                 You say: **Buscaba a alguien que la cuidara, pero ya no.**

1. Prefería que...conmigo, pero ya no.

2. Necesitaba que..., pero ya no.

3. Quería que la..., pero ya no.

4. Te pedí que lo..., pero ya no.

5. Busca un secretario que...alemán, pero ya no.

6. Quería llamarla antes que..., pero ya no.

7. Esperaba ocho años que..., pero ya no.

8. Iba a pedirle que no..., pero ya no.

II. *If* clauses

A. *Listen to the following statements. If the speaker views the situation as true or definite, or is making a simple assumption, check the* **Sí** *column. If the speaker views the situation as hypothetical or contrary to fact, check the* **?** *column. Each statement will be repeated.*

MODELO   You hear: Si terminamos pronto, podremos salir temprano.
          You check: **Sí**

	SÍ	?			SÍ	?
1.	___	___		5.	___	___
2.	___	___		6.	___	___
3.	___	___		7.	___	___
4.	___	___		8.	___	___

B. *Circle the letter of the most logical response to complete each sentence you hear. Each sentence will be repeated.*

MODELO   You hear: Si no entendiera la lección…
          You see: a. miraría televisión.
                       b. hablaría con el profesor.
          You circle: **b** because it is the most logical response.

1. a. descansaras un poco.

   b. bailaras más.

2. a. se acostara más temprano.

   b. durmiera menos.

3. a. no asistiría a clase.

   b. estudiaría más.

4. a. nos lo prestaría.

   b. nos lo pediría.

5. a. tuviéramos un accidente.

   b. hiciéramos una fiesta.

6. a. me sentaría.

   b. caminaría más.

7. a. sería actor.

   b. sería millonario.

8. a. lloviera.

   b. hiciera calor.

C. *Your friend Martín will make some hypothetical statements; respond to each one following the models. Then repeat the answer after the speaker.*

MODELOS   a. Si cuesta menos, lo voy a comprar.
                  Claro, si costara menos.

                b. No tendré frío si me quedo en casa.
                  Claro, si te quedaras en casa.

III. Long forms of possessive adjectives; possessive pronouns

A. *Make a sentence using the cue below. Follow the model and repeat the answer after the speaker. Each initial sentence will be repeated.*

MODELO   You hear: Las llaves no son nuestras.
                You see: el cuadro / sí
                You say: **El cuadro es nuestro.**

1. los regalos / sí   4. la camisa / no

2. el apartamento / sí   5. los anillos / no

3. el bolso / no   6. las sandalias / sí

B. *You will hear various people praise things you have. Each comment will be repeated. Respond, as in the models, with the appropriate possessive pronoun. Then repeat the answer after the speaker.*

MODELOS   a. Tu casa es muy bonita.
                  La tuya es muy bonita también.

                b. Sus hijos son muy simpáticos.
                  Los suyos son muy simpáticos también.

DIÁLOGO

A. *Listen to the following conversation. Based on it, be prepared to do comprehension exercise B.*

Un matrimonio de un pequeño pueblo venezolano toma café con sus vecinos.

EL VECINO: No nos han dicho nada de su viaje a Caracas. ¿Qué les pareció la capital?

LA SEÑORA: ¡Horrible!

EL SEÑOR: Una gran desilusión. Todo era muy caro y de mala calidad. Además, las cosas
                tenían precios fijos y no se podía regatear. Nosotros hicimos el viaje princi-
                palmente para que los muchachos vieran los sitios importantes: los museos, la
                casa de Bolívar…

LA SEÑORA: Pero también vieron otras cosas sin que lo pudiéramos evitar.

LOS VECINOS: ¿Qué cosas?

EL SEÑOR: Fuimos al Parque del Este y vimos novios que se besaban en público, como si
                estuvieran solos en el mundo. En resumen, Caracas es un centro de perdición…

*En otra parte de la casa, el hijo de catorce años y la hija de dieciséis toman refrescos con unos
amigos.*

EL AMIGO: ¿Y el viaje a Caracas? ¿Qué les pareció la ciudad?

EL HIJO: ¡Fabulosa! Allí todo es muy barato y de buena calidad. En las tiendas se
                venden miles de cosas.

LA HIJA: Sí, es un sueño. Los jóvenes se visten a la moda y tienen mucha libertad.

LA HIJA: Es una lástima que no pudiéramos pasar más tiempo en las playas. Conocimos
                allá a un grupo de chicos que nos invitaron a una fiesta.

EL HIJO: Sí, pero mamá nos prohibió que aceptáramos la invitación.

LA AMIGA: ¡Qué lástima! A mí me gustaría vivir algún día en Caracas.

EL HIJO: A mí también. Si yo pudiera vivir en esa ciudad, sería la persona más feliz del
                mundo.

B. *Listen to each statement and circle* **P (probable)** *if what you hear is probable. If it is
improbable, circle* **I (improbable).**. *Each statement will be repeated.*

1. P   I   4. P   I

2. P   I   5. P   I

3. P   I   6. P   I

Capítulo 18

COMPRENSIÓN AUDITIVA

You will hear a definition, which will be repeated. Identify the concept being defined and circle the answer below.

MODELO   You hear: Dinero que recibimos cuando trabajamos.
　　　　　　　You see:　　　alquiler　　　sueldo　　　costo
　　　　　　　You circle:　**sueldo**

1.　mercado　　　　　　boutique　　　　　almacén

2.　millonaria　　　　　profesora　　　　　vecina

3.　aumentar　　　　　cuidar　　　　　　ahorrar

4.　barato　　　　　　oferta　　　　　　ayuda

5.　empleo　　　　　　camarero　　　　　sueldo

6.　dependiente　　　　cliente　　　　　　jefe

7.　deber　　　　　　　aumentar　　　　　rebajar

ANSWER KEYS

ANSWER KEY TO THE *EJERCICIOS ESCRITOS*

CAPÍTULO 1
VOCABULARIO

A.
1. hija
2. abuelo
3. prima
4. hijo
5. esposa
6. tío
7. abuela
8. tía

B.
1. Se llama José.
2. Se llama Alicia.
3. Antonio y Ana son los padres de Carmen.
4. Teresa es la abuela de Eduardo.
5. Se llama Amalia.
6. Antonio es el hermano de Alicia.

I. The present tense of *-ar* verbs

A.
1. Uds., Ellos, Los estudiantes
2. Tú
3. Yo
4. Marta, El esposo de Graciela
5. Ella y yo, Nosotros, Tú y yo

B.
1. En la Plaza de España Ana mira la estatua de Don Quijote y Sancho Panza.
2. Nosotros llegamos a la ciudad de Ávila.
3. Ana y yo buscamos un hotel.
4. Los turistas necesitan un taxi.
5. Teresa, Paco y Juan Manuel visitan la Universidad de Madrid.

II. Articles and nouns: gender and number

A.
1. Miramos la ciudad.
2. La tía de Carlos está aquí.
3. Buscan los hoteles.
4. Los hijos de Isabel desean hablar con usted.
5. Necesito las cámaras.

B.
1. un, unos, una
2. una, unas
3. una
4. un
5. unos

C. 1. semana
2. lápiz
3. dirección
4. tío de Juan
5. sillas
6. amigos

III. Cardinal numbers 0–99, *hay*

A. 1. ochenta y siete centavos
2. dos dólares y treinta y siete centavos
3. un dólar y cincuenta y seis centavos
4. setenta y cuatro dólares y doce centavos
5. veinticinco dólares y quince centavos
6. catorce dólares
7. sesenta y un dólares y dieciocho centavos
8. noventa y nueve dólares y once centavos

B. 1. No, no hay un hombre en la luna.
2. Sí, hay treinta días en noviembre.
3. No, no hay tres días en un fin de semana.
4. Sí, hay hoteles en los aeropuertos.
5. No, no hay doctores en las farmacias.

IV. Interrogative words and word order in questions

1. ¿Quiénes hablan mucho?
2. ¿Adónde viajan ustedes?
3. ¿Cómo viajan?
4. ¿Cuándo viajan?
5. ¿Quién lleva el regalo?
6. ¿Cómo se llama la mujer?
7. ¿Con quién está(s)?
8. ¿Quién pasa una semana aquí?
9. ¿Cuándo llega el avión?
10. ¿Dónde están Juan y José?

FUNCIONES Y ACTIVIDADES

A. 1. padres
2. abuelos
3. capital
4. aviones
5. hoteles
6. tíos
7. señores
8. lápices
9. ciudad

B. *Answers vary, but include the following verbs:*

1. Estoy…
2. Me llevo…
3. Llevo…

4. …escucho…
5. Deseo viajar a…

C.
A: Hola, Silvia. ¿Qué tal la familia? (¿Cómo está la familia?)

B: Estamos bien. ¿Y tú?

A: Bien, gracias. Martín llega por avión hoy, ¿verdad?

B: No, llega mañana. Hoy está en la capital.

A: ¿Dónde pasa el fin de semana?

B: Pasa el fin de semana en casa con la familia. El lunes viaja a Bogotá.

A: ¡Dios mío! Viaja mucho.

B: Sí, es verdad.

A: Pues, nos vemos mañana, ¿de acuerdo?

B: Sí, hasta mañana.

CAPÍTULO 2
VOCABULARIO

A.
1. descortés
2. pequeño
3. bueno
4. irresponsable
5. idealista

6. optimista
7. aburrido
8. egoísta
9. insensible
10. viejo

B. *Answers vary.*

I. The verb *ser*

A.
1. somos
2. son
3. soy
4. es
5. somos

6. eres
7. es
8. son
9. es
10. soy

B.
1. Soy de…
2. Soy…
3. Son de España.

4. Madrid es la capital de España.
5. Madonna es…

II. Adjectives

A.
1. grande
2. buen
3. norteamericanas
4. mal
5. mexicano
6. trabajadora
7. linda

B.
1. muchos, buenos
2. horrible, amables
3. viejas, lindas
4. excelentes, modernas
5. inteligentes, trabajadores
6. principal, internacionales
7. muchas, interesantes, elegante
8. gran, importante

III. *Ser* versus *estar*

A.
1. están
2. estamos
3. soy
4. está
5. son
6. es
7. estás
8. estamos

B. *The answers vary.*

C.
1. Estamos en el teatro.
2. Alberto es cortés y amable.
3. Isabel está aburrida porque la lección es fácil.
4. El hotel está a la izquierda.
5. Es un gran hotel internacional y está cerca de un buen restaurante argentino.
6. ¡La comida argentina es deliciosa!

IV. The contractions *al* and *del*

V. The personal *a*

A.
1. X, a
2. X
3. a
4. X
5. X
6. a

B.
1. No, necesito el número de teléfono de la profesora de francés.
2. No, busco la dirección del profesor de inglés.
3. No, llevo los libros a la clase.
4. No, comemos en el restaurante del museo de arte.
5. No, llamamos a las primas de Laura.

C. *Answers may vary but will include:*

1. a. Busco una exposición.
   b. Busco al señor Aguirre.

2. a. La farmacia está lejos del hotel.
   b. La farmacia está cerca de la Avenida Caracas.

3. a. El turista mira a las chicas.
   b. El turista mira los museos.

4. a. Los pasajeros llegan al aeropuerto.
   b. Los pasajeros llegan a los Estados Unidos.

5. a. El restaurante está al lado del hotel.
   b. El restaurante está enfrente de la universidad.

FUNCIONES Y ACTIVIDADES

A. 1. ¡Qué horrible! (¡Qué malo!)
   2. ¡Qué descortés! (¡Qué malo!)
   3. ¡Qué egoísta!
   4. ¡Qué bueno! (¡Qué interesante! ¿Verdad?)
   5. ¡Qué interesante! (¡Qué aburrido!)
   6. ¡Qué suerte!
   7. ¡Qué interesante! (¡Qué aburrido!)

B. 1. enfrente de
   2. al lado de
   3. a la derecha de
   4. cerca de
   5. lejos de
   6. detrás de

CAPÍTULO 3
VOCABULARIO

1. a   2. a   3. b   4. a   5. b

I. Telling time

A. 1. Tú llegas a las cinco menos diez de la tarde.
   2. El doctor Jaramillo y yo visitamos la clase a las once menos veinte de la mañana.
   3. Tú llamas la agencia a las dos y cinco de la tarde.
   4. Ahora son las ocho de la mañana en París.
   5. Nosotros deseamos llegar a las once y media de la mañana.

B. 1. A la una y media Juana lleva los libros a la casa de una amiga.
   2. A las tres menos veinte Juana habla con la profesora de física.
   3. A las tres y cuarto (quince) Juana visita a la familia de Miguel.
   4. A las cinco menos cuarto (quince) Juana pregunta la hora.
   5. A las cinco y media (treinta) Juana mira televisión.

II. The present tense of regular *-er* and *-ir verbs*

A.
1. cree, debemos
2. leen
3. vivimos
4. escribe, recibe

5. Aprenden
6. comen
7. comprendo

B.
1. creo
2. venden
3. recibe
4. comemos

5. lees
6. viven
7. debes
8. abrimos

III. Demonstrative adjectives and pronouns

A.
1. Esa señorita es una profesora de biología muy famosa.
2. ¿Desean comer en este restaurante o en aquél?
3. ¿Qué carta lees? ¿Ésta?
4. ¿Cuál de estos libros es bueno para Víctor?
5. Busco el Museo Nacional. ¿Es aquél?
6. Estos niños que están aquí leen mucho.
7. Tú debes decidir: ¿estos calendarios o ésos?

B.
1. este
2. ese
3. ése
4. aquel

5. aquél
6. aquella
7. aquélla

IV. The present indicative of *tener*

A.
1. tengo un reloj
2. tienen un hotel
3. tenemos libros

4. tiene un avión
5. tienen una librería

B.
1. tengo
2. tengo ganas de
3. tienes ganas de

4. tenemos que
5. tengo

C. *Answers vary.*

V. The verbs *hacer, poner, salir,* and *venir*

A.
1. haces, hago
2. pone
3. hacemos

4. vienen
5. vienes
6. salgo

B. *Answers vary.*

FUNCTIONES Y ACTIVIDADES

A. *Answers vary.*

B. *Answers vary.*

CAPÍTULO 4
VOCABULARIO

A.
1. nieva
2. sol, calor
3. meses, primavera
4. estación, otoño
5. frío, enero
6. llueve

B.
1. time
2. weather
3. time
4. weather

I. The irregular verb *ir*

A.
1. van
2. vas
3. va
4. vas
5. voy

B.
1. van, física
2. va, psicología
3. vamos
4. vamos, química
5. va, ingeniería
6. vamos, inglés

II. Dates

A. *Answers vary.*

B. *Answers vary.*

III. Cardinal numbers 100 and above

A.
1. tres millones
2. Catorce
3. quinientos mil
4. cuatrocientos mil
5. doscientos
6. setecientos
7. trescientas
8. novecientos

B.
1. 750   setecientos cincuenta
2. 1200   mil doscientos
3. 480   cuatrocientos ochenta
4. 560   quinientos sesenta
5. 575   quinientos setenta y cinco

C.
1. Cinco millones de pesos viejos son quinientos pesos nuevos.
2. Treinta mil pesos viejos son tres pesos nuevos.
3. Dos millones de pesos viejos son doscientos pesos nuevos.
4. Ochocientos mil pesos viejos son ochenta pesos nuevos.
5. Ochenta mil pesos viejos son ocho pesos nuevos.
6. Quinientos cincuenta mil pesos viejos son cincuenta y cinco pesos nuevos.
7. Diez millones novecientos noventa mil pesos viejos son mil noventa y nueve pesos nuevos.
8. Cuatro millones cuatrocientos cuarenta mil pesos viejos son cuatrocientos cuarenta pesos nuevos.

IV. Idiomatic expressions with *tener; hay que*

A.
1. El amigo de Carmen hace ejercicios y tiene sed.
2. Jorge y Roberto tienen que estudiar matemáticas.
3. Armando y yo tenemos ganas de comer comida mexicana.
4. Alfredo tiene dolor de cabeza y yo tengo dolor de estómago.
5. Tú tienes muchos dólares. ¡También tienes mucha suerte!

B.
1. Hay que empezar a estudiar en dos semanas.
2. Tienes que ir a Smith Hall.
3. Tiene que abrir la biblioteca a las siete y media de la mañana.
4. Sí, hay que contestar en inglés.
5. Tienes que tener un total de veinte.

FUNCIONES Y ACTIVIDADES

A. 1. d   2. d   3. a   4. c

B. *Answers vary.*

C. *Answers vary.*

CAPÍTULO 5
VOCABULARIO

A. 1. el tráfico   2. el parque   3. el autobús   4. la pobreza

B. *Answers vary.*

I. Possessive adjectives

A.
1. Tus composiciones están en la mesa.
2. La ciudad y su avenida principal son modernas.
3. Nuestro primo Alberto vive aquí.
4. Tengo sus libros, doctora Carretón.
5. Nuestros parques y plazas son bonitos.
6. Bienvenido, profesor Álvarez, está en su casa.
7. Voy a esperar a mis hijas.

B.
1. Mi
2. mis
3. mis
4. Nuestro
5. sus
6. su
7. Nuestro
8. su
9. Nuestra
10. Su
11. tus

II. Stem-changing verbs: *e* to *ie*

A.
1. piensas
2. entiendo
3. empieza
4. cierran
5. pierde
6. piensas
7. entiendo

B.
1. entienden
2. empezamos
3. quiero / prefiero
4. quieren / prefieren
5. pienso, perdemos

C. *Answers vary.*

III. Direct object pronouns

A.
1. Sí, me va a ayudar.
2. Sí, los esperamos en el hotel.
3. Sí, nos va a llamar mañana.
4. Sí, los vamos a visitar (vamos a visitarlos) el sábado.
5. Sí, lo vemos.
6. Sí, los tenemos.

B.
1. Sí, piensa ayudarla.
2. Sí, lo necesita.
3. No, no la va a ayudar.
4. No, no las mira.
5. Sí, las ayudo a veces. / No, no las ayudo.

IV. The present tense of *saber* and *conocer*

A. 1. conozco
    2. sé
    3. sabe
    4. conoce
    5. conozco
    6. saber

B. 1. ¿Sabe usted dónde está el Banco Central de México?
    2. ¿Conoce al presidente del banco?
    3. ¿Conoce los edificios de la ciudad?
    4. ¿Sabe hablar y leer francés?
    5. ¿Conoce a mucha gente aquí?

FUNCIONES Y ACTIVIDADES

A. *Answers vary.*

B. *Answers vary.*

CAPÍTULO 6
VOCABULARIO

Answers vary.

I. Indirect object pronouns

A. 1. Les
    2. nos
    3. le
    4. le
    5. Te
    6. les

B. 1. Ana te presta la bicicleta.
    2. Ana me muestra el libro.
    3. Ana le toca el violín.
    4. Ana les saca fotos.
    5. Ana le hace una fiesta de cumpleaños.
    6. Ana les prepara el almuerzo.

II. Stem-changing verbs: *e* to *i*; the verb *dar*

A. 1. sigues
    2. dice
    3. pedir
    4. doy
    5. preguntan
    6. siguen, dar
    7. piden
    8. sirven

B. *Answers vary, but include the following verbs.*

1. sigo
2. dice
3. repites
4. pide

5. sirven
6. pedimos
7. doy
8. seguimos

C. 1. preguntas
2. pedir
3. preguntas

4. pides
5. preguntar, pedir

III. Stem-changing verbs: *o* to *ue, u* to *ue*

A. 1. Ella sueña con la comida que le prepara su mamá.
2. Mi papá duerme muy poco, pero siempre puede trabajar bien.
3. Catalina y yo siempre volvemos temprano y te encontramos enfrente del televisor; ¿no recuerdas que debes estudiar?
4. La educación cuesta mucho ahora; mi hermano y yo no podemos ir a la universidad.

B. 1. duerme
2. sueña
3. encuentra
4. juegan

5. vuelve
6. puedes
7. recuerda

C. *Answers vary, but include the following verbs:*

1. vuelvo
2. almuerzo, encuentro
3. cuesta

4. juego
5. encuentro
6. recuerdo, sueño

IV. Direct and indirect object pronouns in the same sentence

A. 1. los libros
2. a la señorita
3. el dinero
4. las entradas
5. el almuerzo

6. a ustedes
7. la casa
8. a Juan y a Carmen
9. la canción

B. 1. Sí, puedo sacársela.
2. Sí, puedo prestártelo.
3. Sí, quiero mostrárselo.

4. Sí, voy a comprártela.
5. Sí, pueden llevárselo.

C. 1. a. El policía le pregunta el nombre.
b. El policía se lo pregunta.

2. a. Tú me das el disco.
b. Tú me lo das.

3. a. Yo te llevo la maleta.
   b. Yo te la llevo.

4. a. Ellos le piden consejos.
   b. Ellos se los piden.

5. a. ¿Usted les presta la computadora?
   b. ¿Usted se la presta?

6. a. Josefina y yo les repetimos la información.
   b. Josefina y yo se la repetimos.

7. a. Lorenzo y usted nos sirven la cena.
   b. Lorenzo y usted nos la sirven.

FUNCIONES Y ACTIVIDADES

A.
1. No sabe tocar la guitarra.
2. Marta prefiere dormir.
3. No, no sueña con Jorge.
4. No, no lo quiere mucho.
5. No, no les toca una canción bonita.
6. No, no puede ganar mucho.
7. Le cuestan $50, $30 y $25.
8. No, no se las puede comprar.
9. Piensa que es una mala película.
10. No, no va a volver a verla.

B. *Answers vary.*

CAPÍTULO 7
VOCABULARIO

A. *Answers vary.*

B.
1. Tiene un traje de baño verde. ¿Debo comprarle un sombrero azul o rojo? ¿Por qué no le compras un sombrero…?
2. Tiene un vestido violeta. ¿Debo comprarle un bolso violeta o anaranjado? ¿Por qué no le compras un bolso violeta?
3. Tiene jeans azules. ¿Debo comprarle un suéter blanco o verde? ¿Por qué no le compras un suéter…?
4. Tiene un impermeable marrón. ¿Debo comprarle un paraguas amarilla o marrón? ¿Por qué no le compras un paraguas marrón?
5. Tiene una blusa amarilla. ¿Debo comprarle una falda anaranjada o negra? ¿Por qué no le compras una falda negra?
6. Tiene un abrigo azul oscuro. ¿Debo comprarle guantes rojos o violetas? ¿Por qué no le compras guantes…?

I. The reflexive

A. 1. a   2. a   3. b   4. b   5. a

B. 1. a. We go to bed at 10:00.
      b. We put the children to bed at 10:00.

    2. a. I'm going to wash (myself) now.
      b. I'm going to wash the windows now.

    3. a. Are you putting the new dress on her?
      b. Are you putting your new dress on?

    4. a. The company is moving me to Barranquilla.
      b. The company is moving to Barranquilla.

    5. a. The children are enjoying themselves a lot.
      b. The children are amusing (entertaining) us a lot.

C. 1. se despiertan
2. se lava, se viste
3. se van
4. se quita, se sienta
5. se quedan
6. se divierten
7. se ponen, se acuestan

D. *Answers vary.*

II. Adjectives used as nouns

A. 1. un automóvil
2. una cámara
3. una película
4. las mujeres
5. los zapatos

B. 1. ¿Cuáles? ¿Los azules?
2. ¿Cuál? ¿La europea?
3. ¿Cuál? ¿El negro?
4. ¿Cuál? ¿La roja?
5. ¿Cuál? ¿La francesa?
6. ¿Cuáles? ¿Los grises?

III. Affirmative and negative words

A. 1. Ninguno
2. algo
3. nada
4. algún
5. ningún
6. tampoco
7. nunca
8. Algo
9. ni

B. 1. Nadie viene por aquí hoy.
2. Ni Lorenzo ni Elena van a la fiesta.
3. Ninguno de los Balboa tiene la dirección.
4. Marisa tampoco la tiene.
5. Nada hace para ayudarme.
6. Nunca me pongo el suéter marrón.

C.
1. No, no llevo corbata nunca.
2. No me pongo ni el traje gris ni el azul.
3. No, no conozco a nadie en Bogotá.
4. No, no necesito nada.
5. No, no hay nadie en la oficina.
6. No, no tomamos café nunca por la noche.
7. No, no conozco ningún restaurante mexicano.

IV. Common uses of *por* and *para*

A.
1. means
2. duration of time
3. cause
4. purpose
5. *along*
6. intended recipient
7. purpose

B.
1. No puedo ver por la ventana.
2. Debe llamarnos por teléfono.
3. Esta blusa es para tu (su) hermana.
4. Necesito pasar por la tienda para comprar un paraguas para mi madre.
5. Vamos a España por dos semanas.

C. *Answers vary.*

FUNCIONES Y ACTIVIDADES

A. *Answers vary.*

B.
1. de qué color es
2. depende
3. ¿De qué es?
4. ¿Cuándo o dónde lo necesita?
5. Lo necesito cuando llueve.

C. *Answers vary.*

CAPÍTULO 8
VOCABULARIO

A. *Answers vary.*

B. *Answers vary.*

I. The preterit of regular and stem-changing verbs

A.
1. pretérito
2. pretérito
3. presente
4. pretérito
5. pretérito
6. pretérito
7. presente
8. pretérito
9. pretérito
10. presente

B.
1. volvió
2. llamaste
3. descubrieron
4. vivimos
5. nací
6. perdieron (perdisteis)
7. salimos
8. quedé

C.
1. ¿Quiénes jugaron?
2. ¿Te divertiste?
3. ¿Por qué los perdieron (perdisteis)?
4. ¿Cómo llegaron (llegasteis)?
5. quién ganó

D.
1. llegué
2. empezó
3. jugó
4. ganó
5. perdió
6. salí
7. llegué
8. llamé
9. nos sentamos
10. empecé
11. escuchó
12. Prefirió
13. llevé

II. Adverbs ending in *-mente;* comparisons of equality

A.
1. tanto, fácilmente
2. sinceramente, bien
3. lentamente, tantas
4. tanto, diariamente
5. tanto

B. *Answers vary.*

C.
1. En el Hotel Granada pueden quedarse menos personas que en el Hotel Hilton.
2. En el restaurante «La Cazuela» sirven mejor comida que en el restaurante «La Mugrosa».
3. El año pasado los bolivianos perdieron tantos partidos como los chilenos.
4. Luis toca la canción «Guantanamera» mejor que Reinaldo.
5. Lidia Montalvo invitó a más personas a su fiesta que Patricia.

IV. Omission of the indefinite article after *ser*

A.
1. un   2. X   3. un   4. X   5. X   6. X

FUNCIONES Y ACTIVIDADES

A. 1. mejor, no
    2. Nadó, corrió
    3. ganó

    4. tanto
    5. levantó, muchísima

B. *Answers vary.*

C. *Answers vary.*

D. *Answers vary.*

CAPÍTULO 9
VOCABULARIO

    1. a   2. b   3. b   4. c   5. b

I. The present tense of *encantar, faltar, gustar, importar, interesar;* the verbs *oír* and *traer*

A. 1. traigo
    2. gustan
    3. falta
    4. importa
    5. faltan
    6. gusta

    7. oyes
    8. oigo
    9. encanta
   10. gusta
   11. interesa

B. 1. Me encantan el arroz y los frijoles.
    2. A mi familia le gusta la sopa.
    3. Nos faltan sal y azúcar.
    4. A mí me importan los amigos.
    5. A mi profesor(-a) de español le gusta leer.
    6. ¿Oye(-s) a los niños?
    7. ¿Trae(-s) vino?
    8. ¿Te faltan papas?
    9. A él le encantan las hamburguesas.
   10. A ellos les interesa la filosofía.

C. *Answers vary.*

II. The preterit of irregular verbs

A. 1. ser   2. ser   3. ir   4. ir   5. ser

B.
1. hicieron
2. dijiste
3. trajo
4. Hubo
5. supimos
6. hizo
7. pudo
8. di

C.
1. fuimos
2. hicieron
3. trajeron
4. vino
5. puso
6. pude
7. tuvimos
8. dimos

D. *Answers vary, but include the following verbs:*

1. estuvieron
2. dio
3. supimos
4. quise
5. vino

III. The relative pronouns *que* and *quien*

A.
1. Espero el autobús que siempre llega a las nueve.
2. Esa señora que cuida a mis hijas cocina bien.
3. Ese presidente que visitó España es un buen político.
4. Maribel y Joaquín son los amigos con quienes vamos a almorzar.
5. Pedro es el estudiante de biología a quien tengo que pedir un favor.
6. Conocemos a una estudiante chilena que canta canciones de protesta social.
7. Córdoba es la (una) ciudad muy interesante que quiero visitar en diciembre.
8. ¿Éste es el amigo de Silvia que va a quedarse con nosotros?

B.
1. a quien, Cristóbal Colón
2. a quien, Fernando III
3. que, Vasco Núñez de Balboa
4. que, Juan Carlos de Borbón
5. a quien, Ernesto Cardenal

FUNCIONES Y ACTIVIDADES

A.
1. dijo
2. encantan
3. *Answers vary.*
4. *Answers vary.*
5. *Answers vary.*
6. *Answers vary.*
7. tuvo
8. *Answers vary.*
9. que
10. hicimos
11. comió
12. quienes
13. se fue
14. hice
15. *Answers vary.*

B. *Answers vary.*

C. *Answers vary.*

CAPÍTULO 10
VOCABULARIO

A.
1. se enamoró
2. cita
3. beso
4. celos
5. abrazaron
6. pasearon
7. acompañó
8. boda
9. Se casaron
10. compañeros
11. llevar

B. *Answers vary.*

C. *Answers vary.*

I. The imperfect of regular and irregular verbs (*ir, ser, ver*)

A.
1. éramos
2. tenía
3. estaba
4. era
5. hacía
6. estábamos
7. desayunábamos
8. almorzábamos
9. cenábamos
10. nos despertábamos
11. volvía
12. iba
13. traía
14. quería
15. preparaba

B. Eulalia estudiaba ingeniería en la Universidad de Valencia. Ella no era muy responsable y no sacaba muy buenas notas, pero era muy popular y tenía muchos amigos que la querían mucho. Vivía con sus padres y sus dos hermanos menores que la admiraban mucho. Nosotros la conocíamos desde hacía muchos años. Nos gustaba su compañía y nos veíamos frecuentemente: íbamos a la playa, al cine, a algún baile, o simplemente nos quedábamos en casa a conversar. Siempre nos divertíamos cuando estábamos juntos.

II. The imperfect versus the preterit

A.
1. a. Estuve
   b. Estaba

2. a. Veía
   b. Vi

3. a. Fuimos
   b. Íbamos

4. a. Estudiabas
   b. Estudiaste

5. a. se llevaban
   b. se llevaron

B.
1. sabía
2. conocías
3. conocí
4. supiste
5. sabía
6. sabía

C.
1. quería
2. Llamé
3. quería
4. dijo
5. tenía
6. llamé
7. iba
8. preguntó
9. quería
10. dije
11. tenía ganas
12. me quedé

D.
1. fui
2. fue
3. hablaba
4. llegó
5. se sentó
6. llamaba
7. hablamos
8. abrazamos
9. fui
10. estudiaba
11. llamó
12. pidió
13. dije
14. gustaba
15. era

E. *Answers vary.*

III. *Hacer* with expressions of time

A.
1. hace
2. hacía, que
3. hacía, que
4. hacía, que
5. hace
6. hace, que

1. Hacía dos meses que la mujer lo conocía.
2. Hacía tres años que estaban casados.
3. Hace tres años que lo vio en Madrid.
4. Hacía mucho tiempo que ella no pensaba más en él.

B. *Answers vary.*

IV. Prepositions

A. 1. él   2. usted   3. -migo   4. con-   5. sin

B.
1. era
2. salir
3. conocerla
4. sacar
5. trabajaba
6. venir

FUNCIONES Y ACTIVIDADES

A.
1. Un día iba a volver con las entradas.
2. Alguien sacó una nota muy mala.
3. Parecía un día horrible.
4. Descubrieron algo muy misterioso dentro del libro.

B. 1. Me llamo Luis Durán.
           Mucho gusto.
       2. ¡Buen provecho!
           ¡Gracias!
       3. ¡Bienvenido!
           ¡Gracias! (Con permiso.)

       4. ¡Salud!
       5. ¡Felicitaciones!
       6. ¡Salud!
       7. Perdón.
       8. Con permiso.

C. *Answers vary.*

CAPÍTULO 11
VOCABULARIO

A. Lugares: las ruinas, el puerto, el parque zoológico, la estación de trenes, el Museo Nacional de Antropología, la aduana, el monumento, las pirámides, la agencia de viajes, el estadio, el correo

Cosas: el boleto, el dinero, el mapa, el pasaporte, las maletas

B. 1. la estación de trenes
       2. a la aduana
       3. quedarnos
       4. la aduana

       5. ¡Buen viaje!
       6. hotel
       7. pasaje
       8. hermosas

I. Formal *usted* and *ustedes* commands

A. 1. Busque el libro.
       2. Vayan con ella.
       3. Espere cinco minutos.
       4. Salga de la catedral.

       5. Empiecen a las ocho.
       6. Llegue temprano.
       7. Escriban pronto.
       8. No digan eso.

B. 2. escribo, escriba, escriban
       3. cuento, cuente, cuenten
       4. salgo, salga, salgan
       5. busco, busque, busquen
       6. llego, llegue, lleguen
       7. empiezo, empiece, empiecen

       8. traigo, traiga, traigan
       9. pongo, ponga, pongan
      10. pido, pida, pidan
      11. voy, vaya, vayan
      12. vengo, venga, vengan

C. 1. Vuelvan al avión ahora.
       2. Si tiene una cita, sea puntual.
       3. Llamen al agente de viajes.

       4. No saquen más fotos de esas ruinas.
       5. Traigan sus pasaportes.
       6. Caminen más.

D. *Answers vary.*

II. *Tú* commands

A.
1. venga Ud., ven tú
2. haz tú, haga Ud.
3. no diga Ud., no digas tú
4. tenga Ud., ten tú
5. no pongas tú, no ponga Ud.
6. no salga Ud., no salgas tú
7. no vaya Ud., no vayas tú
8. oiga Ud., oye tú

B. *Answers vary.*

C.
1. Mateo, no lleves esos pantalones blancos.
2. Señores García, no vayan al parque ahora.
3. Profesor, repita ese nombre, por favor.
4. Muchachos, doblen a la izquierda en esa esquina.
5. Juanito, no subas al autobús con ese paraguas.
6. Teresa, no compres esa blusa violeta.
7. Señores, hagan las maletas y pongan ropa de verano.
8. Muchachos, no caminen por esa calle.
9. Pablo, ve al centro esta tarde.
10. Por favor, Marta, no leas esa carta ahora.

III. Position of object pronouns with commands

A.
1. trabajo; tú
2. mapas; Ud.
3. puerta; tú
4. catedral; Ud.
5. calcetines grises; Ud.
6. sombrero; tú
7. programa; Ud.

B.
1. No se siente allí.
2. No nos lo digas.
3. No me las traigan.
4. No se los deje.
5. No los mires.
6. No las perdonen.
7. No se la pidas.
8. No se vayan.

C.
1. No me la compres hasta mañana.
2. No se los lleves hasta mañana.
3. No me lo busque hasta mañana.
4. No nos la diga hasta mañana.
5. No me los dé hasta mañana.
6. No se la escribas hasta mañana.
7. No me lo traiga hasta mañana.
8. No me la hagas hasta mañana.

FUNCIONES Y ACTIVIDADES

A.
1. izquierda, derecha, derecha
2. derecho, derecho
3. izquierda, oeste, enfrente
4. derecho, la Avenida San Juan de Letrán
5. izquierda, a la Fuente de la Diana Cazadora

B. *Answers vary.*

CAPÍTULO 12
VOCABULARIO

A. 1. b   2. d   3. a   4. c   5. a

B. *Answers vary.*

C. *Answers vary.*

I. The impersonal *se*

A. 1. cierran   4. dice
2. cambian   5. ven
3. debe   6. necesitaba

B. 1. c   2. a   3. f   4. e   5. b   6. d

II. The past participle used as an adjective

A. 1. traído   5. construidos
2. escritos   6. hecho
3. perdido   7. abiertas
4. cerradas   8. resuelto

B. 1. abiertos, cerrados   6. traídos
2. pintada   7. comprados
3. escrito   8. resuelto
4. hechas   9. cerrada, abierta
5. abiertas   10. hecha, construida

C. 1. Sí, profesor, el telegrama está mandado.
2. Sí, profesor, todas las maletas están puestas en el autobús.
3. Sí, profesor, los periódicos están comprados.
4. Sí, profesor, las ventanas y los puertas están cerradas.
5. Sí, profesor, los números de los pasaportes están escritos en su cuaderno.
6. Sí, profesor, la lista de los números de teléfono de emergencia está hecha.

III. The present and past perfect tenses

A. 1. Ellos han llegado de Guanajuato.
2. La profesora ha visitado ese museo.
3. Tú y yo hemos viajado a México.
4. Ha empezado el baile folklórico.
5. Me he quedado en el Hotel París.
6. Antonio no ha hecho mucho.
7. Todos hemos visto su maleta en la aduana.

B.
1. Sí, ya hemos llegado al hotel.
2. Sí, los han comprado.
3. Sí, la he oído.
4. Sí, la hemos traído.
5. Sí, nos la ha(s) dado.
6. Sí, ya he comido en ese restaurante.
7. Sí, se la hemos preparado.

C. *Qualifying expressions vary, but sentences include the following verbs.*
1. habías visto
2. había oído
3. había resuelto
4. habíamos pedido
5. habían roto
6. habían descubierto

FUNCTIONES Y ACTIVIDADES

A. *Answers vary.*

B. *Horizontales:*

1.	ve	26.	aumentas
4.	revista	30.	reunión
9.	canal	32.	época
10.	si	36.	teatro
12.	su	38.	artista
14.	ser	39.	Sevilla
16.	porque	43.	caer
20.	si	44.	sabe
21.	un	45.	re
22.	co	47.	día
23.	te	48.	esas
24.	oro	49.	leo
25.	se		

Verticales:

1.	va	25.	santos
2.	en	27.	U. S.
3.	el	28.	tío
5.	es	29.	yo
6.	vi	31.	no
7.	siesta	33.	casado
8.	ah (ay)	34.	veías
11.	poco	35.	pasar
13.	Ud.	37.	uvas
15.	ríes	38.	al
16.	protestar	40.	ese
17.	que	41.	iba
18.	un	42.	les
19.	don	46.	el
22.	celebrar		

C. *Answers vary.*

CAPÍTULO 13
VOCABULARIO

A.
1. en mayo
2. en noviembre
3. en diciembre
4. en julio

5. en enero
6. en junio
7. en enero
8. Answers vary.

B. *Answers vary.*

I. The present subjunctive of regular verbs

A. 1. a 2. c 3. a 4. a 5. b 6. c 7. b

B.
1. enseñe
2. nos quejemos
3. mande

4. se reúnan
5. fume
6. asistas

7. celebre
8. ayude

C.
1. llames
2. compres

3. inviten
4. escribas

5. comas
6. comprendamos

II. The present subjuntive of irregular, orthographic, and stem-changing verbs

A.
1. pidamos
2. enseñe
3. ponga
4. seas

5. piensen
6. haga
7. vayas
8. se reúnan
4. ir, vayan

B.
1. tener, tengan
2. venir, venga
3. conocer, conozcas

4. ir, vayan
5. llevar, lleves
6. asistir, asista

C.
1. sepan
2. conozcan
3. comprendan
4. pueda
5. veamos

6. vengan
7. interese
8. se sientan
9. pasen

III. Additional command forms

A.
1. Tomemos
2. Sentémonos
3. hagamos

4. le expliquemos
5. Ayudemos
6. les digamos

B.
1. la acueste
2. le escriba
3. vaya
4. la llame
5. los reciba

C.
1. Vamos al ballet. Espero que todavía haya entradas.
2. No, vamos al concierto. La orquesta toca música de Segovia. Quizás (Tal vez) Alicia y Raúl vengan con nosotros.
3. Espero que podamos salir a cenar el sábado que viene (el próximo sábado). Llamemos a tu restaurante favorito y reservemos (pidamos) una mesa para dos, ¿de acuerdo?
4. No, que llame tu hermana. Luego, vamos a visitar a los García y mirar «Saturday Night Live» con ellos.
5. ¿Has leído sobre (acerca de) la película nueva de Carlos Saura? ¡Veámosla mañana!
6. Hagamos una fiesta para celebrar el cumpleaños de Pepito. Que Jorge compre o haga una piñata y yo voy a hacer una torta de chocolate. ¡A Pepito le encanta el chocolate!

FUNCIONES Y ACTIVIDADES

A. *Answers vary.*

B. *Answers vary.*

C. *Answers vary.*

CAPÍTULO 14
VOCABULARIO

A.
1. la boca
2. el brazo
3. el dedo
4. la espalda
5. el cuello
6. el pulgar (dedo)
7. la pierna
8. el pie
9. el corazón
10. la mano
11. el pelo (el cabello)
12. la rodilla
13. la oreja
14. el ojo
15. la nariz
16. el estómago

B.
1. Me duele la cabeza. (Tengo dolor de cabeza.)
2. Me duele la garganta. (Tengo dolor de garganta.)
3. Me duele el estómago. (Tengo dolor de estómago.)
4. Tengo fiebre.
5. Me duele la espalda. (Tengo dolor de espalda.)
6. Me duelen los ojos. (Tengo dolor de ojos.)
7.–9. Answers vary.

El diagnóstico 1.–3. *Answers vary.*

I. Other uses of the definite article

1. La salud es muy importante.
2. Me duele la cabeza.
4. ¿Cómo se dice «cheers» en español?
7. Lávate la cara, Pepito.
8. Ellos creen que el español es más fácil que el francés.
11. Dame la mano, hija.
12. Le encantaban las personas sofisticadas.
14. Quítate la camisa y ponte este suéter.

II. The subjunctive with certain verbs expressing emotion, necessity, will, and uncertainty.

A. 1. a   2. c   3. b   4. a   5. b
    6. c   7. b   8. a   9. a   10. b

B. *Answers vary.*

C. 1. a. Quiero estudiar español.
       b. Quiero que estudie(s) español.

   2. a. Espero ir a la fiesta.
       b. Espero que ella vaya a la fiesta.

   3. a. Me alegro de estar aquí.
       b. Me alegro (de) que estén aquí.

   4. a. Siento no poder acompañarlos.
       b. Siento que ella no los pueda acompañar (no pueda acompañarlos).

   5. a. Me gusta pescar con ellos.
       b. Me gusta que pesquen conmigo.

   6. a. Me dice que sale (se va) esta noche.
       b. Me dice que salga (me vaya) esta noche.

   7. a. Prefiero no comer más, gracias.
       b. Prefiero que él no coma más, gracias.

   8. a. Me alegro de no estar enfermo(-a).
       b. Me alegro (de) que no estén enfermos.

D. *Answers vary.*

III. The subjunctive with impersonal expressions

A. 1. a   2. a   3. c   4. b   5. b   6. c   7. c

B.
1. escribió
2. sea
3. hablar
4. se alegre
5. recuerde
6. tener
7. se vayan
8. diga
9. lean
10. vean

C.
1. No es verdad que los enfermeros ganen mucho dinero.
2. No es seguro que se casen pronto.
3. No es obvio que tú estés enferma.
4. No es cierto que lo vayan a operar del corazón.
5. No creo que la tensión sea una de las causas del dolor de cabeza.
6. No piensan que usted tenga cáncer.
7. No dudamos que tu abuelo muere pronto.

FUNCIONES Y ACTIVIDADES

A.
1. es
2. pequeña
3. pelo
4. salud
5. cabeza
6. pie
7. camina
8. difícil
9. dudo
10. pedir
11. sea

B.
1. ...sea malo para el estómago nadar después de comer.
2. ...la vitamina C cure todos los resfríos.
3. ...correr sea malo para el corazón.
4. ...(no) sea bueno lavarse el pelo todos los días.
5. ...las verduras frescas tengan más vitaminas que las cocidas.
6. ...todas las mujeres embarazadas coman pepinos con azúcar.

C. *Answers vary.*

CAPÍTULO 15
VOCABULARIO

A.
1. Uno debe dejar el auto en el garaje.
3. Cuando llueve, es mejor pasar la noche en la casa.
4. Una casa con once habitaciones es grande.
5. Las cocinas casi nunca tienen alfombras.

B. *Descriptions vary.*
1. un televisor
2. un estante (de libros)
3. una alfombra
4. una lámpara
5. un sofá
6. una cama

I. The future tense

A.
1. Usted se quedará en casa, ¿no?
2. Ellos vivirán cerca de la universidad.
3. Yo limpiaré mi cuarto.
4. Ella pondrá el sofá aquí.
5. Saldré mañana para Quito.
6. Ustedes vendrán en tren, ¿verdad?
7. ¿Cuándo venderán la casa?
8. Tendremos un garaje para dos autos.

B.
1. te casarás
2. estaremos
3. vendrá
4. iremos
5. habrá
6. hará
7. nos divertiremos
8. recibirán
9. irán
10. tendrán
11. jugaremos
12. serás

C.
1. veré
2. guardaremos
3. saldrá
4. se pondrán
5. harás
6. pintaremos
7. meterá
8. podremos

D.
1. b, probability
2. a, probability
3. a, probability
4. b, future
5. c, probability

II. The conditional mood

A.
1. vendría
2. harías
3. serías
4. sabría
5. daría
6. pondrían
7. irían

B.
1. Siempre me decía que compraría una lámpara más grande.
2. Creíamos que sería preferible una boda tradicional.
3. Le dije que no haríamos nada.
4. Creía que el autobús pararía en esa esquina.
5. Sabía que habría mucha gente en la reunión.
6. Decían que Guayaquil sería un lugar ideal para una luna de miel.

C. llegaría, podrías, pasarían, saldrían, acompañaría, llevaría, deberías

D.
1. ¿Quién podría haber sido? (¿Quién podría ser?)
2. Sería
3. (Te) olvidarías
4. estaría cerrado
5. estaría en el correo

The description following the dialogue will vary.

III. The present participle and the progressive tenses

A.
1. trayendo
2. siguiendo
3. andando
4. jugando
5. esperando
6. dando

B. 1. En este momento Esteban está sacando el auto del garaje.
2. En este momento Anita y Pepito están durmiendo en el dormitorio de Susana.
3. En este momento tú le estás escribiendo una carta a Ramona.
4. En este momento nosotros estamos limpiando la cocina.
5. En este momento estoy estudiando para un examen.

C. *Answers vary.*

D. 1. estaba cocinando
2. estaba tocando
3. estaba mirando
4. estaba leyendo
5. nos estábamos divirtiendo (estábamos divirtiéndonos)
6. estabas haciendo

FUNCIONES Y ACTIVIDADES

A. *Answers vary.*

B. 1. Carlos y Clara tuvieron una cita, pero se insultaron mucho por cuestiones políticas. Como consecuencia…
2. David y Dora fueron al cine, pero se durmieron durante toda la película. Será que…
3. Eugenia y Eugenio salieron juntos, pero se enfermaron sin saber por qué. Por eso…
4. Flora y Fabio debieron encontrarse para cenar, pero olvidaron la cita y no se llamaron más. Por estas razones…
5. Juan acompañó a Juanita al teatro, pero ella lloró y él roncó durante toda la obra. Por lo tanto…

C. *Answers vary.*

D. *Answers vary.*

CAPÍTULO 16
VOCABULARIO

A. **Agradable:** sentirse feliz, ponerse contento, reírse, estar orgulloso, besar, viajar, enamorarse, abrazar

Desagradable: asustarse, sentir vergüenza, tener miedo, aburrirse, llorar, estar deprimido, enojarse, sentirse triste, matar

B. 1. asustada
2. asustada
3. contenta
4. conducía
5. avergonzada
6. furioso
7. rabia
8. se enojó
9. vergüenza
10. rabia
11. risa

I. The infinitive

A.
1. Sí, (No, no) es bueno estar a dieta.
2. Sí, (No, no) es necesario comprar pasajes de ida y vuelta.
3. Sí, (No, no) es importante salir antes de las cinco.
4. Sí, (No, no) es posible dormir en el tren expreso.
5. Sí, (No, no) es malo correr después de comer.

B. 1. a   2. b   3. c   4. a   5. a

C.
2. Don't step on the grass.
3. Take care of your dog. (Curb your dog.)
4. Put trash (in its place.)
5. Scenic view
6. Wet paint
7. Don't pick the flowers.
8. Exit
9. No smoking
10. Pull
11. Push
12. No parking
13. Post no bills
14. No left turn

II. The subjunctive in descriptions of the unknown, nonexistent, or indefinite

A. 1. a   2. a   3. b   4. a   5. c   6. c

B.
1. No conozco a ninguna persona que se enoje fácilmente.
2. No tengo ningún amigo que sea supersticioso.
3. No necesito a nadie que conozca al presidente.
4. No venden nada que yo pueda comprar.
5. Así no ofendes a nadie que sea inocente.

C.
1. Ustedes deben pedir la cerveza que yo siempre pido.
2. Vamos a un restaurante que no está lejos de casa.
3. ¿Hay alguien que no sepa conducir?
4. Tú no vas a encontrar un traje que cueste tan poco.
5. Pienso buscar un trabajo que pague bien.
6. Conocemos a una mujer que es actriz.

D. *Answers vary.*

III. The subjunctive with certain adverbial conjunctions

A.
1. Vamos a hablar antes de que el profesor nos llame.
2. Debes volver pronto en caso de que el profesor empiece la clase más temprano.

3. No podemos casarnos sin que nos queramos.
4. No te doy este anillo a menos que me des doscientos guaraníes.
5. Soy puntual para que el profesor no se enoje.
6. Vas a llegar a casa antes de que Sara vaya a la escuela.
7. Te mando este libro para que tengas algo que leer.

B. 1. a. sea
   b. corran
   c. reciban

2. a. se ría
   b. llore
   c. esté

3. a. pueda
   b. se despierte
   c. vea

C. 1. lleguen
   2. vio
   3. me enojé
   4. diga
   5. termine
   6. puedan
   7. se casen
   8. hablo

D. 1. esté
   2. se sienta
   3. esté
   4. puedan
   5. empiece
   6. ofende
   7. pida
   8. vean
   9. crean

FUNCIONES Y ACTIVIDADES

A. *Answers vary.*

B. *Answers vary.*

C. *Horizontales*

1. ah
3. sus
6. hija
10. docena
13. ducha
15. el
16. temía
17. mamá
18. ir
19. da
20. lámpara
21. carne
22. esquía
24. esquiar
26. panadero
30. horno
32. lavara
34. cama
35. de

36. es
39. ya
41. mío
42. dormitorio
43. come
45. al
46. ir
49. lee
52. enojo
54. ido
55. sueña
56. oír
58. ríes
59. risa
60. dio
61. devoto
64. pase
65. ese
66. adorno

Verticales

1. además
2. hola
3. será
4. un
5. S. A.
7. id
8. judía
9. a. C.
11. embargo
12. garaje
14. abre
16. también
18. inca
19. dedo
20. lavaderos
23. usará
25. ido
27. conservadora
28. radio

29. camisas
30. hay
31. re
33. veo
36. Ema
37. sillones
38. dolerá
40. acá
44. mi
47. pobres
48. libros
50. repaso
51. jardín
53. otro
57. ida
62. ve
63. te

CAPÍTULO 17
VOCABULARIO

A. *Answers vary.*

B. *Answers vary.*

C. *Answers vary.*

I. The neuter *lo*

A.
1. importante
2. lo que
3. Lo que
4. lo que
5. lo
6. lo

B. 1. a   2. a   3. b   4. c   5. b

C. *Answers vary.*

II. Other uses of *por* and *para*

A.
1.	por	5.	por	9.	para	13.	por
2.	para	6.	para, por	10.	para	14.	para
3.	Para	7.	para	11.	Para		
4.	por	8.	por, para	12.	por		

B. *Answers vary.*

C. Ayer José llamó a Elba para desearle (un) feliz cumpleaños. Le dijo que para su cumpleaños le compraría una casa cerca de la playa. José es muy rico, y, para su edad, su salud es excelente. Por lo general (En general), él compra regalos caros para sus amigos dos o tres veces al año. Pero pienso que esta vez lo hizo por amor. Anoche él le dijo a Elba que quería casarse con ella, y ella dijo que quería pensarlo por unos (pocos) meses. Quizás (Tal vez) una casa grande con un jardín bello (hermoso) la ayude a decidir para su próximo cumpleaños y ella olvide (se olvide de) que él es demasiado viejo para ella…

III. The passive voice

A. 1. a 2. b 3. a 4. b 5. c 6. a 7. b

B. 1. a 2. a 3. b 4. b 5. a 6. b

C. 1. b 2. a 3. b 4. b 5. b 6. b

FUNCIONES Y ACTIVIDADES

A. campo, clima, valle, vista, nieve, sol, nube, lago, peces, los insectos, pájaros, amanecer, flores

B. *Answers may vary. Some possibilities are:*
1. Debe estar muy triste.
2. Debes estar muy triste.
3. Te sentirás muy orgulloso(-a).
4. Debes estar muy triste [desilusionado(-a)].
5. Debe estar muy desilusionada (triste).
6. ¡Estará muy contenta! (Debe estar muy feliz.)
7. ¡Estará muy contento! (Debe estar muy feliz.) (Se sentirá orgulloso.)

C. *Answers vary.*

CAPÍTULO 18

VOCABULARIO

A.
1. fruit
2. fish
3. flowers
4. shoes
5. milk
6. bread
7. meat
8. furniture

B.
1. abrigo, blusa, bolso, camisa, falda, pantalones, poncho, sombrero, suéter, alfombras, vestido, zapatos

2. arroz, azúcar, bananas, carne, cerámica, huevos, leche, lechuga, manzanas, naranjas, pan, pescado, piña, pollo, poncho, queso, sombrero, tomates, torta, vino

3. termómetros, pasta de dientes, medicinas, vitaminas, desodorante, aspirina

4. arroz, azúcar, bananas, huevos, leche, lechuga, manzanas, naranjas, pan, piña, queso, tomates, vino

5. cama, mesas, silla, sofá, alfombras

I. The imperfect subjunctive

A.
1. rebajaran
2. gastáramos
3. ahorráramos
4. fueran
5. valiera
6. nevara
7. naciera

B.
1. Me pidió que le comprara un poncho en el mercado.
2. Ojalá que no perdiera todo su dinero.
3. Dudábamos que ellos pagaran tanto por esa alfombra.
4. Insistió (Insistía) en que yo fuera como él.
5. Su madre le pidió que no viera más a Ramón.
6. Esperábamos que Ana ahorrara su dinero.
7. Era mejor que pidieran eso en una boutique del centro.
8. Era necesario que regatearas en el mercado.
9. Buscaba un banco que me cambiara este cheque.
10. Querían ver esa cerámica antes de que se la dieras a tu amiga.

C.
1. fuera al mercado antes de que lo cerraran.
2. manejara con cuidado y que no tuviera prisa.
3. tratara de regatear para que nos dieran los mejores precios posibles.
4. no comprara nada que no estuviera en oferta.
5. llevara más dinero en caso de que viera algo no muy caro y de buena calidad.
6. vendieran las mejores cosas muy temprano y que no quedara nada bueno después.

7. no parara en ninguna parte para hablar con mis amigos, ¡aunque me pidieran que tomara una cerveza con ellos!
8. no quisiera seguir tus consejos.

D. 1. Quisiera cambiar estos boletos.
2. Tú debieras llamar antes de salir.
3. Ella quisiera que usted la acompañara.
4. Ustedes debieran tener sus maletas preparadas.

II. *If* clauses

A. 1. si lo encontraras, ¿me lo darías?
2. si valiera menos de 400 bolívares, ¿lo comprarías?
3. si los rebajara, ¿comprarías en su tienda?
4. se enamorara de alguien que trabajara con él, ¿se divorciarían?
5. le aumentaran el sueldo, ¿te llevaría a Europa?
6. supiera, ¿se ofendería?
7. te hiciera más preguntas, podríamos hablar toda la tarde, ¿verdad?

B.

1. paso		6. pasará
2. pongo		7. aceptan
3. pudiera		8. podré
4. mudaría		9. tengo
5. tuvieran		10. espera

C. *Answers vary.*

D. *Answers vary.*

III. Long forms of possessive adjectives; possessive pronouns

A. 1. su boda (su casamiento); la boda suya (el casamiento suyo)
2. mi anillo; el anillo mío
3. nuestra gente; la gente nuestra
4. su trabajo; el trabajo suyo
5. sus parientes; los parientes suyos
6. mis primas; las primas mías
7. tus amigos; los amigos tuyos
8. sus raquetas de tenis; las raquetas de tenis suyas
9. nuestros boletos de ida y vuelta; los boletos nuestros de ida y vuelta
10. tus novelas; las novelas tuyas

B. 1. El televisor es de Sonia. Es suyo.
2. Los libros son míos. Son míos.
3. La motocicleta es de nosotros. Es nuestra.
4. La bicicleta es de él y de Jorge. Es suya.

5. La radio es de vosotros. Es vuestra.
6. La máquina de escribir es tuya. Es tuya.
7. La alfombra es tuya y de ella. Es vuestra (suya).

FUNCIONES Y ACTIVIDADES

A. *Answers vary.*

B. *Answers vary.*

C. *Answers vary.*

ANSWER KEY TO THE *EJERCICIOS DE LABORATORIO*

CAPÍTULO 1
VOCABULARIO

1. V	2. F	3. V	4. V
5. F	6. V	7. F	8. F

I. The present tense of regular *-ar* verbs

A. 1. ellos   2. yo   3. Juan   4. Carmen y yo

   5. tú   6. yo   7. ellos

II. Articles and nouns: gender and number

B. 1. el señor
   2. la hermana
   3. la profesora

   4. la silla
   5. el pasaporte
   6. el aeropuerto

IV. Interrogative words and word order in questions

A. 1. c   2. a   3. c   4. b   5. a   6. c

PARA ESCUCHAR Y ESCRIBIR

A. Hay tres personas en la familia de Pepito. Están en un avión y viajan a Madrid. En treinta minutos llegan al aeropuerto. El señor García necesita unos minutos de paz porque Pepito habla mucho.

B. There are three people in Pepito's family. They are in a plane, and they are traveling to Madrid. In thirty minutes, they are arriving (will arrive) at the airport. Mr. García needs a few minutes of peace because Pepito talks a lot.

CAPÍTULO 2
VOCABULARIO

1. c	2. b	3. a	4. c	5. a	6. c

III. *Ser* versus *estar*

A. 1. ser   2. estar   3. ser   4. ser
5. ser   6. estar   7. estar   8. estar

IV. The contractions *al* and *del*

A. 1. F   2. F   3. V   4. V   5. F   6. V

DIÁLOGO

B. 1. P   2. I   3. P   4. P   5. I   6. I   7. I

PARA ESCUCHAR Y ESCRIBIR

A. Me llamo, Somos, eres, Son mexicanos, aquí, soy , es, hablan, español, Estás de vacaciones, estudiantes, Universidad

B. 1. V   2. F   3. V   4. F   5. F

CAPÍTULO 3
DIÁLOGO

B. 1. b   2. c   3. b   4. a   5. a

PARA ESCUCHAR Y ESCRIBIR

A. salir esta, Tengo, filosofía, debo, comprendo, salimos, noche, ¿A qué hora?, A las, Tienes ganas de, deliciosa, comer

B. 1. V   2. V   3. V   4. V   5. F   6. F

CAPÍTULO 4
VOCABULARIO

A. 1. invierno   2. verano   3. otoño   4. primavera   5. invierno
B. 1. trópico   2. montañas   3. trópico   4. Polo Norte   5. montañas

I. The irregular verb *ir*

A. 1. a   2. c   3. e   4. b   5. d

II. Dates

1. January 20
2. March 1
3. April 15
4. May 31
5. July 8
6. August 2
7. October 13
8. November 25

III. Cardinal numbers 100 and above

B.
1. $150.00
2. $680.00
3. $212.00
4. $35.00
5. $40.00
6. $430.00
7. $1547.00

DIÁLOGO

B.
1. abril, julio
2. los lunes, los domingos
3. Vermont, Chile
4. lluvia, nieve
5. nadan, esquían
6. nieve, lluvia
7. doce, once
8. francesa, chilena

PARA ESCUCHAR Y ESCRIBIR

1. b   2. a   3. b   4. a
5. a   6. c   7. c   8. b

CAPÍTULO 5
VOCABULARIO

a. 5   b. 3   c. 6   d. 4   e. 1   f. 7   g. 2

III. Direct object pronouns

B. 1. b   2. a   3. b   4. a   5. c

DIÁLOGO

B. 1. F 2. F 3. V 4. F
5. F 6. V 7. V 8. F

PARA ESCUCHAR Y ESCRIBIR

B. **Advantages** — Chicago: employment; pizza "Chicago style"; elegant stores; great museums, theaters and opera

Disadvantages — Chicago: it is cold in the winter; there are robberies, crimes, and drugs; does not have typical foods

Advantages — Dominican Republic: sun, warmth, and beaches; friends and family live there; typical foods

Disadvantages — Dominican Republic: a lot of unemployment, a lot of poverty

CAPÍTULO 6
VOCABULARIO

1. la casa
2. el teatro
3. la casa
4. la casa

5. el teatro
6. el cine
7. el teatro
8. la casa

II. Stem-changing verbs: *e* to *ie;* the verb *dar*

B. 1. F 2. F 3. V 4. F 5. V

III. Stem-changing verbs: *o* to *ue, u* to *ue*

B. 1. b 2. b 3. a 4. a 5. b

DIÁLOGO

1. b 2. a 3. b 4. b 5. a 6. a

PARA ESCUCHAR Y ESCRIBIR

Pablo: sociable, muchos amigos, juega al tenis, toca la guitarra, baila bien

Felipe: inteligente, estudia mucho, responsable, trabajador, muy sensible

CAPÍTULO 7
VOCABULARIO

A. 1. a   2. a   3. a   4. b   5. b   6. a

B. 1. No   2. Sí   3. No   4. No   5. Sí
     6. No   7. Sí   8. Sí   9. No

I. The reflexive

D. 1. F   2. V   3. F   4. F   5. V   6. V

II. Adjectives used as nouns

    1. b   2. a   3. a   4. b   5. a   6. b

DIÁLOGO

B. 1. P   2. P   3. P   4. I   5. I

PARA ESCUCHAR Y ESCRIBIR

B. 1. ingeniería, Universidad
     2. cinco
     3. las ocho
     4. va a un café, da un paseo por la ciudad
     5. cena, su novia
     6. su cuarto es muy pequeño y prefiere salir
     7. regresar a Cartagena
     8. hay sol, hay playas lindas y no hace frío

CAPÍTULO 8
VOCABULARIO

1. a   2. b   3. a   4. a   5. b   6. b

I. The preterit of regular and stem-changing verbs

B.
1. preterit
2. present
3. preterit
4. present
5. preterit

6. present
7. preterit
8. present
9. preterit
10. preterit

III. Comparisons of inequality and the superlative

B. 1. V   2. F   3. F   4. V   5. F   6. F   7. V

DIÁLOGO

B. 1. I   2. P   3. I   4. I   5. I

PARA ESCUCHAR Y ESCRIBIR

A.   Alfredo: ¡No puede ser!

Juan: ¿qué te pasa?

Alfredo: ganó; equipo

Juan: ¿Me hablas en serio?; puntos

Alfredo: Solamente; queda

Juan: ganó; Quizás

Luisa: ¡Hola!

Alfredo: últimos; partido de fútbol

Juan: ¡qué lástima!

Alfredo: perdió; perdí

Luisa: cinco mil pesetas

Juan: suerte

B. 1. Mira un partido de fútbol.
2. El Real Madrid es su equipo favorito.
3. Luisa entra en el cuarto.
4. El Athletic ganó el partido.
5. Alfredo perdió tres mil pesetas.
6. Luisa está contenta porque ganó cinco mil pesetas.

CAPÍTULO 9
VOCABULARIO

A. 1. g   2. f   3. a   4. d
     5. c   6. b   7. h   8. e

B. 1. Sí   2. Sí   3. No   4. No
     5. No   6. Sí   7. No   8. Sí

II. The preterit of irregular verbs

B. 1. él   2. yo   3. él   4. él   5. yo
     6. yo   7. él   8. yo   9. yo   10. él

DIÁLOGO

B. 1. F   2. F   3. V   4. F   5. V   6. V

PARA ESCUCHER Y ESCRIBIR

B.   **Luisa:** nada, ensalada de lechuga y tomate, paella, vino blanco, flan

     Claudio: sopa de verduras. ensalada de lechuga y tomate, bistec con papas fritas, vino tinto, torta de manzanas

CAPÍTULO 10
VOCABULARIO

     1. a   2. b   3. a   4. b
     5. a   6. a   7. b   8. b

II. The imperfect versus the preterit

A.
1. imperfecto
2. pretérito
3. imperfecto
4. pretérito
5. imperfecto
6. pretérito

COMPRENSIÓN AUDITIVA

A.
1. No
2. No
3. Sí
4. No
5. Sí
6. Sí
7. Sí
8. No

CAPÍTULO 11
VOCABULARIO

a. 3
b. 4
c. 1
d. 7
e. 6
f. 2
g. 8
h. 5

I. Formal *usted* and *ustedes* commands

C.
1. b
2. b
3. a
4. b
5. b
6. b

DIÁLOGO

B.
1. Alonso
2. Amalia
3. Alonso
4. Amalia
5. Alonso y Amalia
6. Amalia

COMPRENSIÓN AUDITIVA

B.
1. F
2. V
3. F
4. F
5. F
6. V

CAPÍTULO 12
VOCABULARIO

a. 5
b. 1
c. 4
d. 3
e. 6
f. 2

PRONUNCIACIÓN

A. trabajan
censura
universidad
principal
retrato
olvidar

cubres
mejor
agradable
puntual
actriz
salud

B. ridículo
aquí
fácil
interés

esquí
míralo
escándalo

I. The impersonal *se*

B. a. 7   b. 1   c. 2   d. 6
   e. 4   f. 5   g. 3

DIÁLOGO

B. 1. Don Pepe / Alan
   2. sociología / historia
   3. Nicaragua / Guatemala
   4. horribles / estupendas
   5. judíos / cristianos
   6. religiosos / supersticiosos
   7. la censura / el aborto
   8. mal / bien

PARA ESCUCHAR Y ESCRIBIR

A. Alicia quería ser escritora. Escribió páginas y páginas. Por fin, un día terminó su primera novela. Era una novela realista corta. Decidió enviarla a la Editorial Hispana, una compañía que había publicado muchas obras de autores jóvenes. Le llegó una carta de la editorial después de esperar noticias por más de tres meses. No le gustó la noticia. No iban a publicar su libro porque últimamente a la gente sólo le interesaban las novelas románticas y los cuentos de ciencia-ficción.

B. 1. F   2. V   3. F   4. V   5. F

CAPÍITULO 13
VOCABULARIO

A. a. 4   b. 6   c. 2   d. 3   e. 5   f. 1

PRONUNCIACIÓN

Diphthongs: injusticia, autor, recuerdo, negocio, suerte
Separate vowels: paseo, teatro, antología, egoísta, Rafael, cumpleaños, poesía

DIÁLOGO

B. 1. F   2. V   3. F   4. F   5. V   6. V   7. F

PARA ESCUCHAR Y ESCRIBIR

A. a dos jóvenes, su cumpleaños, día, antes de mi, se casaron, una semana antes que, en julio, que nació, el hijo de mi, nosotros, celebrar nuestro cumpleaños juntos, una gran fiesta

B. 1. a   2. a   3. a   4. b   5. a

CAPÍTULO 14
VOCABULARIO

1. a   2. a   3. a   4. b   5. b   6. b

II. The subjunctive with certain verbs expressing emotion, necessity, will, and uncertainty

A. 1. b   2. a   3. b   4. b   5. b   6. a   7. b

III. The subjunctive with impersonal expressions

B. 1. malo   2. malo   3. bueno   4. malo
5. bueno   6. malo   7. malo   8. bueno

DIÁLOGO

B. 1. b   2. c   3. a   4. b
    5. c   6. b   7. c   8. b

PARA ESCUCHER Y ESCRIBIR

A. Trabajé, tanto tiempo, duele, la espalda, tengo que, hoy, teines que olvidar, al doctor, ver al, por un problema tan, un profesional, tu doctor, tengo que terminar, para ver al doctor, yo creo que, darte consejos, es necesario ver, tiene problemas

B. 1. V   2. F   3. F   4. V   5. F   6. V

CAPÍTULO 15
VOCABULARIO

1. f   2. d   3. e   4. d   5. b   6. c   7. b

PRONUNCIACIÓN

lám/pa/ra	con/ven/cer	si/llón
la/va/de/ro	con/se/cuen/cia	or/de/na/do
re/pa/so	or/gu/llo/so	rui/do
de/tec/ti/ve	dor/mi/to/rio	no/ti/cia

II. The conditional mood

B.
1. condicional
2. imperfecto
3. condicional
4. futuro
5. futuro
6. imperfecto
7. futuro
8. condicional

DIÁLOGO

B.
1. Guayaquil / Quito
2. Navidad / Año Nuevo
3. año / mes
4. horrible / magnífico
5. invierno / primavera
6. baños / camas
7. cocina / sala
8. mil / cien

COMPRENSIÓN AUDITIVA

B. 1. b   2. a   3. b   4. a
       5. b   6. b   7. b   8. b

CAPÍTULO 16

A. 1. V   2. F   3. V   4. F
B. 1. a   2. a   3. b   4. b   5. b   6. a   7. a

I. The infinitive

A. a. 7   b. 1   c. 3   d. 6
       e. 2   f. 8   g. 5   h. 4

PARA ESCUCHAR Y ESCRIBIR

A. voy a entender a, quieren que nosotros, seamos tan románticos como, y tan fuertes como, piensan que, somos millonarios como, y que debemos, a restaurantes, no pagan, y nos compran un regalo, les decimos algo, llorar y dicen que somos, no tienen razón, nos hacen sentir, son las, tan razonables como los

B. 1. de las mujeres.
       2. hombres románticos, fuertes y ricos.
       3. cuando las mujeres empiezan a llorar.
       4. un regalo de vez en cuando.
       5. no son las mujeres tan razonables como los hombres.

CAPÍTULO 17
VOCABULARIO

1. malo   2. bueno   3. bueno   4. malo
5. malo   6. bueno   7. malo   8. bueno

III. The passive voice

B. 1. fue fundada
       2. fue bautizada
       3. fueron construidos
       4. fue asesinado
       5. son vistos
       6. fueron puestos
       7. es exhibido
       8. fueron conquistados
       9. fue descubierta
       10. son visitadas

DIÁLOGO

B. 1. b 2. a 3. b 4. c
    5. b 6. c 7. c 8. b

PARA ESCUCHAR Y ESCRIBIR

Tina: silencio, aire tan puro, la vida en el campo

Pepe: a mí no, demasiado tranquilo

Tina: hermosas son esas flores, gustaría despertarte, de los pájaros, la naturaleza

Pepe: por otra parte, ni teatros, restaurantes

Tina: tampoco hay robos, tráfico, ni contaminación del aire

Pepe: te parece si, tanto aire puro, un hambre

B. 1. F 2. V 3. F 4. V 5. V 6. F

CAPÍTULO 18
I. The imperfect subjunctive

B. 1. Sí   4. No   7. No   10. No
    2. No   5. Sí   8. No   11. No
    3. Sí   6. Sí   9. Sí   12. Sí

II. *If* clauses

A. 1. ? 2. Sí 3. Sí 4. ?
    5. ? 6. Sí 7. Sí 8. ?

B. 1. a 2. a 3. b 4. b
    5. a 6. a 7. b 8. b

DIÁLOGO

B. 1. I 2. I 3. P 4. I 5. P 6. I

COMPRENSIÓN AUDITIVA

1. boutique
2. millonaria
3. ahorrar
4. barato

5. empleo
6. dependiente
7. aumentar

VOCABULARY

ENGLISH–SPANISH VOCABULARY

The following abbreviations are used:

- *adj*   adjective
- *adv*   adverb
- *conj*   conjunction
- *dir obj*   direct object
- *f*   feminine
- *imperf*   imperfect
- *indir obj*   indirect object
- *inf*   infinitive
- *m*   masculine
- *n*   noun
- *obj of prep*   object of preposition

- *poss adj*   possessive adjective
- *pp*   past participle
- *prep*   preposition
- *pres*   present
- *pres p*   present participle
- *pret*   preterit
- *recip*   reciprocal
- *refl*   reflexive
- *rel pron*   relative pronoun
- *subj*   subject
- *v*   verb

A

a, an un, una
A.M. de la mañana
able: be able poder
about de, acerca de, sobre
abstract abstracto
accident el accidente
accompany acompañar;
  accompanied by acompañado de
according to según
across: go across cruzar (c)
act el hecho; el acto *(in a play)*
actor el actor
actress la actriz
additional adicional; **in addition (to) . . .** además (de)...
admiral el almirante
admire admirar
admit reconocer (zc)
advice los consejos; **piece of advice** el consejo

affectionately cariñosamente
afraid: be afraid tener miedo
after *adv* después; *conj* después (de) que; *prep* después (de); **after all . . .** a fin de cuentas..., después de todo
afternoon la tarde; **in the afternoon** por la tarde
afterwards después (de)
again otra vez; **once again** nuevamente
against contra
agency la agencia
agent el, la agente
ago hace ... que + *(pret or imperf)*
agree estar de acuerdo
AIDS el SIDA
air el aire
airplane el avión
airport el aeropuerto
allied aliado
allow dejar, permitir
almost casi

already ya
also también
although aunque
always siempre
American el americano, la americana
amusing divertido
ancient antiguo
and y; *(before i- or hi-)* e
Andean andino
anger la rabia, el enojo
Anglo-Saxon anglosajón
angry enojado; **get angry** enojarse, enfadarse; **make (someone) angry** darle rabia (a alguien)
anniversary el aniversario
announce anunciar
announcement el anuncio
annoy molestar
another otro
answer contestar, responder
anthology la antología
anthropology la antropología
anxious ansioso

any algún, alguno (-a, -os, -as); cualquier(a); **not any** ningún, ninguno (-a)

anyone alguien; cualquiera

apartment el apartamento

apologize disculparse

appear parecer (zc)

apple la manzana

appointment la cita; **have an appointment** tener una cita

April abril

archeologist el arqueólogo, la arqueóloga

archeology la arqueología

architecture la arquitectura

Argentine argentino

arm el brazo

armchair el sillón

arms las armas

army el ejército

arrest detener

arrival la llegada

arrive llegar (gu)

art, the arts el arte *f*, las artes

artisan el artesano, la artesana

artist el, la artista

as como; **as . . . as** tan... como; **as much as** tanto como; **as soon as** en cuanto, tan pronto como

ashamed avergonzado; **be (get) ashamed** avergonzarse (üe,c); **make (someone) ashamed** darle vergüenza (a alguien)

ask preguntar; rogar (ue,gu); **ask for** pedir (i,i)

asleep: fall asleep dormirse (ue,u)

aspirin la aspirina

assembly la asamblea

at en; **at home** en casa

athlete el, la atleta

athletics el atletismo

attack atacar (qu)

attempt intentar

attend asistir a

August agosto

aunt la tía

author el autor, la autora

automobile el auto

autumn el otoño

avenue la avenida

Aztec azteca

B

baby el bebé

back la espalda

bad malo (*shortened form* mal)

badly mal

baggage el equipaje

baker el panadero, la panadera

bakery la panadería

balcony el balcón

ball (*sports*) la pelota

ballet el ballet

banana el plátano, la banana

bank el banco

barber el peluquero, la peluquera

barbershop la peluquería

bargain (*over prices*) regatear

baseball el béisbol

basketball el básquetbol

Basque vasco

bathe bañarse

bathing suit el traje de baño

bathroom el baño, el cuarto de baño

bathtub la bañera

be estar; ser; (*impersonal*) haber; **be in a good mood** estar de buen humor; **be in agreement (with)** estar de acuerdo (con); **be in love (with)** estar enamorado (de); **be missing** *or* **lacking** faltar; **be on vacation** estar de vacaciones

beach la playa

bean; kidney bean el frijol

beautician el peluquero, la peluquera

beauty parlor la peluquería

because porque

become (*through conscious effort*) hacerse, llegar a ser; (*temporarily*) ponerse; (*relatively permanently*) volverse (ue)

bed la cama

bedroom el dormitorio, la alcoba

beer la cerveza

before *adv conj* antes (de) que; *prep (time)* antes (de)

beg rogar (ue,gu)

begin comenzar, empezar (ie,c), iniciar

behind detrás (de); **behind the scenes** entre bastidores

believe creer (y)

belt el cinturón

beret la boina

beside al lado (de)

besides además de

best mejor; el, la mejor

better mejor

between entre

beverage la bebida

bicycle la bicicleta

bigger más grande

biggest el, la más grande

bilingual bilingüe

bill la cuenta

biology la biología

birthday el cumpleaños

biscuit el bizcocho

black negro

blanket la frazada, la manta

block la cuadra

blond rubio

blood la sangre

blouse la blusa

blue azul

boardinghouse la pensión
boat el barco
body el cuerpo
book el libro
bookshelf el estante de libros
bookstore la librería
boot la bota
border la frontera
bored aburrido; **be (get) bored** aburrirse
boring aburrido
born: be born nacer (zc)
boss el, la jefe
both ambos
bother molestar
boutique la boutique
boy el chico, el muchacho, el niño
boyfriend el novio
brassiere el sostén
bread el pan
break romper
breakfast el desayuno
bridge el puente
bring traer
brother el hermano
brother-in-law el cuñado
brown marrón
build construir (y)
building el edificio
bull el toro
bullfight la corrida de toros
bullfighter el torero, la torera
bureau la cómoda; el buró, el escritorio
bus el autobús
business person el, la comerciante; el hombre (la mujer) de negocios
but pero
butter la mantequilla
buy comprar
by por; **by the way . . .** a propósito...
Bye! ¡Chau!

C

café el café
cafeteria la cafetería
cake el pastel, la torta
calendar el calendario
call llamar
calm down calmarse
camera la cámara
camp el campamento; **go camping** ir de campamento
can *v* poder
candelabrum el candelabro
candy el dulce, los dulces
capital *(city)* la capital
capsule la cápsula
car el coche, el auto
card la tarjeta; **credit card** la tarjeta de crédito; **playing cards** las cartas, los naipes
care: take care (of) cuidar (a)
career la carrera
careful: be careful tener cuidado
Caribbean el Caribe
carpenter el carpintero, la carpintera
carpet la alfombra
carry llevar; **carry out** cumplir
cash-register la caja
cashier el cajero, la cajera
cashier's office la caja
castanets las castañuelas
Catalan el catalán, la catalana
cathedral la catedral
Catholic católico
cause *n* la causa
cave la cueva
celebrate celebrar
celebration la celebración, la fiesta
censorship la censura
center el centro
century el siglo

ceramics la cerámica
cereal el cereal
certain cierto, indudable, seguro
Certainly. Claro., Cómo no., Por supuesto., Por cierto.
chair la silla
chalk la tiza
chalkboard la pizarra
champion el campeón, la campeona
change cambiar; **change the subject** cambiar de tema
channel el canal
Chanukah la fiesta de Janucá
chapter el capítulo
character *(in a play)* el personaje
cheap barato
check *n (restaurant)* la cuenta; *(bank)* el cheque; *v* revisar; **traveler's check** el cheque de viajero
Cheers! ¡Salud!
cheese el queso
chemistry la química
chest el pecho
chicken el pollo
chief el jefe, la jefa
child el niño, la niña
Chilean chileno
chili el chile
chocolate el chocolate
choose escoger
Christmas la Navidad
church la iglesia
citizen el ciudadano, la ciudadana
city la ciudad
civilization la civilización
class la clase
classic clásico
classroom la (sala de) clase
clearly claramente
clerk el, la dependiente

client el, la cliente
climate el clima *m*
climb subir
cloak el manto
clock el reloj
close cerrar (ie)
closet el ropero
clothing la ropa
cloud la nube
cloudy nublado
club el club
coast la costa
coat el saco
coffee el café
coffee pot la cafetera
coincidence la coincidencia
cold *n (illness)* el catarro, el
  resfrío; **have a cold** tener
  catarro, estar resfriado,
  tener un resfrío; **be (feel)
  cold** tener frío; **be cold**
  (weather) hacer frío
Colombian colombiano
colonial colonial
colonist el colonizador, la
  colonizadora
come venir; **come about**
  realizarse; **come out** salir
comfortable cómodo
command mandar
communication la comuni-
  cación
communist comunista
company la compañía
complain quejarse (de)
composer el compositor, la
  compositora
composition la composición
comprehend comprender
computer la computadora;
  computer science las
  ciencias de computación
concerning acerca de
concert el concierto
conference la conferencia
congratulate felicitar

Congratulations! ¡Felici-
  taciones!
congress el congreso
conquer conquistar
consequence: As a conse-
  quence ... Como conse-
  cuencia...
construct construir (y)
construction la construcción
consult consultar
contemporary contem-
  poráneo
contented contento
continue continuar (ú)
contrary: On the contrary
  Al contrario, Por el
  contrario
conversation la conversación
cook *v* cocinar
cookie el bizcocho
cool fresco; **be cool**
  (weather) hacer fresco
corn el maíz
corner la esquina
correct *adj* correcto
correctly correctamente
corridor el pasillo
cosmetics los cosméticos
cost *n* el costo; *v* costar (ue);
  cost of living el costo de
  (la) vida
cough la tos; **have a cough**
  tener tos
counselor el consejero, la
  consejera
count contar (ue); **count on**
  contar con
country *(nation)* el país, la
  tierra; *(countryside)* el
  campo
coup d'état el golpe de estado
couple la pareja
course el curso; **of course**
  por supuesto, claro
court *(sports)* la cancha; *(jai
  alai)* el frontón

courtship el noviazgo
cousin el primo, la prima
cover cubrir; **covered up**
  encubierto, cubierto
cracker la galleta
craft work la artesanía
crazy loco
crime el crimen
criminal el, la criminal
cross *n* la cruz; *v* cruzar (c)
cry llorar
Cuban-American cubano-
  americano
cup la taza
current *adj* actual
custard: caramel custard el
  flan
customs, customs house la
  aduana
customs agent el, la agente de
  aduana

D

dad el papá
daily diariamente
dam la represa
dame la dama
dance *n* el baile; *v* bailar
dancer el bailarín, la bailarina
dangerous peligroso
dark oscuro
date *(day of year)* la fecha;
  have a date tener una cita
daughter la hija
dawn el alba *f*
day el día; **Day of the Dead**
  el Día de los Muertos
dear *(formal letter)* estimado;
  (informal letter) querido
death la muerte
debt: foreign debt la deuda
  externa
December diciembre
decide decidir

decoration el adorno
decrease bajar
defeat vencer (z)
delicious delicioso
delight encantar
delighted encantado
democratic demócrata; democrático
demonstration la manifestación
departure la salida
depend: It depends on . . . Depende de...
depressed deprimido; be (get) depressed deprimirse
descend bajar (de)
descendant el descendiente
describe describir
desk el escritorio
dessert el postre
destroy destruir (y)
detail el detalle
detective el, la detective
devil el diablo
devout devoto
diagnosis el diagnóstico
dictatorship la dictadura
die morir(se) (ue,u)
diet la dieta; be on a diet estar a dieta
different diferente
difficult difícil; with difficulty difícilmente
dining room el comedor
dinner la cena; have dinner cenar
directly directamente
director el director, la directora
disappointed desilusionado
disappointment la desilusión
disco, discotheque la discoteca
discover descubrir
discrimination la discriminación

dish el plato; main dish el plato principal
diversion la diversión
divorce el divorcio; get a divorce divorciarse
dizziness el mareo
dizzy mareado
do hacer
doctor el doctor, la doctora, el médico, la médica
dollar el dólar
door la puerta
dot: on the dot en punto
doubt n la duda; v dudar
doubtful dudoso
downtown el centro
dozen la docena
drama el drama m
dream n el sueño; v dream (about) soñar (ue) (con)
dress n el vestido; dress as vestirse de; get dressed vestirse (i,i)
dresser la cómoda
drink n la bebida; v beber, tomar
drive conducir (zc,j), manejar
drop caer (4)
dry seco
due to debido a
during durante

E

each cada; each other nos, os, se; el uno (la una, etc.) al otro (a la otra, etc.)
ear (outer) la oreja
earlier anterior, previo
early temprano
earn ganar
earthquake el terremoto
easily fácilmente
east el este
Easter la(s) Pascua(s)

easy fácil
eat comer; eat lunch almorzar (ue,c)
economic económico
Ecuadorian ecuatoriano
edition la edición
effort el esfuerzo
egg el huevo
eighth octavo
either . . . or o... o
elected elegido
election la elección
elegant elegante
elephant el elefante
embarrassed avergonzado; be (get) embarrassed avergonzarse (üe,c)
embrace abrazar (c)
emotion la emoción
empire el imperio
employee el empleado, la empleada
employment el empleo; employment agency la agencia de trabajo
enchilada la enchilada
end v acabar, terminar; in the end al fin y al cabo, al final
enemy el enemigo, la enemiga
engagement el noviazgo
engineer el ingeniero, la ingeniera
engineering la ingeniería
English (language) el inglés; adj inglés
enjoy (oneself) divertirse (ie,i); Enjoy your meal! ¡Buen provecho!
enlarge agrandar
enough bastante
ensemble el conjunto
enter entrar
enthusiast entusiasta; el aficionado, la aficionada
entire: (an) entire todo
entrance, entryway la entrada

Epiphany el Día de (los) Reyes

epoch la época

escape escaparse

especially especialmente

essay el ensayo

essayist el, la ensayista

establish establecer (zc)

estate la hacienda

eternal eterno

evening *(before sunset)* la tarde; *(after sunset)* la noche; **in the evening** por la tarde (noche)

event el acontecimiento

every cada

everybody todo el mundo

everywhere por todas partes

evil el mal

exactly exacto, exactamente

exam el examen

examine revisar, examinar

example el ejemplo; el modelo; **for example** por ejemplo

excellent excelente

except excepto

exchange cambiar

exciting emocionante

excuse oneself disculparse; **Excuse me.** *(for past deed)* Perdón., Discúlpeme.; *(for future deed)* Con permiso.

exercise el ejercicio; *v* hacer ejercicios

exhibit la exposición

exhibition la exposición

exile el exilado

exit la salida

expensive caro

experience la experiencia

expert el experto, la experta

explain explicar (qu)

explorer el explorador, la exploradora

extinguish apagar (gu)

extra extra

extremely extremadamente

eye el ojo

F

fabulous fabuloso

face la cara

fact el hecho

fairly bastante

faithful fiel

fall *n* el otoño; *v* caer; **fall asleep** dormirse (ue,u); **fall in love (with)** enamorarse (de)

false falso

family la familia

famous famoso

fan el aficionado, la aficionada

fantastic fantástico

far (from) lejos (de)

farewell la despedida

fascinating fascinante

father el padre

father-in-law el suegro

fault la culpa

favor el favor

favorite favorito

fear *v* temer

February febrero

feel sentir (ie,i); *(physical or mental state)* sentirse; **feel like (doing something)** tener ganas (de + *inf*)

feeling el sentimiento

fever la fiebre; **have a fever** tener fiebre

few pocos; **a few** unos, unas

fiancé el prometido

fiancée la prometida

field *(sports)* la cancha

fifth quinto

fight pelear

film la película

final final; último

finally por fin, finalmente

find hallar, encontrar (ue); **find out (about)** enterarse (de); saber *pret*

finger el dedo

fingernail la uña

finish acabar; terminar

fire el incendio; el fuego

fire fighter el bombero, la bombera

fireworks los fuegos artificiales

first primero *(shortened form primer)*

fish *n* el pescado; *v* pescar (qu)

fisherman el pescador

fishing la pesca

fixed fijo

flag la bandera

floor el piso

flourish florecer (zc)

flower la flor

flu la gripe

flute la flauta

fog la niebla

follow seguir (i,i)

follower el seguidor, la seguidora

food la comida

foot el pie; **on foot** a pie

football el fútbol americano; **football player** el, la futbolista

for para; por; **for example** por ejemplo

forbid prohibir (í)

force la fuerza

foreign extranjero

forget olvidar

forgive disculpar, perdonar

fork el tenedor

former antiguo; primero, anterior

fortress la fortaleza

fortune la fortuna

fourth cuarto

freezer el congelador

French *(language)* el francés; *adj* francés
fresh fresco
Friday el viernes
friend el amigo, la amiga
frighten asustar
frightened asustado; **be (get) frightened** asustarse
from de; **from** *(a certain time)* desde; **from the very beginning** desde un principio
front: in front of enfrente de; delante de
fruit la fruta
frustrated frustrado; **be (get) frustrated** frustrarse
fulfill cumplir
function la función
funny divertido
furious furioso
furniture los muebles; **piece of furniture** el mueble
future el futuro

G

gallery la galería
game el juego; *(sports)* el partido; **soccer game** el partido de fútbol
garage el garaje
garbage la basura
garden *(flower)* el jardín, *(vegetable)* la huerta
gardener el jardinero, la jardinera
gasoline la gasolina
generally generalmente
generous generoso
gentleman el señor
German *(language)* el alemán; *adj* alemán
Gesundheit! ¡Salud!

get conseguir (i,g), sacar (qu); **get along (well)** llevarse (bien); **get into** subir (a); **get off** bajar (de); **get together** reunirse; **get up** levantarse; **get used to** acostumbrarse
gift el regalo
girl la chica, la muchacha, la niña
girlfriend la novia
give dar
glass *(drinking glass)* el vaso; *(wine glass)* la copa
glasses las gafas, los lentes, los anteojos
gloves los guantes
go ir; **go away** irse; **go back** regresar, volver (ue) ; **go camping** ir de campamento; **go crazy** volverse loco; **go down** bajar; **go for a stroll** dar un paseo; **go on vacation** ir de vacaciones; **go out** salir; **go shopping** ir de compras; **go to bed** acostarse (ue); **go up** *(increase)* aumentar; **go up** *(climb)* subir; **go with** *(match)* hacer juego con
God (el) Dios; **Thank God** Gracias a Dios
gold el oro
golf el golf
good *n* el bien; **good** buen, bueno; **Good afternoon.** *(until about sunset)* Buenas tardes.; **Good morning.** Buenos días.; **Good night.** Buenas noches.; **Good appetite!** ¡Buen Provecho!; **Good grief!** ¡Caramba!; **Good!** ¡Qué bien! ; **Good-bye** Adiós
govern gobernar (ie)

government el gobierno
graduation la graduación
grain el cereal
granddaughter la nieta
grandfather el abuelo
grandmother la abuela
grandson el nieto
grape la uva
grasp prender
grateful agradecido
great *(big)* grande; *(wonderful)* estupendo; **the great majority** la gran mayoría
Greek *(language)* el griego; *adj* griego
green verde
greet (each other) saludar(se)
greeting el saludo
grey gris
guard cuidar
guerrilla fighter el guerrillero, la guerrillera
guide: tourist guide *(book)* la guía turística; *(person)* el, la guía de turismo
guitar la guitarra
gypsy el gitano, la gitana

H

hair el pelo; el cabello
half medio
ham el jamón
hamburger la hamburguesa
hand la mano; **on the other hand** por otra parte
handbag el bolso
happen ocurrir, pasar, suceder
happening el acontecimiento
happily alegremente
happiness la felicidad; la alegría
happy alegre, feliz, contento; **be (get) happy** alegrarse

harbor el puerto
hardworking trabajador
harp el arpa *f*
hat el sombrero
have tener; **have a cold**
tener catarro, tener un
resfrío; **have a good time**
divertirse (ie,i); **have an**
opinion of pensar de;
have just (done
something) acabar de +
inf
he él
head *n* la cabeza
headache el dolor de cabeza;
have a headache tener
dolor de cabeza
health la salud
hear oír, entender (ie)
heart el corazón
heaven el paraíso
Hello. Hola.
help *n* la ayuda; *v* ayudar
her *poss adj* su, suyo; *obj of*
prep ella; *dir obj* la; *indir*
obj le, se
here aquí, acá
heritage la herencia
hers el suyo
herself *refl* se
Hi. Hola.
high alto
him *dir obj* lo; *indir obj* le,
se; *obj of prep* él
himself *refl* se
hip la cadera
his *poss adj* su, suyo; *poss*
pron el suyo
Hispanic hispano
history la historia
hitchhike *v* hacer autostop
hitchhiking el autostop
holiday el día feriado, la
fiesta
home la casa
homeless sin casa
honeymoon la luna de miel

honor la honra
hope *n* la esperanza; *v*
esperar; **I (we, let's) hope**
(that) ojalá (que)
hopefully ojalá (que)
horrible horrible
hospital el hospital
hot *(temperature)* caliente;
(food) picante; **be hot**
(weather) hacer calor;
(people) tener calor
hotel el hotel
hotel-keeper el hotelero
hour la hora; **half an hour**
media hora
house la casa
housewife el ama de casa *f*
how cómo; **how?** ¿cómo?;
how much?, how many?
¿cuánto (–a, –os, –as)?;
How are things? ¿Qué
tal?
however sin embargo
hug *n* el abrazo; *v* abrazar (c)
hundred cien(to)
hunger el hambre; **be**
hungry tener hambre
hurry: be in a hurry tener
prisa
hurt doler (ue)
husband el esposo

I

I yo
Iberian *adj* ibero
ice cream el helado
idea la idea
idealist idealista
if si
illness la enfermedad
imagination la imaginación
imagine imaginar
immediately inmediatamente
immigrant el, la inmigrante
impolite descortés

importance la importancia
important importante; **be**
important (to someone)
importarle (a alguien)
imported importado
impossible imposible
impressive impresionante
improve mejorar
in en; **in case** en caso (de)
que; **in front of** delante
de; **in order to** para; **in**
the morning por la
mañana; **in the afternoon**
por la tarde; **in the evening**
(night) por la noche
Incan inca
increase *n* el aumento;
v aumentar
independence la independencia
Indian *adj* indígena, indio
indigenous indígena, nativo
inexpensive barato
inflation la inflación
information la información
inhabitant el, la habitante
injection la inyección
inside dentro (de)
insist (on) insistir (en)
insomnia el insomnio
instructor el instructor, la
instructora
intelligent inteligente
intend (to do something)
pensar (+ *inf.*)
interest *v* interesar
interesting interesante
introduce presentar
introduction la presentación
invader el invasor, la
invasora
inventory el inventario
invite invitar
Irish *(language)* el irlandés;
adj irlandés
island la isla
isolate aislar (í)

it *obj of prep* él, ella, ello; *dir obj* lo, la; *indir obj* le, se

Italian *(language)* el italiano; *adj* italiano

its *poss adj* su, suyo; *pos pron* el suyo

itself *refl* se

J

jacket la chaqueta
jai alai el jai alai
January enero
jealous celoso; **be jealous (of)** tener celos (de)
jeans los jeans
Jewish *adj* judío
job el trabajo, el empleo, el puesto
jogging *n* el correr
joke *n* el chiste
juice el jugo
July julio
June junio
just: have just (done something) acabar de + *inf.*

K

key la llave
kilogram el kilo
kind *adj* amable
king el rey
kingdom el reino
kiss *n* el beso; *v* besar
kitchen la cocina
knee la rodilla
knife el cuchillo
know *(facts, information)* saber; *(person, place, subject matter)* conocer (zc); **know how** *(to do something)* saber (+ *inf.*); **well known** muy conocido
knowledge el conocimiento

L

Labor Day el Día de los Trabajadores
laboratory el laboratorio
lack la falta; **to be lacking** faltar
lady la dama, la señora
lake el lago
lamp la lámpara
land la tierra
language la lengua, el idioma
large grande
last *adj* pasado; *v* durar; **last night** anoche; **last week** la semana pasada; **last year** el año pasado
late tarde
later más tarde; después (de); **See you later.** Hasta luego.
latest último
laugh *v* reír, reírse
laughter la risa
law la ley
lawyer el abogado, la abogada
lead to llevar a
leader el, la líder
learn aprender
leave salir; irse; **leave behind** dejar; **leave-taking** la despedida
left *adj* izquierdo; **on, to the left** a la izquierda
leg la pierna
legacy la herencia
legume la legumbre
lend prestar
less menos; **less ... than** menos... que
lesson la lección
let dejar, permitir
letter *(note)* la carta; *(alphabet)* la letra
lettuce la lechuga
library la biblioteca

lie *v* mentir (ie,i)
life la vida
light *n* la luz; *v* prender; *adj* claro
like *prep* como; *v* querer, gustar; **I like ...** Me gusta...
likewise igualmente
link el vínculo
liquid el líquido
liquidation la liquidación
listen (to) escuchar
literature la literatura
little *adj* pequeño, poco; *adv* poco; **little by little** poco a poco
live vivir
living room la sala (de estar)
local local
locate situar (ú)
long largo
look (at) mirar; **look for** buscar (qu)
lose perder (ie)
lost perdido
lot *adj, adv* mucho
love *n* el amor; *v* querer; **I love ...** Me encanta(n)...
lover el, la amante
lucky: be lucky tener suerte
luggage el equipaje
lunch el almuerzo; **eat lunch** almorzar (ue,c)
lyrics la letra

M

magazine la revista
main principal
majority la mayoría; la mayor parte
make hacer; **made of** de; **make (someone) angry, ashamed, hungry, laugh, thirsty, sleepy** darle rabia, vergüenza, hambre, risa, sed, sueño (a alguien)

mama la mamá
man el hombre, el señor
many muchos; **as, so many** tantos; **how many?** ¿cuántos?; **too many** demasiados
map el mapa *m*
marathon el maratón
March marzo
mark down rebajar; **marked down** rebajado
market el mercado
marriage el casamiento
marriage annulment la anulación matrimonial
married casado; **get married (to)** casarse (con)
marvelous maravilloso
mask la máscara
masterpiece la obra maestra
match *v* hacer juego con; *n* *(sports)* el partido
mathematics las matemáticas
matrimony el matrimonio
matter *v* importar
May mayo
maybe tal vez, quizás
me *dir, indir obj* me; *obj of prep* mí; **with me** conmigo
meal la comida
meat la carne
medication el medicamento
medicine la medicina
meet conocer (zc); *(up with)* encontrarse con
meeting la reunión
Mexican *adj* mexicano
middle: in the middle of the century a mediados de(l) siglo
midnight la medianoche
mile la milla
military *adj* militar
milk la leche
million el millón

millionaire el millonario, la millonaria
mine *poss adj* mío; *poss pron* el mío
mineral mineral; **mineral water** el agua mineral
minority la minoría
Miss la señorita
mix *v* mezclar(se)
mixed: of mixed ancestry mestizo
mixture la mezcla
model el modelo; *(person)* el, la modelo
modern moderno
mom la mamá
moment el momento
Monday el lunes
money el dinero
monotonous monótono
month el mes
monument el monumento
more más; **more . . . than** más... que; **more than** más de *(+ number)*; **more and more** cada vez más
morning la mañana; **in the morning** por la mañana
Moslem el musulmán, la musulmana
mosque la mezquita
mother la madre
mother-in-law la suegra
Mother's Day el Día de la Madre
mountain la montaña
mouth la boca
move *(change residence)* mudarse
movie la película; **movie theater** el cine
movies el cine
Mr. el señor
Mr. and Mrs. los señores
Mrs. la señora
much *adj* mucho; *adv* mucho
mural el mural

museum el museo
music la música
musician el, la músico
must *(+ inf)* deber *(+ inf)*, hay que *(+ inf)*
my *poss adj* mi, mío;
myself *refl* me; *obj of prep* mí
mysterious misterioso

N

name *n* el nombre; *v* nombrar; **be named** llamarse
nap la siesta
napkin la servilleta
nation la nación; el país
nationality la nacionalidad
native indígena, nativo
natural sciences las ciencias naturales
naturally naturalmente; **Naturally.** Claro., Naturalmente.
nausea la náusea; los mareos
near (to), nearby cerca (de)
necessary necesario, preciso; **it is necessary (to do something)** es necesario, es preciso, hay que *(+ inf)*
neck el cuello
need necesitar
needy necesitado
neighbor el vecino, la vecina
neighborhood el barrio
neither tampoco; **neither (of them)** ningún, ninguno; **neither . . . nor** ni... ni
nephew el sobrino
nervous nervioso
net la red
never jamás, nunca
nevertheless sin embargo
new nuevo; **New Year's Day** el Año Nuevo
newlywed el recién casado, la recién casada

news las noticias; **piece of news** la noticia; **news program** el noticiero
newspaper el periódico
next próximo; **next (to)** al lado (de); **next week (month)** la semana (el mes) que viene, la semana (el mes) próxima(-o)
nice agradable, amable, simpático
niece la sobrina
night la noche
ninth noveno
no no; ningún, ninguno; **no longer** ya no, no... más; **no one** nadie
none ningún, ninguno
noon el mediodía
north el norte; **North American** *adj* norteamericano
northeast el nordeste (*also:* noreste)
nose la nariz
not no; **not any** ningún, ninguno; **not anyone** nadie; **not either** tampoco; **not even** ni siquiera; **not ever** jamás, nunca
notebook el cuaderno
nothing nada
novel la novela
November noviembre
now ahora
nowadays hoy día
number el número
nurse el enfermero, la enfermera
nut la nuez

O

obtain conseguir (i,g)
occur ocurrir, pasar, suceder
ocean el océano

October octubre
of de; **of the** del (*contraction of* de + el)
offend ofender; **be (get) offended** ofenderse
offer ofrecer (zc); **special offer** la oferta; la ganga
office la oficina
oil el petróleo; el aceite
OK bien; bueno; de acuerdo
old viejo, antiguo
older mayor
oldest mayor; el, la mayor
on en; sobre; **on** *(+ pres p)* al *(+ inf)*
one un, una; *(impersonal pron)* se; **one another** nos, se; **one's** su(s)
only *adv* sólo, solamente; **the only one** el único
open abrir
opera la ópera
opportunity la oportunidad
oppose oponerse (a)
opposite enfrente de
optimistic optimista
or o, *(before* o- *or* ho-) u
orange *n* la naranja, *adj* anaranjado
orchestra la orquesta
order *n* el orden; *v* mandar, pedir (i,i)
organization la organización
ornament el adorno
other otro
ought to (do something) deber *(+ inf)*
our, (of) ours nuestro
ourselves *refl* nos; *obj of prep* nosotros(-as)
outfit el traje
oven el horno
over sobre
overcoat el abrigo
overpopulation la superpoblación
overthrow derrocar (qu)

owe deber
own *adj* propio

P

P.M. *(noon to sunset)* de la tarde; *(after sunset)* de la noche
pack one's suitcase hacer la maleta
page la página
pain el dolor
paint *n* la pintura; *v* pintar
painter el pintor, la pintora
painting la pintura, el cuadro
pajama el pijama
pants los pantalones
papa el papá
paper el papel
parade el desfile
paradise el paraíso
Pardon me. Perdón., Perdóneme.
parents los padres
park el parque; **amusement park** el parque de diversiones
part la parte; **the** *(adj)* **part** lo *(+ adj)*
party la fiesta; *(political)* el partido
pass *(time)* pasar
passenger el pasajero, la pasajera
passport el pasaporte
past el pasado
pastime el pasatiempo, la diversión
pastry el pastel
patience la paciencia
patron el patrón, la patrona
pay pagar (gu)
peace agreement el acuerdo de paz; **peace treaty** el tratado de paz

pen la pluma; **ball point pen** el bolígrafo

pencil el lápiz

peninsula la península

people la gente, el pueblo; *imp pron* se

pepper la pimienta; *(hot)* el chile

per por

perfectly perfectamente

performance la función

perhaps quizá(s), tal vez

period la época; el período

permit permitir

persecution la persecución

person la persona

Peruvian peruano

pessimistic pesimista

petroleum el petróleo

pharmacy la farmacia

philosophy la filosofía

photo, photograph la foto

physics la física

pianist el, la pianista

piano el piano

pill la píldora

pineapple la piña, el ananá

place *n* el lugar, el sitio; *v* poner

plan *n* el plan; *v* planear; **plan (to do something)** pensar *(+ inf.)*

plantain el plátano

plate el plato

plateau la meseta

platinum el platino

play *n* el drama *m*, la obra de teatro; *v (game, sport)* jugar (ue); *v (musical instrument)* tocar (qu); **play a role** hacer un papel

player el jugador, la jugadora

plaza la plaza

pleasant agradable, amable

please por favor; **be pleasing** gustar

pleasure el placer; **The pleasure is mine.** El gusto es mío.

plus más

poem el poema *m*

poet el, la poeta

poetry la poesía

point el punto

police force la policía

police officer el policía , la mujer policía

polite cortés

political science las ciencias políticas

politician el, la político

pollution la contaminación

poncho el poncho

pool *(swimming)* la piscina

poor pobre ; **Poor thing!** ¡Pobrecito!

Pope el Papa

popular popular

population la población

pork el cerdo; **pork chop** la chuleta de cerdo

port el puerto

portrait el retrato

position *(job)* el puesto

possession: in the possession of en manos de

possible posible

post office la oficina de correos, el correo

potato la papa

pottery la alfarería, la cerámica; **potter shop** la alfarería

poverty la pobreza

power la fuerza; el poder

powerful poderoso

practical práctico

practice practicar (qu)

predict predecir

prefer preferir (ie,i)

prescription la receta

present *adj* actual; **at present** actualmente, en la actualidad

preserve conservar

president el presidente, la presidenta

press la prensa

pretty bonito, lindo

price el precio, el valor

priest el sacerdote, el cura *m*

principal *adj* principal

probable probable

probably probablemente, seguramente

problem el problema *m*

procession la procesión

produce producir (zc,j)

profession la profesión

professor el profesor, la profesora

program *n* el programa *m;* *v* programar

programmer *(computer)* el programador, la programadora

progress progresar

prohibit prohibir (í)

promise *n* la promesa; *v* prometer

prosperous próspero

protagonist el, la protagonista; el personaje principal

protest protestar

Protestant protestante

proud orgulloso

provided that con tal (de) que

psychology la psicología

public *n* el público; *adj* público

Puerto Rican *adj* puertorriqueño

punctuality la puntualidad

pure puro

purse el bolso

push empujar

put poner; **put on** ponerse

pyramid la pirámide

Q

quality la calidad
queen la reina
question la pregunta
quite bastante; muy

R

race la raza
racket la raqueta
radio la radio
rage la rabia
railway el ferrocarril
rain *n* la lluvia; *v* llover (ue)
raincoat el impermeable
raise el aumento
rather *adv* más bien; bastante
read leer (y)
ready: I'm ready. Estoy listo(-a).
realism el realismo
realistic realista
realized: be realized realizarse (c)
really realmente; verdaderamente; **Really?** ¿De veras?, ¿En serio?
reasonable razonable
receive recibir
recently recientemente, últimamente
reception desk la recepción
recognize reconocer (zc)
recommend recomendar (ie)
record *(music)* el disco
red rojo; *(wine)* tinto; **Red Cross** la Cruz Roja
reduce rebajar; **reduced** rebajado
reelect reelegir (i,i,j)
reflect reflejar
refreshment el refresco
refrigerator el refrigerador, la nevera, la heladera

regarding en cuanto a; a propósito de
regime el régimen
region la región
regulations las regulaciones
relative el pariente
religious religioso
remain permanecer (zc), quedarse
remember acordarse (ue) (de), recordar (ue)
remembrance el recuerdo
renovate renovar (ue)
rent *n* el alquiler; *v* alquilar
repair reparar, arreglar
repeat repetir (i,i)
report el reportaje
reporter el reportero, la reportera
Republican republicano
reservation la reservación
resource: natural resources los recursos naturales
respond responder
responsible responsable
rest descansar
restaurant el restaurante
result el resultado; **As a result ...** Como resultado...
return regresar, volver (ue); *(bring back)* devolver (ue)
revenge la venganza
rice el arroz
rich rico
ride el paseo; **ride a bicycle** andar en bicicleta
right *adj* derecho; correcto; *n* el derecho; **human rights** los derechos humanos; **on, to the right** a la derecha; **be right** tener razón; **right now** ahora mismo; **Right?** ¿No?, ¿Verdad?
ring el anillo
rise subir
river el río

road el camino
role el papel; **play a role** hacer un papel
romantic romántico
room el cuarto
roommate compañero(-a) de cuarto
round-trip viaje de ida y vuelta
routine la rutina
rug la alfombra
ruin la ruina
run correr; *(as a watch, car)* andar; **run into** encontrarse con; **run out** acabar
runner el corredor, la corredora
running *n* el correr

S

sad triste; **become sad** entristecerse (zc)
saint el santo, la santa
salad la ensalada
salary el sueldo
sale la oferta; la venta; **on sale** en oferta, en liquidación, rebajado; **for sale** en venta
sales person el vendedor, la vendedora
salesclerk el, la dependiente
salt la sal
same mismo
sandals las sandalias
sandwich el sandwich
Saturday el sábado
saucer el platillo
save *(time, money)* ahorrar
say decir
scare asustar; **scared** asustado; **be (get) scared** asustarse
scarf el pañuelo
scene la escena

schedule el horario
school la escuela
science la ciencia; **computer science** las ciencias de computación; **natural science** las ciencias naturales; **political science** las ciencias políticas; **social science** las ciencias sociales
Scot el escocés, la escocesa
sculptor el escultor, la escultora
sculpture la escultura
sea el mar
season la estación
second segundo
secretary el secretario, la secretaria
see ver
seem parecer (zc)
sell vender
semester el semestre
senator el senador, la senadora
send enviar (í), mandar
sensitive sensible
separate separar
separation: trial separation la separación provisional
September septiembre (*also* setiembre)
serious grave
serve servir (i,i)
seventh séptimo
several varios
shame la vergüenza; **What a shame!** ¡Qué lástima!; ¡Qué vergüenza!
she ella
ship el barco
shirt la camisa
shoe el zapato; **shoe store** la zapatería
shop la tienda
shopping compras; **to go shopping** ir de compras

short bajo; **short story** el cuento
shot la inyección
should *(+ inf)* deber *(+ inf)*
shoulder el hombro
shout gritar
show *n* la función; *v* enseñar, mostrar (ue)
shower la ducha
sick enfermo; **get sick** enfermarse
sickness la enfermedad; **motion sickness** los mareos
siesta la siesta
silk la seda
similar parecido, similar
since desde
sing cantar
singer el, la cantante
single soltero
sink el lavamanos
Sir Señor
sister la hermana
sister-in-law la cuñada
sit down sentarse (ie)
site el sitio
situate situar (ú)
sixth sexto
skate patinar
skater el patinador, la patinadora
skating el patinaje
ski *n* el esquí; *v* esquiar (í)
skier el esquiador, la esquiadora
skiing el esquí
skin la piel
skirt la falda
sleep dormir (ue,u); **be sleepy** tener sueño
slim delgado
slip la combinación
slower: Slower, please. Más despacio, por favor.
small pequeño
smaller menor, más pequeño

smallest menor; el, la más pequeño(-a)
smoke fumar
snow *n* la nieve; nevar (ie)
so *adv* tan; así que; **So . . .** Total que...; **so much** tanto (-a, -os, -as); **so that** para que; **so-so** así así, más o menos
soccer el fútbol
sociable sociable
social science las ciencias sociales
socialist socialista
sociology la sociología
socks los calcetines
soda el refresco
sofa el sofá
soft drink el refresco
solve resolver (ue)
some algún, alguno (-a, -os, -as); unos (-as)
someone alguien
something algo
son el hijo
song la canción
soon pronto
sorry: be sorry sentir (ie,i); **I'm sorry.** Discúlpeme., Perdón.; **I'm (very) sorry.** Lo siento (mucho).
soul el alma *f*
soup la sopa
south el sur
southwest el suroeste
souvenir el recuerdo
Spanish *(language)* el español; **Spanish-speaking** de habla hispana
speak hablar
special especial
specially especialmente
spectator el espectador, la espectadora
spend gastar; *(time)* pasar
spicy picante
spite: in spite of a pesar de
spoon la cuchara

English–Spanish Vocabulary

sport el deporte
spot el sitio
spring la primavera
square la plaza
stadium el estadio
start empezar (ie,c)
startled asustado
state el estado
station la estación
stay quedarse
steak el bistec
still aún, todavía
stockings las medias
stomach el estómago; **have a
stomachache** tener dolor
de estómago
stop dejar de; parar
store la tienda; **furniture
store** la mueblería;
grocery store el almacén;
shoe store la zapatería
story la historia; **(short) story**
el cuento
stove la estufa
street la calle
strike *n* la huelga
string la cuerda
stroll el paseo
strong fuerte
struggle *n* la lucha; *v* luchar
student el, la estudiante
study *n* el estudio; *v* estudiar
stuffed relleno
style el estilo
subject el tema *m*
subway el metro
successful: be successful
tener éxito
such tal
suffer sufrir
sugar el azúcar
suit el traje
suitcase la maleta
summary: in summary en
resumen
summer el verano
sun el sol

sunbathe tomar sol
Sunday el domingo
sunglasses las gafas de sol
sunny: be sunny hacer sol
supper la cena
support *n* el apoyo; *v* apoyar
sure seguro; **Sure!** ¡Cómo no!;
Sure. Claro., Por supuesto.
Surely . . . Seguramente *(+
indicative)...*
surname el apellido
surprise *n* la sorpresa; *v*
sorprender
surrender entregarse (gu)
survive sobrevivir
sustain oneself mantenerse
sweater el suéter
sweets los dulces
swim nadar
swimmer el nadador, la
nadadora
swimming *n* la natación;
swimming pool la piscina;
swimming suit el traje de
baño
symptom el síntoma *m*
synagogue la sinagoga
syrup: (cough) syrup el jarabe
(de tos)
system el sistema *m*

T

table la mesa; **end table** la
mesita de luz
tablet la pastilla
take tomar; *(a period of time)*
llevar; *(along)* llevar; **take
back** devolver (ue); **take off**
quitarse; **take out** sacar (qu);
take place tener lugar; **take
a course** seguir un curso;
take a trip hacer un viaje;
take a walk pasear; **take
into account** tener en cuenta;
take pictures sacar fotos

tale el cuento
talk hablar
tall alto
tango el tango
tapestry el tapiz
tea el té
teach enseñar
team el equipo
teeth los dientes
telephone el teléfono
television la televisión;
television set el televisor
tell decir; **tell** *(a story)*
contar (ue)
tennis el tenis; **tennis shoes**
los zapatos de tenis
tension la tensión
tenth décimo
terrible terrible, pésimo
territory el territorio
test la prueba, el examen
than que
thank agradecer (zc), dar(le)
las gracias; **Thank God.**
Gracias a Dios.
thankful agradecido
Thanks. Gracias.
Thanksgiving el Día de
Acción de Gracias (US)
that *adj* ese, esa; aquel,
aquella; *conj* que; **that
(one)** *pron* ése, ésa; eso;
aquél, aquélla; aquello; *rel
pron* que; **that of** el, la de;
that which lo que
the el,la, los, las; **the
seventies** los (años) 70;
the military los militares
theater el teatro
theft el robo
their su(s); suyo(s), suya(s)
theirs el suyo, la suya
them *obj of prep* ellos(-as);
dir obj los, las; *indir obj*
les; se
theme el tema *m*
themselves *refl* se

then entonces, luego; después (de); **Then . . .** Después..., Entonces...

there allí, allá; **there is, there are** hay; **there to be** *(impersonal)* haber

Therefore . . . Por lo tanto...

thermometer el termómetro

these *adj* estos(-as); *pron* éstos(-as)

they ellos, ellas; *impersonal pron* se

thing la cosa; **the** *(adj)* **thing** lo *(+ adj)*

think pensar (ie); *(believe)* creer (y); **think about** pensar en; **think of** pensar de; **I (don't) think so.** Pienso que sí (no).; **I think that...** Pienso que *(+ indicative)*...

third tercer, tercero

thirsty: be thirsty tener sed

this *adj* este, esta; **this (one)** *pron* éste, ésta; esto

those *adj* esos, esas, aquellos, aquellas; **those (ones)** *pron* ésos, ésas, aquéllos, aquéllas

thousand mil

threaten amenazar (c)

throat la garganta

through por, a través de

throw out echar

thumb el pulgar

Thursday el jueves

thus así

ticket *(for an event)* el boleto, la entrada; *(for transportation)* el boleto, el pasaje

tie la corbata

time *(abstract)* el tiempo; *(specific)* la hora, la vez; **from time to time** de vez en cuando

timetable el horario

tired cansado; **be (get) tired** cansarse

to a; *(in order to)* para; **to the** al *(contraction of* a + el)

toast *(drink a toast to)* brindar

toaster el tostador

today hoy

toe el dedo del pie

together juntos

toilet el inodoro; *(bathroom)* el baño

tolerate tolerar

tomato el tomate

tomorrow mañana

too también; **too much** demasiado

totally totalmente

touch tocar (qu)

tourist el, la turista

toward hacia

town el pueblo

track la pista

trade el oficio

traditional tradicional

traffic el tráfico

train el tren

tranquil tranquilo

translate traducir (zc,j)

translation la traducción

trash la basura

travel viajar ; **travel agency** la agencia de viajes; **travel agent** el, la agente de viajes

traveler el viajero, la viajera

tree el árbol

trip el viaje

tropical tropical

true verdadero; **True?** ¿Verdad?, ¿No?

truly verdaderamente

truth la verdad

try (to) tratar (de)

Tuesday el martes

turkey el pavo

turn doblar; **turn into** hacerse; **turn off** apagar (gu); **turn on** prender; **turn out all right** arreglarse

typical típico

U

umbrella el paraguas (*pl* los paraguas)

uncle el tío

under debajo (de)

underpants los calzoncillos

underprivileged necesitado

undershirt la camiseta, la camisilla

understand comprender, entender (ie)

underwear la ropa interior

undocumented indocumentado

unemployment el desempleo

unfortunately desgraciadamente, por desgracia, desafortunadamente

unify unificar (qu)

unite unir

United Nations las Naciones Unidas

United States los Estados Unidos

university *n* la universidad; *adj* universitario

unless a menos que

unlikely poco probable, improbable

unsociable insociable

until hasta (que)

unwell mal

upon sobre; **upon** *(+ pres p)* al *(+ inf)*

urban urbano

us *dir obj* nos; *indir obj* nos; *obj of prep* nosotros(-as)

use usar

V

vacation las vacaciones; **be on vacation** estar de vacaciones; **go on vacation** ir de vacaciones

value el valor
various varios
vary variar (í)
vegetable la legumbre; **green vegetables** las verduras
very muy
violet violeta
violin el violín
visit *n* la visita; *v* visitar; **be visiting** estar de visita
vitamin la vitamina
voice la voz
volleyball el vólibol

W

wait (for) esperar
waiter, waitress el mesero, la mesera; el camarero, la camarera
wake up despertarse (ie)
walk *n* el paseo; *v* andar, caminar; **take a walk** dar un paseo
wall la pared
want desear, querer; **want to (do something)** tener ganas (de + *inf*)
war la guerra
wash (oneself) lavarse
waste gastar; **waste time** perder el tiempo
watch *n* el reloj; *v* mirar, observar; **Watch out.** Cuidado.
water el agua *f*
wave la ola
way el camino
we nosotros(-as)
weapon el arma *f*
wear *(clothes)* llevar
weather el tiempo; **be good (bad) weather** hacer buen (mal) tiempo
wedding la boda, el casamiento

Wednesday el miércoles
week la semana
weekend el fin de semana
welcome dar la bienvenida; **Welcome.** Bienvenido.; **You are welcome.** De nada., No hay de qué.
well *adj, adv* bien; *interjection* pues, bueno; **get well** curarse
west el oeste
what *rel pron* lo que; **what?** ¿qué?, ¿cuál?; **What (did you say)?** ¿Cómo?, *(Mexico)* ¿Mande?; **What a . . . !** ¡Qué...!; **What a shame.** ¡Qué lástima!; **What color is it?** ¿De qué color es?; **What is your name?** ¿Cómo se (te) llama(s)?; **What time is it?** ¿Qué hora es?; **What's going on?** ¿Qué pasa?; **What's new?** ¿Qué hay de nuevo?; **What's the weather like?** ¿Qué tiempo hace?; **what is today . . .** lo que es hoy...
when cuando; **when?** ¿cuándo?
where donde; **where?** ¿dónde?; **(to) where?** ¿adónde?
whether si
which *rel pron* que; **which?** ¿cuál(es)?, ¿qué?; **that which** lo que
while mientras (que)
white blanco
who *rel pron* que, quien; **who?** ¿quién(es)?
whole entero, todo
whom *rel pron* que, quien; **whom?** ¿a (de) quién?,
whose *rel pron* cuyo, de quien; **whose?** ¿de quién?

why? ¿por qué?
wife la esposa
win ganar
wind el viento; **be windy** hacer viento
window la ventana
wine el vino; **red wine** vino tinto
winter el invierno
wise: **wise person** el sabio, la sabia; **the Three Wise Men** los (tres) Reyes Magos
wish desear, querer
with con
withdraw retirarse
within dentro (de)
without sin, sin que
woman la mujer, la señora
wonderful maravilloso, estupendo
wool la lana
word la palabra
work *n* el trabajo; *(artistic)* la obra; *v* trabajar; *(an appliance or machine)* funcionar; **work as** trabajar de
workbook el cuaderno (de ejercicios)
worker el obrero, la obrera
world el mundo
worldwide mundial
worry preocuparse (por)
worse peor
worst peor; el, la peor
worsen empeorar
worth: **be worth** valer; **be worth it** valer la pena
write escribir
writer el escritor, la escritora; **short-story writer** el, la cuentista
writing la escritura; las letras

Y

yankee yanqui
year el año; **be . . . years old**
  tener...años
yellow amarillo
yes sí
yesterday ayer
yet aún, todavía
you *subj* tú, vosotros(-as),
  usted(es) (Ud., Uds.); *obj of*
  prep ti, vosotros(-as),
  usted(es); *dir obj* te, os, lo,
  la, los, las; *indir obj* te, os,
  le, les; se; **with you**
  contigo, con vosotros(-as),
  con usted(es)
young joven; **younger**
  menor; **youngest** menor;
  el, la menor; **young man**
  (woman) el (la) joven
your *poss adj* tu, de ti, tuyo;
  vuestro, de vosotros; su, de
  usted, suyo
yours el tuyo, el suyo, el
  vuestro
yourself, yourselves *refl* te,
  os, se; *obj of prep* ti,
  vosotros(-as), usted(es)
youth la juventud

Z

zoo el (parque) zoológico